全国高职高专院校
电子商务专业“十二五”规划教材

网络营销：推广与策划

◎ 惠亚爱 乔晓娟 主编
◎ 朱磊 张立平 李海霞 周金明 副主编

人 民 邮 电 出 版 社
北 京

图书在版编目（CIP）数据

网络营销 ：推广与策划 / 惠亚爱，乔晓娟主编. --
北京 ：人民邮电出版社，2016.2（2019.6重印）
全国高职高专院校电子商务专业“十二五”规划教材
ISBN 978-7-115-41528-8

Ⅰ. ①网… Ⅱ. ①惠… ②乔… Ⅲ. ①网络营销－高等职业教育－教材 Ⅳ. ①F713.36

中国版本图书馆CIP数据核字(2016)第001322号

内容提要

本书详细介绍了网络营销基础、网络营销方法体系和网络营销策划的相关内容。全书分为基础篇、方法篇和策划篇，共13个学习项目，36个学习任务。第一篇为基础篇，共1个项目，主要介绍了网络营销基础知识和网络营销战略；第二篇为方法篇，共8个项目，从网络推广方法角度分别介绍了营销导向的网络平台搭建、搜索引擎营销、社会化媒体营销、网络视频营销、网络广告营销、软文营销、事件营销和病毒营销；第三篇为策划篇，共4个项目，从网络运营和网络文案角度分别介绍了网络营销策划认知、品牌营销策划、网站推广策划和产品营销策划。

本书既可作为大中专院校电子商务、市场营销等经管类专业的教学用书，也适合各个层次的电子商务相关从业人员学习或参考。

◆ 主　　编　惠亚爱　乔晓娟
副 主 编　朱　磊　张立平　李海霞　周金明
责任编辑　刘　琦
执行编辑　朱海昀
责任印制　杨林杰

◆ 人民邮电出版社出版发行　　北京市丰台区成寿寺路11号
邮编　100164　　电子邮件　315@ptpress.com.cn
网址　http://www.ptpress.com.cn
北京天宇星印刷厂印刷

◆ 开本：787×1092　1/16
印张：16.5　　2016年2月第1版
字数：436千字　　2019年6月北京第14次印刷

定价：39.80元

读者服务热线：(010)81055256　印装质量热线：(010)81055316
反盗版热线：(010)81055315
广告经营许可证：京东工商广登字20170147号

前言

电子商务的蓬勃发展使得社会对应用型电子商务人才的需求日益凸显。与此相应，电子商务职业教育也格外突出对应用型、技能型人才的培养。网络营销是电子商务高技能人才必备的专业技能，也是高职电子商务、市场营销等专业的核心课程。本书以培养读者网络营销推广和策划能力为核心，按照网络营销工作流程及岗位设置要求，围绕网络推广、网络运营和网络文案等网络营销核心工作，以企业日常推广为主线，辅以网络营销项目策划，详细地介绍了网络营销基础、网络营销方法体系和网络营销策划的内容。

本书以项目为载体，以网络营销案例为突破口，采用任务驱动的教学方法组织内容，并且注重从实际案例出发，总结归纳企业的实践操作，聚焦网络营销的技巧和步骤。每个项目包括项目简介、项目目标、引导案例、若干任务、项目小结、思考与练习。同时每个任务又设有任务引入、知识指南、任务实训3个环节。从课前到课后，从理论到实践，覆盖微信营销、微博营销、网络视频营销等新兴营销手段，同时辐射营销导向平台建设、搜索引擎营销、事件营销、病毒营销等传统的网络营销方法。正文中还穿插了“小练习”“小资料”和“扫一扫”等拓展性学习资源。

通过对本书的系统学习，读者不仅能掌握网络推广的方法和技巧，也能掌握网络综合策划和网络文案写作的能力，达到网络营销对电子商务从业人员的要求。

本书的参考学时为64～90学时，建议采用理论实践一体化教学模式，各项目的参考学时见下面的学时分配表。

学时分配表

项　目	课程内容	学　时
项目一	认知网络营销	6
项目二	营销导向的网络平台搭建	4～6
项目三	搜索引擎营销	8～10
项目四	社会化媒体营销	10～12
项目五	网络视频营销	4～6
项目六	网络广告营销	4～6
项目七	软文营销	4～6
项目八	事件营销	4～6
项目九	病毒营销	4～6
项目十	网络营销策划认知	4～6
项目十一	品牌营销策划	4～6
项目十二	网站推广策划	4～6
项目十三	产品营销策划	4～8
课时总计		64～90

书中的各项目学习建议通过案例分析、学生自学、课堂讨论、任务实训等形式。教师作为组织者、指导者，和学生共同完成本项目的学习，并进行总结。学生可以通过完成具体的任务，借助互联网资源和教学资源包提供的资料展开自学，或和同学交流讨论。

本书由陕西邮电职业技术学院的惠亚爱、乔晓娟担任主编，陕西邮电职业技术学院的朱磊，浙江邮电职业技术学院的张立平、陕西能源职业技术学院的李海霞、衡阳技师学院的周金明担任副主编。具体编写分工如下：惠亚爱负责编写项目一，乔晓娟、周金明负责编写项目三、项目四、项目十、项目十二和项目十三，朱磊负责编写项目二、项目五，张立平负责编写项目七、项目八和项目九，李海霞负责编写项目六和项目十一。此外，在编写的过程中，编者得到了冯英健、段建、张磊、柯尊平、张雨田等企业专家的大力支持和帮助，在此对他们深表感谢。

本书有 PPT 课件、习题答案、教学大纲、任务活动分析单和考核单等配套资料，读者可登录人民邮电出版社教学服务与资源网（http://www.ptpedu.com.cn）下载使用。

由于编者水平和经验有限，加之电子商务行业发展变化较快，书中难免有欠妥和错误之处，恳请广大读者批评指正。

编者

2015 年 11 月

目 录

第一篇：基础篇

第二篇：方法篇

第一篇 基础篇

项目一
认知网络营销

项目简介

当今，互联网正在以前所未有的速度影响着我们的社会生活。回顾互联网的发展速度和影响范围，可以发现网民规模从 2005 年的 1.11 亿快速增长到了 2014 年年底的 6.49 亿，网民普及率由 2005 年年底的 8.5%增长到 2014 年年底的 47.9%。截至 2014 年 12 月，全国使用互联网办公的企业比例为 78.7%。互联网已经影响和渗透了许多行业，未来许多未被互联网渗透的行业也将逐渐被互联网所影响，其互联网化进程是必然趋势。

在这样的背景下，一个人如果不想被社会所淘汰，就必须要了解互联网，学会运用互联网的相关工具，而网络营销就是必备的网络工具之一。

网络营销战略是指企业在现代网络营销观念下，为实现其经营目标，对一定时期内网络营销发展的总体设想和规划。

本项目主要由网络营销岗位认知、网络营销基础认知和网络营销战略认知 3 个任务组成。通过本项目的学习，可以激发学生对网络营销的学习兴趣，从而掌握网络营销学习方法和网络营销战略。

项目目标

知识目标：熟知网络营销岗位及网络营销职业成长历程，掌握网络营销的概念和网络营销职能，了解网络营销战略体系，熟悉网络营销内容体系和方法体系。

技能目标：能够根据自身特点和网络营销岗位要求规划自己的职业发展，能够制定企业网站营销战略。

素质目标：树立网络营销岗位的职业规划意识和网络营销战略规划意识。

引导案例

➢ **项目引导案例：映盛中国——互联网时代的电影营销**

电影，除去自身题材和明星阵容具备票房吸引力之外，好的营销也已成为吸引票房的中坚力量。

就前一段时间热映的《小时代 4》来说，在郭敬明的连环营销之下，《小时代》系列电影票房已经突破 16.67 亿。从预热到上映，《小时代 4》便一直位居新浪微博话题热搜榜，从演员阵容悬念的制造、电影主题曲的发布、演员提前进入角色的互动，到用演员画报实时播报电影票房，以及再次刺激票房的“720 小时代 4 特别放映”……不论是话题内容还是创意呈现，郭敬明都经营得如鱼得水。此外《小时代 4》还用 QQ 空间作为新媒体推广渠道，打通了购票平台，他们携手举办的电影直播见面会获得了超过 480 万粉丝的收看。虽然《小时代》在题材、级别上都没有明显的优势，但在连环出击的营销动作之下，也取得了不错的票房成绩。

电影营销在推广层面上则呈现出多元化的趋势。《致青春》和游戏公司热酷达成协议，在热门游戏《找你妹》中打造“致青春”特殊关卡；《秦时明月》将弹幕功能加入电影；《失恋 33 天》制作电影之外的小短片在社交平台扩散；《后会无期》前期特意减少物料发放的饥饿营销；《心花路放》通过与出品方、美团合作打通线上线下等。从电影预热到上映，到再次发酵，营销都贯穿始终，大量的话题内容和创意不断呈现，有的从电影物料发放上做文章，有的从跨界的宣传上着手，有的是从电影的销售上入手，还有的是在电影的附加功能上下功夫等。我们能看到，在电影的推广方面，总是会有新的内容或者是新的形式出现，从不同角度不断激发着人们的好奇心，也契合着消费者的情感诉求。

电影具有自己的特殊属性。由于它是虚拟的商品，人们选择看电影更多时候是一次性的，甚至是冲动型的消费。只要电影在某个点与潜在消费者达到契合，就能在短时间内转化成实际的票房，其持续稳定的销售则是靠与用户高效的互动及贴合用户的情感诉求来达到。所以，电影作为一种感性消费，通过各种各样营销方式引起潜在消费者情感上的共鸣尤为重要，而这样的特殊属性也为其发展带来了更多的可能性。我们能看到，一些所谓的“烂片”（题材、级别和投资规模没有优势）依靠有效的营销传递，也可以收获可观的票房数据。而一些“好片”，如若没有好的宣传，也可能会“叫好不叫座”。所以从这个层面上来讲，网络营销之于电影的意义可能比功能消费的实际产品要更大、更直接，而身处互联网时代的电影营销将会更加精彩。

（来源：节选自艾瑞网）

思考：

网络营销是什么？网络营销可以做什么？网络营销和传统营销是什么关系？

任务一　网络营销岗位认知

任务引入

活动分析单 1-1

活动情境	小李经常在互联网上看到企业的营销推广活动，如凡客体、招商银行的微信银行服务、Google 助力奥巴马成功竞选等。小李对网络营销充满好奇，很想知道这个岗位是如何成功策划这么多有意思的活动的，也想了解一下网络营销岗位的日常工作内容。

续表

环境需求	（1）互联网接入。 （2）计算机（每人一台）、智能手机（每人一部）。 （3）学习任务考核单（也可到教学资源包下载电子版）。 （4）将班级分为若干讨论组，每组设组长一名。
活动描述	主题：通过网络搜索网络营销岗位及日常工作。 目的：通过任务练习了解网络营销岗位和网络营销岗位的日常工作。 步骤： （1）通过百度百科了解岗位描述的内容； （2）结合岗位描述的内容，通过网络搜索网络营销岗位的相关信息； （3）小组讨论网络营销岗位的日常工作； （4）小组讨论如果要做好网络营销需要哪些能力。
活动拓展	（1）如何通过上述岗位调研进行个人未来职业规划？ （2）通过什么方式可以提升网络营销能力？

活动考核单 1-1

班级： 姓名： 学号： 编号：1-1

序号	考核内容	分值	总结与归纳	成绩
（1）	记录岗位描述的内容	10 分		
（2）	记录网络营销岗位的相关信息	40 分		
（3）	总结网络营销岗位的日常工作	30 分		
（4）	总结网络营销岗位所需能力	20 分		
合计				

* 请学生填写完学习活动考核单后上交。

知识指南

一、网络营销岗位简介

近年来随着互联网的普及和推广，网络营销应用已逐渐深入各行各业，企业纷纷设立电子商务或者网络营销部门开展公司业务。由于各地区经济发展不均衡，各行业互联网络应用参差不齐等原因，企业网络营销应用也具有较大差别，故而企业的网络营销岗位名称差别也较大。下面我们将主流的网络营销岗位归纳为如下几种：网络营销推广专员、微营销专员/新媒体营销专员、网络营销运营专员、网络营销经理/运营经理、网络营销总监/运营总监等岗位。

（一）初级网络营销岗位

1. 职位名称：网络推广专员

（1）职位的概要描述。

该职位负责公司线上免费推广和付费推广，利用网络推广方式，提升品牌网络曝光度、知名度和美誉度，并对推广效果进行分析和总结，对网站有效流量负责。

（2）岗位职责。

① 整合线上各种渠道（如微博、微信、社区、博客、新闻、资讯、论坛等）推广公司的产品和服务。

② 负责公司自有网络宣传平台的管理和维护（官方网站、官方博客、官方微博、官方网店、官方 APP，简称"企业五官"）。

③ 熟悉网站排名、流量原理，了解搜索引擎优化、外部链接、网站检测等相关技术。

④ 跟踪网络营销推广效果，分析数据并反馈，总结经验。

（3）岗位要求。

① 熟练掌握各种网络营销工具，包括搜索引擎、第三方网络平台、微博、微信及公众平台、博客、网络视频剪辑软件、网络监控及统计软件等。

② 了解各种网络营销方法、手段、流程，并有一定实操经验。

③ 优秀的文案写作能力，能撰写各种不同的方案、文案。

④ 对网络文化、网络特性、网民心理具有深刻洞察和敏锐感知。

2. 微营销专员/新媒体营销专员

（1）职位的概要描述。

该职位负责公司微信、微博、微网站、APP 等营销工具的日常内容维护和利用上述工具策划并执行微营销活动，撰写优质原创文案并传播。

（2）岗位职责。

① 负责微博、微信、微网站、APP 等运营推广，负责策划并执行日常活动及追踪、维护。

② 挖掘和分析用户的使用习惯、情感及体验感受，及时掌握新闻热点，与用户进行互动。

③ 提高粉丝活跃度并与粉丝互动，并对微营销运营现状进行分析和总结。

（3）岗位要求。

① 深入了解互联网，尤其是微营销工具的特点及资源，有效运用相关资源。

② 热爱并擅长新媒体推广，具备创新精神、学习精神、严谨态度和良好沟通能力。

③ 具有创造性思维，文笔好，书面和口头沟通能力强，熟悉网络语言写作特点者优先。

④ 学习能力强，兴趣广泛，关注时事。

3. 职位名称：网络营销运营专员

（1）职位的概要描述。

该职位负责网络运营部产品文案、品牌文案、深度专题的策划、创意文案、推广文案的撰写执行工作，能迅速提高网站综合排名和访问量，协助业务部门进行产品方案的推广，帮助业务团队有效提升销售额。

（2）岗位职责。

① 负责产品文案、品牌文案、深度专题的策划、创意文案、推广文案的撰写执行工作，对网站销售力和传播力负责。

② 从事网络营销研究、分析与服务工作，评估关键词。

③ 负责推广方案和推广渠道的开发。

④ 制订网站总体及阶段性推广计划，完成阶段性推广任务。

⑤ 负责公司网站的规划落地执行。

⑥ 协助部门经理筹划建立部门管理体系，协助员工招聘、考核、管理，协助部门规划、总结。

（3）岗位要求。

① 具备项目管理、营销策划、品牌策划、网络营销等理论知识和一定的实践经验。

② 优秀的网络营销数据分析能力和丰富的分析经验。

③ 具备一定的文案撰写能力和活动策划能力，对客户体验有深刻认识和独特领悟。

④ 对网络营销活动全流程都具备一定认知和执行能力。

（二）网络营销晋升岗位

1. 职位名称：

该职位网络营销经理/运营经理

（1）职位的概要描述。负责本部门整体运营工作，对网站策划、营销策划、网站内容、推广策划等业务进行指导及负责部门员工的工作指导、监督、管理、考核。

（2）岗位职责。

① 负责网络营销项目总策划，对战略方向规划、商业全流程的规划和监督控制负责，对部门绩效目标达成总负责。

②负责网站平台的策划指导和监督执行。

③ 负责网站产品文案、品牌文案、资讯内容、专题内容等的撰写进行指导和监督执行。

④ 负责网站推广策略总制定，以及执行指导和监督管理工作。

⑤ 负责网站数据分析，运营提升成效。

⑥ 负责本部门的筹划建立，员工招聘、考核、管理，部门规划、总结。

（3）岗位要求。

① 5 年以上电子商务/网络营销工作经验，3 年以上项目策划、运营经验。

② 具备项目管理、营销策划、品牌策划、网络营销等系统的理论知识和丰富的实践经验。

③ 优秀的电子商务/网络营销项目策划运营能力，熟悉网络文化及其特性，对各种网络营销推广手段都有实操经验。

④ 卓越的策略思维和创意发散能力，具备扎实的策划功底。

⑤ 优秀的文案能力，能撰写各种不同的方案、文案。

⑥ 对网络营销商业全流程都具备策划、运营、控制、执行能力。

⑦ 丰富的管理经验、优秀的团队管理能力。

2. 网络营销总监/运营总监

（1）岗位概要描述。

该职位负责公司官网和天猫、淘宝、京东、1 号店、微店等第三方网络平台的整体规划和运营管理，包括产品市场定位和推广方案、产品功能及卖点策划，并组织落实；根据公司平台运营模式，组建并管理运营团队。

（2）岗位职责。

① 制定官网和第三方网络平台年度经营目标，预算及年度、季度、月度计划（销售额、成交转化率、广告投入、利润率等）。

② 制定官网和第三方网络平台的整体规划和运营管理，包括产品市场定位和推广方案、产品功能及卖点策划，并组织落实。

③ 组建并管理运营团队。

④ 掌握官网和第三方网络平台各项销售指标、运营指标的预测与达成，对网站排名、流量点击进行详细系统的分析，策划、组织网站推广活动，并进行分析和效果评估。

⑤ 通过网络渠道和媒介资源进行宣传推广工作。

⑥ 内部团队整体建设及专业能力的提升，优化业务流程，合理配置人力资源，开发和培养员工能力。

⑦ 负责工作方案的落地执行质量。

⑧ 加强团队绩效管理，提升部门工作效率。

（3）岗位要求。

① 本科以上学历，5 年以上电商平台运营经验，2 年以上管理经验。

② 熟悉官方商城和第三方网络平台的开店流程、建店模式、产品销售模式、与其合作的模式、实际操作模式。

③ 优秀的沟通能力，勇于创新，不拘一格。注重团队凝聚力的打造、执行力的打造。

二、网络营销岗位职业规划

近年来，企业对互联网营销岗位的需求呈爆发性增长态势，互联网营销岗位也成为了时下的一个热门岗位。为了更好地反映当前互联网营销职业的发展状况，结合《2012 年中国网络营销岗位职业发展白皮书》总结网络营销岗位职业发展规划如下所述。

1. 网络营销职业现状

根据《2012 年中国网络营销岗位职业发展白皮书》以及对行业发展态势的跟踪分析，预计互联网营销岗位的需求数量在未来 3 年中，还将继续保持较高的增长态势，但受相关行业发展速度的影响，增速较 2011—2012 年将有所放缓。

“前程无忧”预计 2013—2015 年互联网营销岗位企业的年需求量将平均保持 30%左右的增长率，年净增岗位需求数量平均为 35 万～40 万。2013 年需求数约为 160 万，2014 年约为 203 万，2015 年的需求增长数量则略有回落，预计在 239 万左右。

《2012 年中国网络营销岗位职业发展白皮书》针对重点城市企业的岗位需求量进行了分析，发现互联网营销岗位需求较大的企业主要还是集中在直辖市和省会城市。其中 16 座城市的企业岗位需求之和占到了全国需求总量的近 70%。这一方面和城市经济有关——城市经济环境决定了城市消费能力的高低，购买力较高的直辖市以及省会城市是企业营销的重点区域；另一方面，直辖市和省会城市的网络覆盖率和普及程度较高，企业更容易开展互联网营销，同时因为用户数量较大，该岗位也更容易招到相关人才。

从调研中看到现在有意从事互联网营销的求职者中，本科学历的求职者的比例相对最高，达到了 48.7%；其次大专学历，比例为 38.2%。大专和本科学历占到了 85%以上的比例，主要也与互联网营销岗位对人才的需求特点有着直接关系。由于岗位会涉及部分与互联网有关的工作技能，因此，该岗位对从业者的学历和能力要有一定的要求。

2. 网络营销岗位职业规划

一般来说，企业将网络营销人员的岗位层级分为网络营销专员、网络营销主管、网络营销经理及网络营销总监 4 个。网络营销人员的岗位层级也会随着公司规模而有所不同：千人以上公司，基本这 4 个层级都存在；500 人以上公司，主要为网络营销专员、网络营销主管或者网络营销经理、网络营销总监 3 个层级；其他公司主要为网络营销专员和网络营销经理两个层级；甚至部分公司的网络营销业务较少，公司只设置网络营销专员一职。

随着网络营销岗位层级的晋升，一方面对网络营销专业知识和能力要求有所提升；另一方面，工作内容也从简单的网络营销推广，到网络营销策划，最终到网络营销的整体项目运作。

根据《2012 年中国网络营销岗位职业发展白皮书》发现不同工作年限员工的年薪酬涨幅较为平均。造成这种状况的主要原因为：相比互联网营销经理和互联网营销总监等关键职位，该职位相对较为低端且市场供给相对较好，因此工作年限对薪酬水平的影响有限，企业按照正常涨薪幅度涨薪即可。分析不同工作年限互联网营销主管和经理的年薪状况，能够发现工作年限在 5～8 年阶段，均是薪酬快速上涨的阶段，薪酬增幅明显增大。分析不同工作年限的互联网营销总监的年薪状况发现，由于互联网营销总监相对较为缺乏，尤其是具有一定从业经验的互联网营销总监更少，所以随着工作年限的不断增加，互联网营销总监的薪酬增幅也会随之不断提高。具体如图 1-1 所示。

层级	< 2 年	2～3 年	3～5 年	5～8 年	8～10 年	10 年以上
专员	¥41 199	¥47 633	¥54 699	¥61 234	¥ -	¥ -
主管	¥51 519	¥62 383	¥71 274	¥90 783	¥120 672	¥ -
经理	¥ -	¥77 633	¥96 504	¥133 057	¥16 741	¥214 266
总监	¥ -	¥ -	¥173 780	¥211 202	¥277 247	¥383 053

图 1-1 2012 年不同工作年限网络营销岗位薪资状况

任务实训

电子商务岗位调研及职业规划

1. 实训目的

了解当前电子商务岗位的现状及需求，结合自己的兴趣，设计自身的职业规划。

2. 实训内容及步骤

（1）登录前程无忧、智联招聘等网站查询电子商务热门岗位。

（2）查询热门岗位的知识、技能、素养要求。

（3）从表格中选择一个你最喜欢的电子商务岗位并查询其晋升岗位的知识、技能、素养要求，并设计自己的职业规划。

数量 职位名称	北京	上海	深圳	广州	杭州	成都	西安
网络营销							
客户服务							
美工							
淘宝运营							
网页编辑							
数据分析							
……							
晋升岗位名称							

3. 实训成果要求

撰写一份电子商务岗位调研报告和自身职业规划书，内容包括电子商务热门岗位、岗位要求、自身职业规划等内容。

任务二　网络营销基础认知

任务引入

活动分析单 1-2

活动情境	经过岗位调研，小李了解了网络营销岗位、岗位工作内容以及企业对该岗位的基本要求。但小李对网络营销还是有很多不理解，例如网络营销和电子商务是什么关系？网络营销是不是网络推广？网络营销可以帮助企业做什么？
环境需求	（1）互联网接入。 （2）计算机（每人一台）、智能手机（每人一部）。 （3）学习任务考核单（也可到教学资源包下载电子版）。 （4）将班级分为若干讨论组，每组设组长一名。
活动描述	主题：网络营销初识。 目的：通过任务练习了解网络营销的概念和网络营销职能。 步骤： （1）结合自己的上网经历，讨论网络营销的概念以及网络营销对你学习和生活的帮助； （2）讨论网络营销与电子商务、网络营销与网络销售以及网络营销与网络推广的关系； （3）讨论网络营销与传统营销的关系； （4）分别浏览门户网站、官方网站以及购物网站等，讨论网络营销的职能。备选网站为新浪网、京东商城、1688、海尔官网、海尔商城、CNNIC、艾瑞等。
活动拓展	（1）总结有哪些主要的正规的网络赚钱方式？ （2）学习网络营销是否能够掌握一些网络赚钱的技巧和方法？

活动考核单 1-2

班级：　　　　　　姓名：　　　　　　学号：　　　　　　编号：1-2

序号	考核内容	分值	总结与归纳	成绩
（1）	网络营销的定义	10 分		
（2）	网络营销与电子商务的关系	10 分		
（3）	网络营销与网络销售的关系	20 分		
（4）	网络营销与网络推广的关系	20 分		

续表

序号	考核内容	分值	总结与归纳	成绩
(5)	总结网络营销与传统营销的关系	10分		
(6)	总结网络营销的职能	30分		
合计				

* 请学生填写完学习活动考核单后上交。

知识指南

一、网络营销概念

当今，网络营销可谓是如火如荼。可究竟什么是网络营销？网络营销、网络推广、电子商务3者有什么区别和联系呢？

扫一扫——网络营销产生的背景

（一）网络营销概念

网络营销（On-line Marketing 或 E-marketing）是以国际互联网络为基础，利用数字化的信息和网络媒体的交互性来辅助营销目标实现的一种新型的市场营销方式。简单地说，网络营销就是以互联网为主要手段进行的，为达到一定营销目的的营销活动。

（二）网络营销概念的误区

1. 网络营销与网络推广

网络推广即利用互联网向目标受众传递有效信息的活动。

从过程来说，网络推广要经过以下3个步骤：首先确定目标受众，即向谁说；其次，要策划传播内容信息，即说什么；最后，采取什么方式推广，即怎么说。只有经过这3个有机组合的策划，才能构成一个成功的传播案，达到传播的目的。

从这里我们能够看出，网络推广更多侧重于信息传递传播。而网络营销不仅仅包括推广，更重要的是让客户从知道、了解、信任、喜欢到购买，最重要的是激发消费者的购买欲望和购买行为，提升转化率。

可以说网络推广是保障网络营销效果和成功的关键，是网络营销的重要组成部分。网络营销靠策划和创意设计营销方案，落实到执行层面需要网络推广为之服务。

2. 网络营销与电子商务

网络营销和电子商务是一对紧密相关又具有明显区别的概念。网络营销是企业整体营销战略的一个组成部分，无论传统企业还是互联网企业都需要网络营销，但网络营销本身并不是一个完整的商业交易过程，而只是促进商业交易的一种手段。

电子商务主要是指交易方式的电子化，可以将电子商务简单地理解为电子交易，电子商务强调的是交易行为和方式。所以，可以说网络营销是电子商务的基础，开展电子商务离不开网络营销，但网络营销并不等于电子商务。

3. 网络营销与网上销售

（1）网络营销的目的并不仅仅是为了促进网上销售，很多情况下，网络营销活动是为了辅助传统营销活动，促进线下交易，增进顾客的忠诚度等。

（2）网络营销的效果可以表现在多个方面，如提升企业的品牌价值、加强与客户之间的沟通、拓展对外信息发布的渠道、改善顾客服务质量等。

（3）从网络营销的内容来看，网上销售属于其中的一个部分，而不是必须具备的内容。部分企业产品在不具备网上销售的条件下，这类企业通过网络营销发布产品和公司信息，实现产品和品牌形象宣传的目的。

二、网络营销职能

（一）网络营销职能

实践证明，网络营销可以在网络品牌、网站推广、信息发布、销售促进、网上销售、客户服务、客户关系和网上调研这 8 个方面发挥作用。这八种作用也就是网络营销的八大职能，网络营销策略的制定和各种网络营销手段的实施也以发挥这些职能为目的。

1. 网络品牌

网络营销的重要任务之一就是在互联网上建立并推广企业的品牌。知名企业的线下品牌可以在网上得以延伸；一般企业则可以通过互联网快速树立品牌形象，并提升企业整体形象。

网络品牌的组成由以下 5 个方面构成。

（1）网络名片，包括名称、Logo、网站域名、移动网站域名、第三方平台形象、网络关键品牌词等；

（2）企业具体的网站，包括网站名称、网站 Logo、风格、主色调、更新等；

（3）网站 PR 值；

（4）企业搜索引擎表现，如付费广告、搜索结果排名等；

（5）网络上关于公司的软文、舆情和评价等。

从网络品牌的组成可以看出来，无论新建立的网络品牌还是传统品牌的网络拓展，均要经历从无到有、从默默无闻到具有网络知名、网络美名和网络可信的过程。所以通过网络曝光和网络互动，企业可以提升品牌的知名度、美誉度和可信度。

2. 网站推广

这是网络营销最基本的职能之一，基本目的就是为了让更多的用户对企业网站产生兴趣并通过访问企业网站内容、利用网站的服务来达到提升品牌形象、促进销售、增进顾客关系、降低顾客服务成本等效果。相对于其他功能来说，网站推广显得更为迫切和重要，网站所有功能的发挥都要以一定的访问量为基础，所以，网站推广是网络营销的核心工作。获得必要的访问量是网络营销取得成效的基础，尤其对于中小企业，由于经营资源的限制，发布新闻、投放广告、开展大规模促销活动等宣传机会比较少，因此通过互联网手段进行网站推广的意义显得更为重要，这也是中小企业对于网络营销更为热衷的主要原因。即使对于大型企业，网站推广也是非常必要的，事实上许多大型企业虽然有较高的知名度，但网站访问量并不多。

小练习：比较几大购物网站的网站流量

通过站长工具网站（seo.chinaz.com）进行 SEO 综合查询，找到下列网站的日均 IP、日均 PV、网站 Alexa 流量排名等信息，并以同一款海尔的热销产品为例，记录在下列不同网站的销售记录，总结网站推广对产品销售的重要性。

网站	日均 IP	日均 PV	网站 Alexa 流量排名	网站销售记录（销售量/时间）
淘宝网				
京东商城				
苏宁易购				
国美在线				
海尔商城				
总结				

3. 信息发布

网站是一种信息载体，通过网站发布信息是网络营销的主要方法之一，同时，信息发布也是网络营销的基本职能，所以也可以这样理解：无论哪种网络营销方式，结果都是将一定的信息传递给目标人群，包括顾客/潜在顾客、媒体、合作伙伴、竞争者等。

信息发布需要一定的信息渠道资源，这些资源可分为内部资源和外部资源。内部资源包括：企业网站、官方 APP、第三方网络平台、微博、微信公众平台、官方博客、注册用户电子邮箱等；外部资源则包括新闻网站、行业网站、搜索引擎、供求信息发布平台、网络广告服务资源、百科、问答平台、合作伙伴的网络营销资源等。掌握尽可能多的网络营销资源，并充分了解各种网络营销资源的特点，向潜在用户传递尽可能多的有价值的信息，是网络营销取得良好效果的基础。外部资源如图 1-2 所示。

图 1-2 汽车信息发布

4. 销售促进

营销的基本目的是为增加销售提供帮助，网络营销也不例外，大部分网络营销方法都直接或间接与促进销售有关，但促进销售并不限于促进网上销售。事实上，网络营销在很多情况下对于促进网下销售十分有价值。

5. 网上销售

一个具备网上交易功能的企业网站本身就是一个网上交易场所，网上销售是企业销售渠道在网上的延伸。网上销售渠道建设也不限于网站本身，还包括建立在综合电子商务平台上的网上商店，以及与其他电子商务网站不同形式的合作等，如图 1-3 所示。因此，网上销售并不仅仅是大型企业才能开展，不同规模的企业都有可能拥有适合自己需要的在线销售渠道。

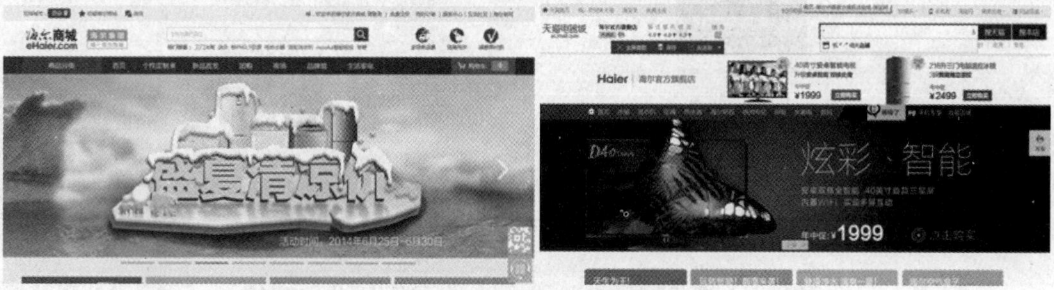

图 1-3　海尔搭建的网络销售渠道

6. 客户服务

互联网提供了更加方便的在线客户服务手段，包括从形式最简单的常见问题解答（FAQ），到电子邮件、邮件列表，以及在线论坛和各种即时信息服务等。在线客户服务具有成本低、效率高的优点，在提高客户服务水平方面具有重要作用，同时也直接影响到网络营销的效果。海尔官网的客户服务界面如图 1-4 所示。

图 1-4　海尔官网客户服务

7. 客户关系

良好的客户关系是网络营销取得成效的必要条件。网站的交互性、客户参与等方式在开展客户服务的同时，也增进了客户关系。客户关系是与客户服务相伴而产生的一种结果，良好的客户服务才能带来稳固的客户关系。例如，小米公司通过微博等互动沟通方式，第一时间了解客户需求，掌握客户对产品或者营销的想法，增强客户对小米品牌的忠诚度。具体如图 1-5 所示。

图 1-5　小米 MIUI 问题反馈微博及用户反馈

8. 网上调研

企业通过在线调查表或者电子邮件等方式，可以完成网上调研。相对传统市场调研，网上直接调研具有高效率、低成本的特点。因此，网上调研成为网络营销的主要职能之一。

网上市场调研具有调查周期短、成本低的特点。网上调研不仅为制定网络营销策略提供支持，也是整个市场研究活动的辅助手段之一。合理利用网上市场调研手段对于市场营销策略具有重要价值。具体的调研方法和步骤在任务三中有详细介绍。

（二）网络营销职能间关系

开展网络营销的意义就在于充分发挥各种职能，让网上经营的整体效益最大化，因此，仅仅由于某些方面效果欠佳就否认网络营销的作用是有失偏颇的。

网络营销的各个职能之间并非相互独立的，而是相互联系、相互促进的，网络营销的最终效果是各项职能共同作用的结果。网络营销的 8 项职能也说明，开展网络营销需要用全面的观点，充分协调和发挥各种职能的作用，让网络营销的整体效益最大化。

为了更直观地描述网络营销 8 项职能之间的关系，从其作用和效果上可将其大致分为网站推广、信息发布、客户关系、客户服务、网上调研这 5 项属于网络营销资源的投入和建立，是基础职能；网络品牌、销售促进和网上销售则表现为网络营销的效果（包括直接效果和间接效果）。网络营销职能关系具体如图 1-6 所示。

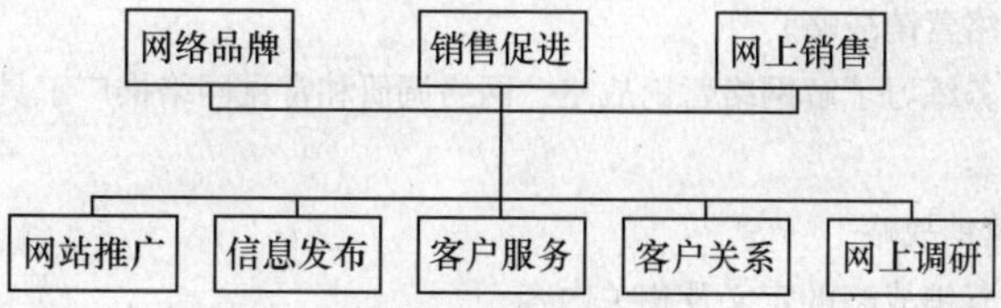

图 1-6　网络营销职能关系图

任务实训

网络营销认知

1. 实训目的

学习网络营销的概念及其相关知识，对网络营销有一定的认识；结合网络营销 8 大职能，浏览下列网站，全面认知网络营销。

2. 实训过程

（1）浏览下列网站：阿里巴巴（http://www.alibaba.com.cn）；京东商城（http://www.jd.com）；海尔官网（http://www.haier.com）；海尔商城（http://www.ehaier.com）；海尔淘宝旗舰店（https://haier.tmall.com）；新浪网（http://www.sina.com.cn）；中国互联网信息中心（http://www.cnnic.cn）；中国电子商务研究中心（http://www.100ec.cn）；艾瑞调研社区（http://www.iclick.cn）；中国互联网调查社区（http://h.cnnicresearch.cn）等网站。

（2）总结自己对网络营销的认知。

（3）结合上述网站的功能，谈谈对网络营销职能的认知。

3. 实训成果要求

提交实训报告，实训报告的主要内容：根据你浏览的上述网站，谈谈你对网络营销的认知。

任务三　网络营销战略认知

任务引入

活动分析单 1-3

活动情境	学习了网络营销基础知识之后，小李思考是不是可以通过网络营销积累资源，甚至赚到钱呢？网络上的产品品类齐全，小李手头的资源比较有限，如果要想通过网络赚到钱，应该从哪里入手呢？小李想通过网络调研了解家乡特产的网络销售、目标客户等情况，但不知道该如何开展调研，需要收集哪些信息，以及调研的报告如何撰写。同时小李也希望通过网络推广家乡特产，但又对这些推广方法都不太了解，也不清楚该选择哪些适合的网络推广方法，请大家帮助小李选择适当的网络推广方法。

续表

环境需求	（1）互联网接入。 （2）计算机（每人一台）、智能手机（每人一部）。 （3）学习任务考核单（也可到教学资源包下载电子版）。 （4）将班级分为若干讨论组，每组设组长一名。
活动描述	主题：认知网络营销战略。 目的：通过任务练习了解网络营销战略、网络调研和常见网络推广工具。 步骤： 1. 了解网络营销战略 （1）回顾市场营销战略的定义及相关内容； （2）搜索网络营销战略的相关资料，小组讨论网络营销战略的定义和内涵。 2. 了解网络调研 （1）登录 CNNIC、艾瑞、中国电子商务研究中心等网站下载相关调研报告，并了解相关调研内容； （2）讨论网络调研的步骤和方法。 3. 了解常见的网络推广工具 （1）结合自己的上网经历，讨论自己网络获取信息的渠道并总结； （2）网络搜索成县核桃的网络推广方法。
活动拓展	小李目前拥有的产品资源有家乡特产、学生常用的小商品、惠普电脑等。你能不能结合网络营销战略帮助小李选择适合他的产品，并分析这几种产品资源的优势和劣势？

活动考核单 1-3

班级：　　　　姓名：　　　　学号：　　　　编号：1-3

序号	考核内容	分值	总结与归纳	成绩
（1）	网络营销战略的定义	20 分		
（2）	网络营销战略的内涵	20 分		
（3）	网络调研的方法	20 分		
（4）	总结成县核桃的网络推广效果	20 分		
（5）	总结网络推广的工具	20 分		
			合计	

* 请学生填写完学习活动考核单后上交。

知识指南

一、网络营销整体战略

（一）网络营销战略定义

网络营销战略（Internet Marketing Strategy）是指企业在现代网络营销观念下，为实现其经营目标，对一定时期内网络营销发展的总体设想和规划。

企业要引入网络营销，首先要明确通过网络营销要实现的目的，然后企业可根据自己的特点及目标客户的需求特性，选择合理的网络营销战略。

（二）网络营销战略内容

1. 战略整体规划

战略整体规划包括：市场分析、竞争分析、目标客户分析、品牌与产品分析、独特销售主张提炼、创意策略制定、整体运营步骤规划、投入和预期设定。

2. 搭建营销型网站和第三方电子商务平台

（1）营销型网站：网站规划、网站结构、视觉风格、网站栏目、页面布局、网站功能、关键字和词策划、网站 SEO、网站设计与开发（网站包括 PC 端企业网站、移动端企业网络及官方 APP）。

（2）第三方电子商务平台：平台评估及选择、店铺装修、信息上传、管理团队、平台推广及平台效果监测。

3. 传播内容规划

传播内容规划包括：品牌形象文案策划、产品销售文案策划、产品口碑文案策划、新闻资讯内容策划、网站推广策划等。传播内容规划主要在策划篇中详细介绍。

4. 整合传播推广

整合传播推广主要利用搜索引擎营销、社会化媒体营销、网络广告营销、软文营销、网络视频营销、事件营销、病毒营销等传播方式。整合传播推广主要在方法篇中详细介绍。

5. 数据监控运营

数据监控运营包括网站排名监控、传播数据分析、网站访问数量统计分析、访问人群分析、咨询统计分析、网页浏览深度统计分析、热门关键字访问统计分析及舆情监控等。

二、网络调研

（一）网络调研的方法

根据获取信息资料的过程，我们可以将市场信息来源分为第一手资料和第二手资料。因利用互联网进行市场调研，已很难严格区分第一手资料和第二手资料，所以将常见的网络调研方法总结为网络搜索法、网站跟踪法、在线调研问卷、电子邮件调研等方法。

小练习：网络搜索资料练习

小李想了解我国网民的基本情况、“双十一”的销售数据、农产品在线销售等数据，你能帮助小李找到这些数据吗？这些数据可以在哪里找到呢？

调研内容	数据资料	数据来源	数据时间
网民基本情况			
“双十一”销售数据			
农产品网络销售数据			
B2B 市场份额			
网购群体特征			
本省电子商务数据			

网络搜索所利用的工具是搜索引擎，网络检索通常作为收集第二手资料的手段，但是利用搜索引擎强大的搜索功能也可以获得大量第一手资料。例如，通过搜索行业中的企业网站、新闻报道等可获得第一手资料；也可通过网络搜索大型调查咨询公司的公开性调查报告，大型企业、商业组织、学术团体、政府机构和著名报刊等发布的调查资料。

利用在线调研问卷获取信息是最常见的在线调研方法，也是在线调研的重点研究内容。在网站上设置调研问卷，访问者在线回答问题并提交到网站服务器，企业就可从服务器上看到调查的结果。企业也可通过在第三方调研网站发布问卷并回收问卷的方式进行调研。

扫一扫——很多同学对使用百度等搜索引擎并不陌生，但是搜索结果却不尽如人意，怎样才能更快更好地搜索到自己想要的信息呢？

小练习：第三方调研网站练习

（1）查找网络中比较知名的调研网站。

（2）分别注册第三方调研网站的账号并填写一份调研问卷。

（3）尝试上传一份调研问卷。

（二）网络调研的内容

在网络市场调研中，对企业来说最重要的调研内容是竞争对手调研和用户调研。

1. 用户调研

开展用户调研时，需要明确调研的用户群体、联系用户群体，并设计用户调研的关键点。例如，美剧《纸牌屋》在我国的点击率非常高，主要是因为在拍摄之前，调研分析了海量的用户数据，从而知道用户很喜欢 Fincher（社交网络、《七宗罪》的导演），而且 Spacey 主演的片子表现都不错，还知道英剧版的《纸牌屋》很受欢迎。基于上述的调研分析，《纸牌屋》获得了巨大的收益。

2. 竞争对手调研

（1）明确所在行业的竞争对手数量和竞争对手企业列表。

（2）重点分析直接竞争的对手。如果是一个热门行业，你就会发现企业的竞争对手有很多，因为人员、资源等限制，企业可以有效选择竞争对手进行分析。竞争对手分为直接竞争对手和间接竞争对手，企业要重点分析直接竞争对手，要进行必要的压制。对于间接竞争对手更多的是学习和借鉴，提升企业实力。

扫一扫——获取竞争对手的渠道（确定竞争对手是谁和竞争对手的数量，是调研竞争对手的起始点。从哪里可以获取竞争对手的信息呢？）

（3）竞争对手的调研内容。

① 分析竞争对手网站。分析竞争对手网站主要是调研竞争对手网站基本数据和竞争对手网站用户体验。竞争对手网站基本数据包括域名 PR 及百度权重、快照日期、Alexa 排名、域名年龄、是否备案、搜索引擎收录数和外链数等。竞争对手网站用户体验包括网站布局、策划、网站频道、关键词安排、URL 处理、内容更新频率、内容质量等内容。

② 分析竞争对手产品及服务。重点分析竞争对手产品功能细分、竞品与公司产品对比、稳定性、易用性、用户体验交互、视觉设计实力、技术实现框架优劣势等。

③ 分析竞争对手的网络推广。竞争对手网络推广包括调研竞争对手采用的推广方法和推广效果。尽可能多地了解竞争对手的网络推广，一方面我们可以了解到竞争对手所采用的推广方法和取得的推广效果，另一方面分析竞争对手开展的网络推广活动，扬长避短，吸取其做得好的方面，避免出现竞争对手出现的失误。

企业通过上述竞争对手调研，寻找竞争对手网络营销的突破点，制订适当的网络竞争竞争方案。

（三）撰写网络调研报告

1. 网络调研报告的内容

网络调研报告的内容包括封面、目录、调研结果/建议和正文 4 个主要部分。

（1）封面。网络调研报告的封面包括调研的标题、调研的项目和调研的日期等信息。

（2）目录。

（3）调研结果和有关建议的概要。这是整个报告的核心，要简短，切中要害，使阅读者既可以从中大致了解调研的结果，又可从后面的内容中获取更多的信息。

（4）正文内容。正文包括整个网络调研的详细内容，含调研使用方法、调研流程、调研结果。对调研方法的描述要尽量讲清是使用何种方法，并提供选择此种方法的原因。正文中相当一部分内容应是数字、表格，以及对它们的解释、分析，要用最准确、恰当的语句对分析做出描述，结构要严谨，推理要有一定的逻辑性。正文中，一般必不可少地要对企业在调研中出现的不足之处，说明清楚，不能含糊其词。必要的情况下，还需将不足之处对调研报告的准确性有多大程度的影响分析清楚，以提高整个网络调研活动的可信度。

2. 调研报告的写作要求

调查报告需体现调查到的数据，根据数据制定图表，并对数据进行分析，获得调查结果且需提出解决方案。每一份调研报告都有详细的版式要求，可以根据企业的要求等对调研报告进行排版。

三、常见网络营销的工具体系

（一）常用网络营销工具简介

1. 企业官方网站

企业官方网站可以实现网络品牌、信息发布、产品展示、客户服务、客户关系、资源合作、网络调研和网络销售八项功能，是企业最重要的网络营销工具之一，是综合性网络营销工具，在企业官方网络营销信息源构建、网络品牌建设等方面有其他网络营销工具无法替代的作用。

2. 第三方电子商务平台

第三方电子商务平台可以实现信息发布、产品展示、客户服务、网络销售等职能。利用第三方电子商务平台，企业可以大大简化其开展电子商务的流程，也不需要建设功能较为复杂的官方平台。

3. 搜索引擎

搜索引擎可以带来更多的点击与关注，树立企业品牌形象，提升品牌知名度，增加网站的曝光度，也可以为竞争对手制造网络推广壁垒。

4. 社会化媒体

社会化媒体是人们彼此之间用来分享意见、见解、经验和观点的工具和平台，现阶段主要包括社交网站、微博、微信、博客、论坛、问答社区、百科等。通过社会化媒体可以建立企业品牌，提升品牌的曝光度和知名度，维护客户关系等。

5. 网络视频

网络视频集视频和网络的优势，通过故事、情感、娱乐等方式植入品牌、产品、促销等相关信息，目前已经成为一种趋势。

6. 网络广告

网络广告因覆盖面广、观众基数大、传播范围广、不受时空限制、互动性强、可准确统计受众数量等特点，已成为目前一种主流广告形式。

7. 电子邮件

电子邮件是一种用电子手段提供信息交换的通信方式，是互联网应用最广的服务。企业可以通过电子邮件实现客户服务、网站推广、信息发布、市场调研等职能。

(二) 常用网络营销工具体系

几乎每一种常见的互联网工具和服务都有一定的网络营销基础，如微博、QQ、搜索引擎等，而每一种工具都会产生一种或者多种网络营销效果，如小米通过微博进行客户服务、产品信息发布、产品体验调研等。为了更好地掌握网络营销工具的特点，这里将网络营销工具和网络营销职能以示例的方式在图 1-7 中展示出来。

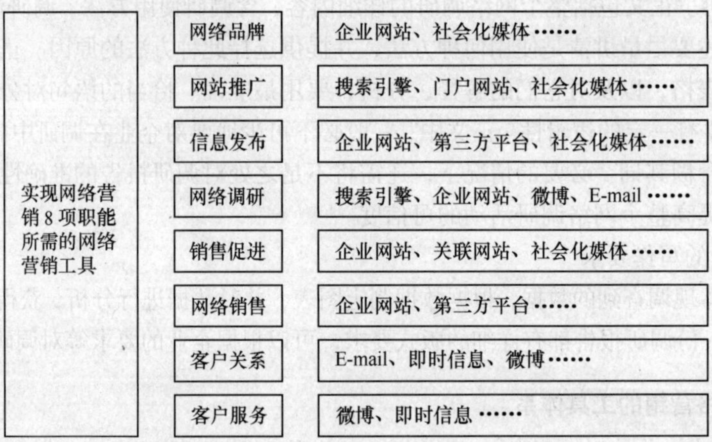

图 1-7 常用网络营销工具体系示例

(三) 常见网络推广方法

1. 网络平台营销

搭建营销导向的企业官方网站和第三方电子商务平台可实现其网络营销功能，并通过网络平台运营维护、推广及管理使网络平台发挥应有功能。

2. 搜索引擎营销

搜索引擎营销就是当用户利用搜索引擎进行信息检索时，在搜索结果中展示信息以获得用户的关注，并且吸引用户通过单击搜索引擎结果的链接来到网站获取更详细的信息，从而实现网站或者产品推广。

3. 社会化媒体营销

社会化媒体营销也称社会化营销，是利用社会化网络，微博、微信、在线社区、博客、百科、问答或者其他互联网协作平台媒体来进行营销，进行公共关系和客户服务维护开拓的一种方式。

4. 网络广告营销

企业通过网络广告投放平台来利用网站上的广告横幅、文本链接、关键词、多媒体的方式，在互联网刊登或发布广告，通过网络传递给互联网用户的一种广告运作方式。

5. 网络视频营销

企业将各种视频短片以多种形式放到互联网上，达到一定宣传目的的营销手段。

6. 软文营销

软文是由企业的市场策划人员或广告公司的文案人员来负责撰写的“文字广告”。与硬广告相比，软文将宣传内容和文章内容完美结合在一起，让用户在阅读文章时能够了解策划人所要宣传的东西。一篇好的软文是双向的，既要让客户得到了他想需要的内容，也要让其了解了宣传的内容。

7. 事件营销

事件营销是指企业通过策划、组织和利用具有新闻价值、社会影响以及名人效应的人物或事件，吸引媒体、社会团体和消费者的兴趣与关注，以求提高企业或产品的知名度、美誉度，树立良好品牌形象，并最终促成产品或服务的销售的手段和方式。

8. 病毒营销

病毒营销是指通过用户的社会人际网络，使信息像病毒一样传播和扩散，利用快速复制的方式传向数以千计、数以百万计的受众。

四、网络营销内容体系及学习方法

通过前期大量的调查，从企业反馈来看：对网络营销岗位来说，该岗位既要求学生善于使用各种网络推广、运营方法，具备网络文案写作能力等，同时还要求学生具备网络营销策划和执行能力，能帮助企业提高品牌知名度和可信度，提升网络转化率等。为了实现工作过程与教学过程相对接，提炼初级网络营销岗位和网络营销晋升岗位职业素养、专业知识和技能要求，确定了网络营销学习内容，也形成了本书的框架体系。

本书共分为基础篇、方法篇和策划篇 3 个篇章。基础篇包括网络营销岗位、网络营销概念、网络营销的职能和网络营销战略等核心内容；方法篇以主流的网络营销方法为核心，包括各种网络营销工具和方法的使用等核心内容；策划篇以策划的内容和执行过程为主，重点围绕网站推广、产品营销策划和品牌营销策划 3 个核心内容。《网络营销实务》内容体系详如图 1-8 所示。

（一）学习方法建议

电子商务专业是一门对学生实践操作要求很高的专业，这也是造成当前企业大量缺乏电子商务人才，而电子商务毕业生就业对口率却低于平均就业水平的一个因素。作为电子商务专业的核心课程——《网络营销：推广与策划》，同样也需要大量真实的训练才能真正培养出企业所需人才，所以本书在学习方法上重点强调“实践”二字。

读者在了解本书基础的理论构架和具体的操作方法之后，应当尽可能地将书中介绍的网络营销方法运用到实践中，通过实践将书中的理论转化为自身的实操技能。同时，通过在实践中发现问题并依照本书的解决方法解决问题，从而不断增强个人的网络营销应用能力。

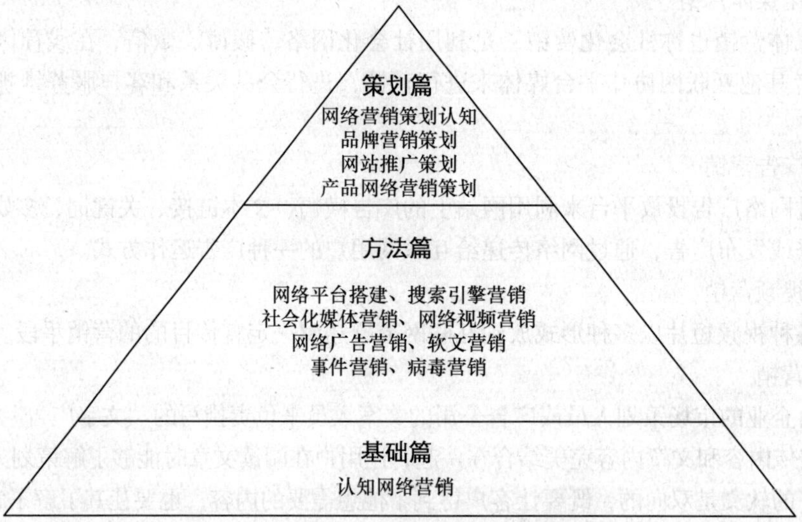

图 1-8 《网络营销：推广与策划》内容体系

在学习本书的过程中，建议读者结合书中的内容框架，通过利用下面所列举的网络资源、工具及平台，达到学习和提高实践的目的。

（二）学习实践资源

本任务列举了本书后续项目中将要介绍的网络营销工具，使用过程中，建议读者尝试用“互联网的方式思考问题，用互联网的工具和手段来解决问题”，来重新认识这些工具并使用它们。也就是说，对每种工具和资源，都能从网络营销的角度来考虑它们有哪些网络营销价值？如何利用这些工具和资源实现企业网络营销的目的？

1. 网络营销学习及实践资源网站

（1）网络营销能力秀（http://www.wm23.com），C 实习（http://www.cshixi.com）、优优汇联（http://ds.uulian.com）等平台均提供网络营销实践活动。

（2）门户网站的互联网新闻，如新浪、网易等门户网站都有关于互联网站、电子商务、网络营销等方面的新闻报道及背景资料。

（3）互联网行业研究及咨询，包括我国互联网络信息中心（CNNIC）（http://www.cnnic.cn）每年两次发布的《中国互联网络发展状况统计报告》、艾瑞网（http://www.iresearch.cn）及中国电子商务研究中心（http://www.100ec.cn）等网站。

2. 应熟练使用的网络工具

（1）搜索引擎：如百度、360 搜索、搜狗等。

（2）即时通信工具：如 QQ、阿里旺旺等。

（3）微营销工具：如新浪微博、微信等。

（4）E-mail：如新浪、网易等免费邮箱。

（5）视频制作软件：如会声会影等。

（6）第三方平台：如淘宝、阿里巴巴等。

（7）电子书：包括常见电子书的格式及制作方法、传播途径等。

（8）网站流量统计分析工具：如 51yes.com、百度统计、CNZZ 等。

这里列举的大部分工具都是日常上网常用的，读者可以在学习和应用过程中不断总结和积累。

经过一段时间的实践后，读者可以再回过头来对照一下，还存在哪些重点遗漏，尽可能充分掌握各种工具和资源，减少基础知识的空白点。当具备了这些技能之后，读者就可以开始尝试将网络营销知识转化为价值和财富了，比如为企业做网络推广、网站运营，或者通过网上销售等方式获得直接收入。当然，你也可以用这些知识为自己的就业或创业奠定基础。

任务实训

制定企业网络营销推广体系

1. 实训目的

了解常用的网络营销工具和网络推广方法，理解网络营销的推广体系，并建立个人网络营销推广体系。

2. 实训内容及步骤

（1）可从下列中任选一类。

企业——海尔、联想、京东、天猫、去哪儿……

个人——秋叶、鬼脚七、网红店主张大奕……

（2）收集信息：上述企业/网络名人所使用的网络推广工具和网络推广方法。

（3）总结：绘制企业/网络名人的网络推广体系图。

（4）模仿：依据上述的网络推广体系图设计个人网络推广体系图。

3. 实训成果要求

提交实训报告，报告中设计个人网络推广体系图。

项目小结

本项目主要内容包括认知网络营销岗位、网络营销基础和网络营销战略 3 个学习任务。

认知网络营销岗位主要通过简介网络营销岗位和岗位职业规划，让学生了解本课程与岗位的基本情况，并明确课程的重要性。

认知网络营销基础主要通过网络营销概念和职能的介绍，让学生掌握网络营销与网络推广、网络营销与网络销售、网络营销与电子商务的关系。网络营销职能包括打造网络品牌、网站推广、信息发布、销售促进、网上销售、客户服务、客户关系和网上调研。

网络营销战略的内容包括网络营销整体战略、网络调研、常见网络营销的工具体系和网络营销学习内容。

项目重点：网络营销概念、网络营销的误区、网络营销职能、网络营销战略、常见网络营销的工具体系和网络营销内容体系。

项目难点：网络营销的误区、网络营销战略、网络营销内容体系。

思考与练习

一、不定项选择题

1. 你会看到一些关于网络营销的说法，请将正确的说法和不正确的说法归入不同的选项框中。

（1）下面说法正确的是（　　）。

（2）下面说法错误的是（　　）。

A. 网络营销是 On-line Marketing 或 E-Marketing

B. 网络营销就是 SEO

C. 以网络用户为中心，以市场需求和认知为导向

D. 以市场需求和认知为中心，以网络用户为导向

E. SNS 营销、论坛营销、博客营销均属于网络营销

2. 下面哪些说法是错误的（　　）。

A. 网络营销可以促进线下销售　B. 网络营销包含电子商务

C. 网络销售是网络营销的一项职能　D. 网络推广是网络营销的基础

3. 下面不属于网络营销职能的（　　）。

A. 网络品牌　B. 网络调研　C. 网站推广　D. 资源合作

4. 下面（　　）不属于网络营销基础职能。

A. 信息发布　B. 客户关系　C. 网络品牌　D. 客户服务

5. 下面属于网络营销推广工具的（　　）。

A. 微网站　B. 第三方平台　C. 网络广告　D. 许可 E-mail 营销

6. 下面（　　）不属于网络推广方法。

A. 搜索引擎　B. 社会化媒体营销　C. 病毒营销　D. 网络平台营销

二、简答题

1. 谈谈网络营销的几个误区是什么？
2. 网络营销的职能是什么？
3. 网络营销整体战略的内容有哪些？
4. 网络调研的方法有哪些？
5. 常见的网络营销方法有哪些？

第二篇

方法篇

项目二
营销导向的网络平台搭建

项目简介

截至2014年12月，全国企业中有41.4%建立了独立的企业网站，有17%的企业在电子商务平台上建立了网店。在建站企业中，有13.4%的企业既建立了独立的企业网站，又通过电子商务平台建立了网店。

企业网络平台是构建企业官方网络信息源的主要平台之一，也是企业网络营销的核心资源。通过网络平台，企业不仅可以进行产品的展示和企业形象的宣传，而且可以进行在线交易，因此搭建网络平台已经成为企业开展网络营销的基础。

本项目主要由营销导向的企业网站搭建和第三方电子商务平台搭建两个任务组成。通过本项目的学习，使学生对营销导向的网络平台搭建产生兴趣，从而掌握搭建网络平台的方法和技巧。

项目目标

知识目标：了解企业网站的类型；熟悉营销型企业网站的功能；掌握营销导向企业网站的搭建步骤、网站规划、域名设计与注册，以及运营指标的评价；熟悉第三方电子商务平台的评价标准、平台类型；掌握第三方电子商务平台企业商铺建设步骤。

技能目标：能够规划企业网站，能制作企业网站策划书，能对企业网站运营效果进行监管与分析，能搭建企业第三方电子商务平台。

素质目标：培养网络品牌意识，并能有意识地统筹规划企业整体网络平台。

引导案例

➢ **项目引导案例：海尔集团——“家电龙头”开拓网上分销渠道**

1. 公司简介

海尔是世界白色家电第一品牌，1984年创立于中国青岛。目前，海尔在全球建立了21个工业园、24个制造工厂、10个综合研发中心、19个海外贸易公司，全球员工超过7万人。

2. 海尔集团电子商务有限公司

海尔集团电子商务有限公司成立于2000年，主要负责运营海尔官方互动销售平台海尔商城（http://www.ehaier.com），向个人消费者销售海尔集团各品牌家电、计算机、生活家电等产品和服务方案。

海尔商城也是海尔集团面对互联网时代的机会和挑战，进行服务转型、大数据、产品定制等先进商业模式探索的平台。海尔商城将海尔集团前端的产品研发、生产资源和后端的物流配送、产品服务资源结合到一起，为用户提供差异化的产品和服务。

目前，海尔商城拥有员工 220 人。2011～2013 年，海尔商城销售规模快速增长，连续 3 年超过电子商务行业平均增长水平。2013 年销售收入 20 亿元，同比增长 278%。在电商普遍亏损的行业背景下，海尔商城实现盈利。

另外，海尔商城在天猫商城的品牌旗舰店也一直有着良好的经营业绩。在 2013 年的“双十一”电商促销活动中，海尔品牌官方旗舰店当日销售额达到 1.8 亿元，名列所有品牌销量第二，家电品类第一。2014 年“双十一”海尔以当日销售额 3.24 亿元的成绩再次蝉联天猫大家电销售量冠军。

3. 海尔的营销导向网络平台

目前海尔主要的营销导向网络平台有两大类。

（1）官方自建平台：海尔官方网站（http://www.haier.com）、海尔商城（http://www.ehaier.com）；海尔官方移动端网站（m.haier.com）、海尔商城移动端网站（m.ehaier.com）、海尔 APP。

（2）海尔的第三方销售平台：淘宝旗舰店（http://haier.tmall.com）、京东旗舰店（http://haier.jd.com）、苏宁旗舰店（http://shop.suning.com/30000162/index.html）、1 号店旗舰店等。

4. 海尔官网 SEO 综合数据

思考：

1. 从企业和用户的角度来分析企业网站有什么用处？海尔营销导向网络平台有哪些？
2. 企业网站有哪些类型？
3. 搭建企业网络平台的环节是什么？

任务一　营销导向的企业网站搭建

任务引入

活动分析单 2-1

学习情境	小李看到海尔各种网络平台的搭建，直接促进了产品的在线销售。小李想是不是也可以搭建家乡特产网站，让更多的人了解特产的信息，促进线下和线上销售。那小李该如何搭建网络平台呢？
环境需求	（1）互联网接入。 （2）计算机（每人一台）、智能手机（每人一部）。 （3）学习任务考核单（也可到教学资源包下载电子版）。 （4）将班级分为若干讨论组，每组设组长一名。
活动描述	主题：营销型网站初识。 目的：通过任务练习了解营销型网站的类型、网站功能，熟悉企业网站的构成要素。 步骤： 查看海尔官方网站、Dell 官方网站、西凤酒官方网站、学院官方网站和白沙官方网站等。 （1）浏览上述网站，指出喜欢的网站，并说明喜欢的原因； （2）浏览上述网站，查看企业网站的功能模块和内容并做记录； （3）浏览上述不同企业网站官网，分析网站的类型； （4）查看上述网站，总结上述网站的构成要素； （5）通过移动端查看上述网站，总结网站功能模块和内容； （6）查看移动端网站的构成要素。
活动拓展	（1）PC 端和移动端的网站区别是什么？ （2）搭建企业网站应考虑的内容和具体的过程是什么？

活动考核单 2-1

班级：　　　　　　　　姓名：　　　　　　　　学号：　　　　　　　　编号：2-1

序号	考核内容	分值	总结与归纳	成绩
（1）	指出喜欢的网站，并说出喜欢的原因	10 分		
（2）	记录上述每个网站的功能模块和内容	30 分		
（3）	总结网站的类型，并指出上述网站的类型	20 分		

续表

序号	考核内容	分值	总结与归纳	成绩
（4）	总结上述网站的构成要素	20分		
（5）	探讨PC端和移动端网站功能和内容的区别	20分		
		合计		

* 请学生填写完学习活动考核单后上交。

知识指南

一、营销导向的企业网站

从营销角度看，企业网站是一个整体，是开展网络营销的综合型工具，是企业、机构或者政府在互联网上建立的门户。企业通过网站可以宣传企业形象，发布、展示商品信息，实现电子交易，并通过网络开展与商务活动有关的各种售前和售后的服务。

> 扫一扫——营销导向的企业网站有哪些类型？这些网站都有什么功能？不同的企业该如何选择？

1. 营销导向企业网站的类型及选择

（1）营销导向企业网站的类型。根据公司的需要和计划，确定网站的类型：信息型网站、服务型网站、销售型网站、综合型电子商务网站等。

（2）营销导向企业网站的选择。企业要根据企业实力和发展阶段选择网站类型。以工业品为主要产品的企业，尤其是中小企业，往往选择信息型网站作为切入点；消费品生产企业以消费者为直接客户，则品牌宣传型网站、销售型网站会成为它们的首选；服务型企业主要考虑构建服务型网站；业务涉及多个行业，客户类型复杂的大型企业，综合型电子商务网站对它们更为合适。

小练习：企业网站类型分析

分别访问白沙集团、海尔集团和联邦快递等公司的网站，注意它们的栏目内容设置、网站功能模块设置和网站风格3个方面的不同点和相同点。结合3家公司的业务特点，分析不同类型的公司如何选择企业网站的类型，将相关信息填入表2-1企业网站类型分析表中。

表2-1　企业网站类型分析表

序号	公司名称	网站地址	业务分析	网站类型分析	网站主要栏目	网站功能分析
（1）	白沙集团					
（2）	海尔集团					
（3）	联邦快递					
主要结论						

2. 营销型企业网站的功能

企业营销导向的企业网站功能包括宣传、推广企业品牌和产品；与客户、公众交流和沟通；向客户提供在线信息咨询和技术支持；在线交易；提高企业营销管理的信息化水平。

3. 营销导向的企业网站的构成要素

营销导向企业网站的构成要素依据网站类型的不同和规模的不同而略有差异。一般情况下，企业尤其是中小企业在建立网站时，并不一定要构建网络基础设施，可以借助互联网服务提供商（ISP）提供的服务器搭建自己的网站运行平台。总体来说，搭建企业网站主要由以下 6 个方面组成。

（1）网站域名。

域名是企业、机构或者个人在域名注册商注册的名称，是互联网上企业或者机构间相互联络的网络地址。

域名的好坏同样影响到网络营销的效果，一个好的域名对于网站推广具有重要意义。因此，从网络营销的角度来看，在选择域名时就应该考虑到以后的推广问题。

域名资源是有限的，甚至可以说是非常短缺的。一个企业或网站的域名并不仅仅是一个标识而已，域名在很大程度上也是重要的营销资源，企业需要慎重对待域名注册。

小知识：好的域名的基本要素

1. 短小

通常可以利用一些单词的缩写，或者缩写字母加上一个有意义的简单词汇，或者汉语拼音域名也是很好的选择。域名应该不多于多少个字母？其实也没有绝对的标准，现在的规定是一个域名最多可以包含 67 个字母和数字的组合（其中包括后缀名的 3 个字母）。国际域名注册机构 networksolutions.com 的域名也很长，所以域名字符数的多少只是相对而言。如果能做到五个字符以下当然最好，不过也不必拘泥于此，只作为参考。

2. 容易记忆

通用的词汇容易记忆，如 art.com、business.com、pets.com、bank.com、china.com、internet.com 等，不过，其他有特殊效果或读音的域名也容易记忆，如 yahoo.com、Amazon.com 等，向别人推荐时也比较容易解释。因此，发音容易混淆或者含有连字符的域名就不太理想，例如，四通集团的域名是 stone-group.com。

3. 不容易与其他域名混淆

域名混淆的原因：①组成一个域名的两部分使用连字符；②后缀.com 或者.net 的域名分属不同所有人所有，如“163.com”与“163.net”；③国际域名和国内域名之间的混乱，如“85818.com.cn”与“85818.com”。

4. 不容易拼写错误

5. 与公司名称、商标或核心业务相关

6. 尽量避免文化冲突

（2）网站物理地点。

网站物理地点即网站空间，是存放网站的磁盘空间，由独立服务器、合租服务器、租用的虚拟主机或云服务器承担。

（3）网页。

每个网站都由许多网页文件组成。网页文件即网站的源文件，网页之间以超链接相关联。营销导向网站一般分为前台与后台，前台页面提供客户注册登录、商品分类；后台页面则包括了管理员的维护工作，如商品添加、订单管理等。

> 扫一扫——企业网站空间选择的方式这么多，每种空间选择方式有什么差别呢？

（4）货款结算。

客户通过购物车选购商品，然后结算，确定付款的方式、送货地点、时间等。

（5）客户资料管理。

管理已注册客户的姓名、通信地址、电话、电子邮件地址等信息。

（6）商品数据库管理。

经常及时盘点商品，做好商品配货和商品配送。

以上只是营销企业网站的大致结构。随着网站经营的商品及经营规模的变化，其构成要素也有所变化。

二、营销导向的企业网站搭建步骤

（一）营销导向的企业网站规划

营销导向的企业网站需求分析主要有：找出企业最需要上网的业务环节、企业内部各部门需求、目标用户行为及需求、竞争对手网站现状和定位企业网站特色等内容。

1. 企业最需要的上网环节

企业在搭建网站计划时不可能把所有的业务都搬到网上去，尤其是传统的生产兼贸易型企业。在上网初期应选择企业经营中最迫切、最薄弱环节，如对中小企业来说，宣传与市场开发环节等；对服务性质企业，信息发布功能和会员管理功能最重要；对一些生产型企业，订单管理和渠道管理功能最重要。找出企业最需要上网的业务环节是确定企业网络营销目标的基础。在这一过程中，企业应首先列出营销管理中的各个环节，然后分析这些环节的现状、发展需要和网络环境下的机遇与挑战，最后确定企业网络营销需要实现的基本目标。

2. 企业内部各部门的需求

企业的网络营销活动往往涉及企业内部的多个部门，而企业网站不仅仅是为了满足一个部门的需求，所以在网站建设时要充分了解所涉及部门的需求和看法。网站定位分析时，应与企业决策层沟通讨论，以便让企业上层领导能对网络的发展有一个方向性的把握；同时，还应与其他相关部门人员一起讨论，从企业整体发展的角度提出好的建议，并及时反馈到网站的策划方案中，因为企业的所有部门在以后的工作中都将通过企业网站实现某方面的功能。

3. 网站目标用户的行为与需求

用户是整个网站策划过程的主体，能否分析好用户是企业网站能否成功的关键。企业对用户行为与需求分析，主要是了解不同用户对网站的需求，从而确定网站的主要内容和功能。在建设网站时，企业应站在用户的角度上考虑，分析他们的行为习惯，最大化地迎合用户的需求，才能实现网站的价值。

4. 竞争对手的网络营销策略

调研分析竞争对手的网站，对于企业的网站规划很有必要：一方面，可以学习竞争对手网站规划中做得好的一面；另一方面，只有通过分析竞争者的网站才能准确地定位自己网站的特色。分析竞争对手的网站，一般应选择行业中最优秀的竞争者和企业业务的直接竞争者进行分析。

对竞争对手网站的分析主要包括以下几个方面：了解竞争对手的实力和地位，分析现有和潜在的竞争对手的优劣势；洞察已开展网上业务的竞争对手的情况，研究竞争对手网站运行和网络营销运作效果；制定企业的发展策略，设计战胜竞争对手的方法，最终确定企业的网络竞争特色。

5. 定位企业网站特色

在前面 4 个步骤的基础上，确定自身的网站特色，是企业开展网络营销的起点。

（二）营销导向的企业网站建设

1. 设计与注册企业域名

设计与注册企业域名的步骤如下：

（1）为企业网站设计多个可供选择的域名；

（2）查询所涉及的域名；

（3）查看域名的详细信息；

（4）注册或者购买域名。

小思考：

我们登录不同的网站，发现每个网站都有域名，如淘宝域名 http://www.taobao.com、百度域名 http://www.baidu.com 等，请思考并寻找下列问题的答案。

（1）域名的管理机构是哪里？域名的注册机构有哪些？（至少列举 5 家以上注册机构的名称）

（2）域名的价格是多少？（至少寻找 5 家以上注册机构的域名注册价格）

（3）注册域名需要准备哪些资料呢？域名注册的流程是什么？

2. 确定网站的主要内容

网站的内容和功能是实现网站目的的基础，是网站进行产品宣传、品牌推广、客户服务和在线销售的重要载体。网站内容和功能模块的设置最终都是为了实现企业的网络营销目的，所以要充分考虑用户的体验。

（1）确定网站的主要访问对象。企业网站的访问对象一般包括企业客户、潜在客户、业务伙伴、员工、投资者、一般公众和竞争对手。企业网站访问对象应根据企业网络营销的目标来确定，不仅要确定网站的访问对象，还要根据这些对象在网站服务中的主次地位，以便在网站中突出客户关心的信息和服务。

（2）分析访问对象对网站的需求。不同的访问对象对企业网站的需求和期望不同，并且他们对企业的重要程度也有不同，如表 2-2、表 2-3 所示。

表 2-2　网站访问对象对网站内容和功能模块需求

序号	访问对象	重要程度	访问者希望获取的信息	内 容 策 略	功能模块
（1）	直接用户	最重要	品牌、产品、价格、促销、特色、服务、联系方式、订货方式、支付手段、送货时间和费用、退换商品政策等	突出用户关心的信息，通过良好的连接结构方便用户获取	会员管理、网上订单、产品搜索、在线咨询、留言、论坛
（2）	经销商	重要	产品、经销商政策、实力、经销商管理信息等	突出实力和合作管理信息，涉及企业管理机密时通过非公开渠道沟通	在线咨询与留言

续表

序号	访问对象	重要程度	访问者希望获取的信息	内 容 策 略	功能模块
（3）	供应商	一般/重要	采购计划、实力等	突出实力和采购招标信息，涉及企业管理机密时通过非公开渠道沟通	在线咨询与留言
（4）	竞争者	不重要	动态、新产品等	注意保密	
（5）	社会公众	一般	实力、品牌、社会活动	突出实力和企业文化，及时更新企业的正面新闻和事件	论坛
（6）	员工及应聘者	一般/重要	实力、企业文化、员工管理	突出实力和企业文化，可以单独建设员工园地栏目等	在线招聘

表 2-3　企业网站访问者分析及网站内容规划

序号	访问对象	需 求 分 析
（1）	消费者（会员）	产品信息、促销信息、销售渠道分布、企业文化与实力、产品知识、积分查询、在线购买与咨询、在线支付、送货信息、售后服务、用户交流、培训信息等
（2）	合作者	企业实力、品牌文化、合作项目详细信息、网上订单、信息沟通渠道
（3）	社会公众	企业实力、品牌文化、社会报道、企业新闻、招聘信息
（4）	国外客户	企业实力（尤其是国际认证）、产品与合作信息、企业品牌与文化、信息沟通渠道

（3）网站内容与功能模块设计。

① 网站内容和功能模块的筛选。

企业网站在内容选择和功能模块设置上应该思考的问题如下：

- 企业网站的主要访问者是哪些群体？企业网站最核心的访问对象是谁？
- 企业网站的访问者希望从网站获取哪些信息？哪些信息对他们来说是最需要的？
- 如何与企业网站的访问者实现在线即时沟通，随时解答他们的咨询？
- 企业网站内容哪些是最重要的？哪些是必要但不太重要的？
- 企业网站内容哪些是辅助性的？哪些是可有可无的？哪些是画蛇添足的？
- 企业网站的内容应该放置在什么位置更符合主要访问对象的访问习惯？
- 企业网站内容之间如何确定链接？怎样链接才能使访问者获取信息最为方便？

② 网站栏目的设计。

良好的网站栏目设计，对网站用户能够方便地找到自己想要的信息至关重要。企业在进行网站栏目设计时不仅要考虑企业信息展示的方便，更要思考如何能让用户方便地获取信息。

信息发布型网站属于中小企业最常用的网站类型。这种类型网站的栏目相对比较简单，一般来说，网站应该包括下列主要栏目。

- 公司概况：包括公司背景、发展历史、主要业绩及组织结构等。
- 产品目录：提供公司的产品和服务目录，方便顾客在网上查看。
- 荣誉证书和专家/用户推荐：作为辅助性内容，增强用户对公司产品的信心。
- 公司动态和媒体报道：展示企业实力和形象。
- 销售网络：促进线下销售。
- 客户案例：增强其他客户对企业能力的信任。
- 联系信息：给用户、合作伙伴等提供方便。

小练习：设计网站内容与功能模块

以某公司网站为例，分析该公司网站的主要访问者及其需求，从满足客户需求和突出企业特色的角度出发，诊断该公司网站在内容设计上存在的问题并提出修改意见，然后将新的内容和栏目规划填入表中。

一级目录	二级目录		内容描述（三级目录）	内容说明
	编号	名称		
	1-1			
	1-2			
	1-3			
	……			
	2-1			
	2-2			
	2-3			
	……			
	3-1			
	3-2			
	3-3			
	……			
企业网站问题分析				
栏目规划情况说明				

3. 规划企业网站首页

在网站内容设计中，网站首页的内容和功能模块，是企业网络营销功能定位和目标对象定位的体现。网站首页如果只考虑展示企业文化和实力等信息，将大量的企业自身信息放置在企业网站首页很重要的位置，而客户关心的产品和服务信息没有突出，客户来访问这样的网站往往找不到感兴趣的内容，也就失去了网站存在的意义。有些网站首页内容太多太长，客户访问非常吃力，也是首页设计中应该避免出现的情况。

4. 规划企业网站风格

网站风格能形成网站访问者对企业网站品牌的第一印象。良好的网站风格是企业品牌形象、企业文化和实力展示的重要因素。

（1）保持内页设计风格一致。保持首页和内页的一致性，包括结构的一致性、色彩的一致性、导航的一致性、特别元素的一致性、图像和背景的一致性等都将对网页风格的一致性产生影响。

（2）讲究色彩搭配。网站的色系是浏览者整体的视觉观感。若一个网站的色系能保持一致性，不仅会使网站看起来美观，也可以让浏览者不易混淆内容，增加浏览的简洁与方便性。

（3）重视版面布局。合理的布局会让用户在浏览网站时快速发现核心内容和服务。如果布局不合理，用户需要思考如何获取页面的信息，从页面内容筛选主要服务。在这个过程中，用户通常是进行扫描浏览，捕捉对其有用的信息，他们不会花费太多的时间在页面停留，会选择离开页面，甚至以后不会再来访问网站。因此，页面布局的重点是体现网站运营的核心内容及服务，将核心服务显示在关键的位置，供用户在最短的时间浏览到。用户捕捉到这一新信息后进行做出判断，是否对网站做深层次的浏览。

互联网网站类型不同，首页的设计也不同，但是均具备一些基础元素，如 Logo 标示、信息搜索框、全局导航条、页尾等。对于营销型企业网站来说，网站首页不仅起到形象展示的作用，更重要的是起到信息传递的作用。品牌企业的首页设计过于重视“形象展示”职能而忽略“信息传递”职能，大量企业网站首页一律是全屏 Flash，对用户快速获取信息造成阻碍。因此，网站的首页设计要在传递品牌形象的同时，让首次访问的用户在第一时间了解网站的内容、服务和功能，同时，通过首页，能够快速直达所要找寻的目标页面。

网站的界面布局的好坏取决于网站的内容框架及网站的信息设计，应根据用户的浏览习惯将网站的核心内容服务合理有序地展示给用户。一般用户的阅读习惯是从上到下，从左到右的路线进行查看，因此，重点要在左边偏上的部位出现，即重要信息显示放置在重要的版块。网页布局同时也应考虑网站运营的重点及网站最终的目的——盈利。海尔公司网站首页的布局设置如图 2-1 所示，在显眼的位置添加 Logo、导航条、轮播广告、用户登录、购物车及搜索框等功能；而在导航条的设计中充分考虑消费者购物全过程，设有产品信息、售后服务与支持、社会交流与沟通几大环节。

图 2-1　海尔网站首页布局

5. 网站的客户体验设计

良好的客户体验是营销型网站建设的基本要求，也是提高网站访问用户转化率的一个重要因素。网站的客户体验设计是一项全面系统性工作，涵盖网站设计的每一个细节。这里从客户咨询、常见问题解答和网站导航 3 个方面对网站客户体验进行分析和设计。

（1）网站客户咨询设计。

网站客户咨询设计的目的是为网站访问客户提供及时沟通的工具，网站可以借助不同工具来实现这些功能。具体可以添加 QQ 在线服务，设置阿里旺旺在线业务咨询服务等来实现在线咨询服务。

（2）网站常见问题解答设计（Frequently Asked Questions，FAQ）。

在网站建设过程中，站在客户的角度，分析其在网站访问过程中可能对企业网站操作或企业业务存在的疑问，并为这些疑问设计好详细的说明资料，然后通过常见问题解答、知识库、留言和在线咨询等方式来解答这些问题，并在每一个可能存在疑问的网站区间都设计一个解答问题的链接，以便客户随时均可方便地获取帮助，消除疑虑。

（3）网站导航设计。

网站导航是用户对网站感受最直接的一个因素，对提供丰富、友好的用户体验至关重要。简单直观的网站导航不仅能提高网站的易用性，而且能够方便用户找到想要的信息，从而有助于用户转化率的提高。

6. 规划网站的后台管理

良好的后台管理是网站后续信息更新、客户关系管理和推广效果分析的重要基础，任何一个商务网站都必须有一个健全的后台管理系统作为支撑。

企业在进行网站后台规划时要从企业网络营销业务管理的角度出发，对不同部门在网站管理中的权限和职责做好规划。一般来说，企业营销型网站至少需要配备下列几个后台管理功能模块：信息发布管理系统模块、产品管理系统模块、客户咨询管理系统模式模块、网站流量统计系统模块。

（三）营销导向网站的运营效果监测与分析

1. 评价网站的运营指标

（1）搜索引擎的收录量。查询网站在各大搜索引擎中的收录量，收录越多，说明网站越重要，对搜索引擎越友好，更新周期越短，网站流量就越大。收录量的查询办法为 site:网站域名。具体如图 2-2 所示（注：此处的“:”为英文状态输入下的）。

图 2-2 百度收录量的查询

（2）网站日 IP/PV 情况。

IP 是指在一天之内（0：00～24：00）访问网站的独立 IP 书。一天内相同 IP 地址多次访问网站只能被计算一次。PV 是指 PageView 值，即页面浏览量，用户每次打开网站页面被记录一次。用户多次打开同一页面，访问量值累计多次。此指标衡量网站访问量情况。

网站的 IP/PV 可以反映出一个网站的访问量和浏览量，了解一段时间内网站的流量状况，有助于企业有的放矢地制订网站运营推广计划。网站的日 IP/PV（页面浏览量）如图 2-3 所示。

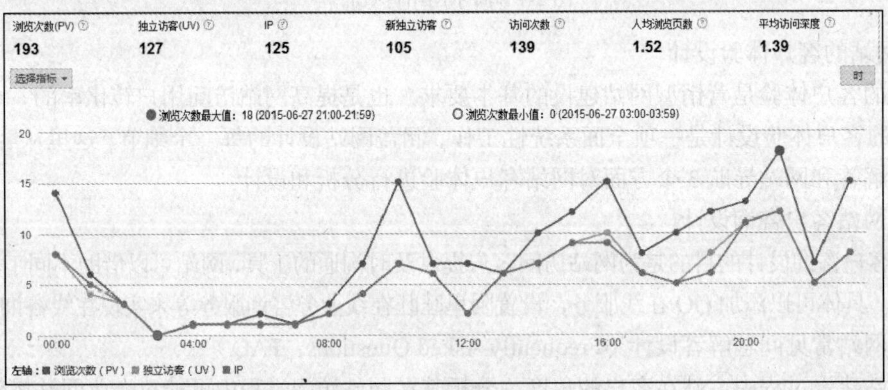

图 2-3 网站的日 IP/PV（页面浏览量）

小思考：针对性网络运营计划思考

我们看到上述网站在不同时段用户的 IP/PV 都不同，那大家会想到企业网络营销项目运营中的哪些环节可以有针对性地进行调整呢？

建议思考方向：如果此图是公司运营的网站可从付费推广、客服、促销活动组织、通知老客户等方面考虑；如果此图是淘宝网店的访问数据图，可以从淘宝内部推广、客服、通知老客户等方面考虑。

（3）网站外链数及网站友情链接。网站的外链数从一定程度上可以反映这个网站在互联网上的影响力，外链数的多少直接决定网站的 PR 值。网站的外链数越多，说明这个网站越重要，在搜索引擎中的排名也就越好。网站外链数及网站友情链接如图 2-4 和图 2-5 所示。

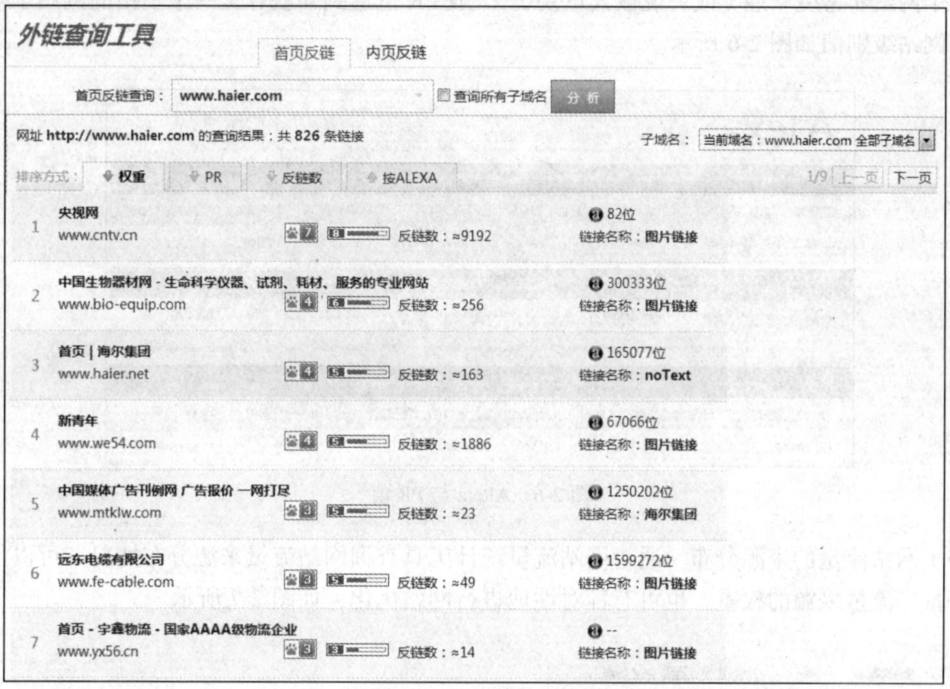

图 2-4　网站外链数

图 2-5　网站友情链接数

（4）网站 Alexa（网站排名）和 PR（网站级别）值。

Alexa 中国免费提供 Alexa 中文排名官方数据查询、网站访问量查询、网站浏览量查询、排名变化趋势数据查询。Alexa 是互联网首屈一指的免费提供网站流量信息的公司，Alexa 排名是常用来评价某一网站访问量的一个指标。

PR 全称为 PageRank（网页级别），级别为 0～10，10 级为满分。PR 值越高说明该网页越受欢迎（越重要）。例如：一个网站 PR 值为 1 表明这个网站不太具有流行度，而 PR 值为 7 ~ 10 则表明这个网站非常受欢迎（或者说极其重要）。一般 PR 值达到 4 就算是一个不错的网站了。网站排名和网站级别值如图 2-6 所示。

图 2-6　Alexa 与 PR 值

（5）网站流量的来源分布。通过网站流量统计工具查询网站流量来源分布情况，可以了解网站站外推广流量来源的权重，也可有针对性地进行网站优化，如图 2-7 所示。

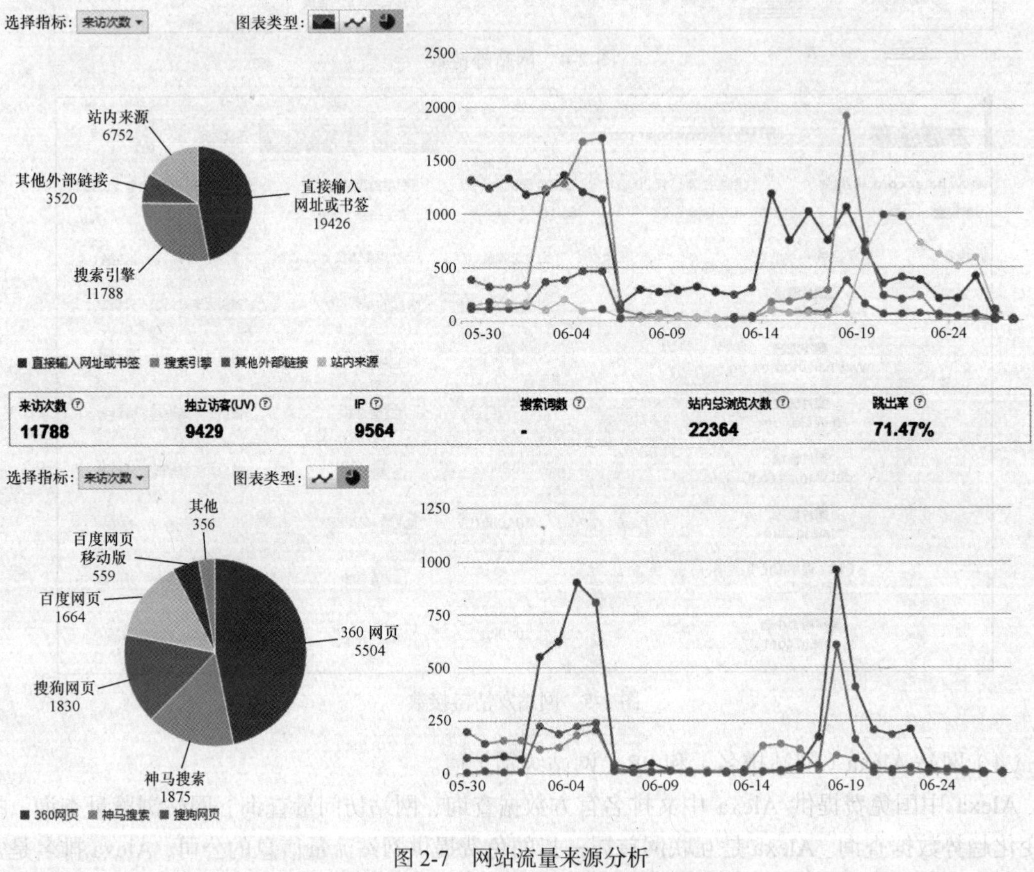

图 2-7　网站流量来源分析

（6）关键词在各搜索引擎的排名。通过网站流量统计工具分析关键词的来源及在各大搜索引擎中的排名，可以分析出哪些关键词比较热门，在之后的网站优化中可有针对性地进行优化和推广，如图 2-8 所示。

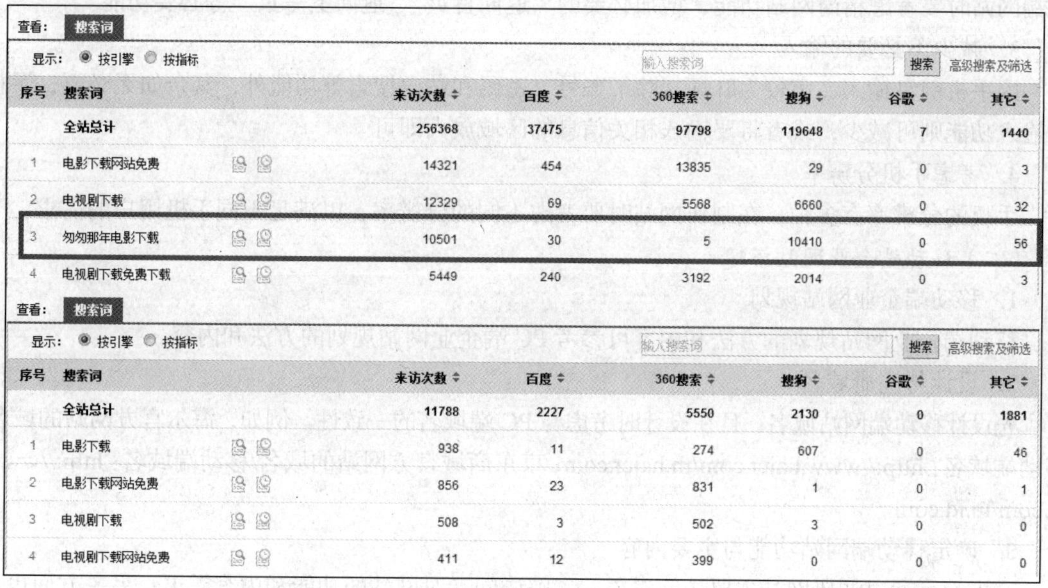

序号	搜索词	来访次数	百度	360搜索	搜狗	谷歌	其它
	全站总计	256368	37475	97798	119648	7	1440
1	电影下载网站免费	14321	454	13835	29	0	3
2	电视剧下载	12329	69	5568	6660	0	32
3	匆匆那年电影下载	10501	30	5	10410	0	56
4	电视剧下载免费下载	5449	240	3192	2014	0	3

序号	搜索词	来访次数	百度	360搜索	搜狗	谷歌	其它
	全站总计	11788	2227	5550	2130	0	1881
1	电影下载	938	11	274	607	0	46
2	电影下载网站免费	856	23	831	1	0	1
3	电视剧下载	508	3	502	3	0	0
4	电视剧下载网站免费	411	12	399	0	0	0

图 2-8　关键词分析

2. 安装网站流量统计软件

网站流量统计软件是评估企业网络营销效果、反馈推广宣传效果和分析客户行为的重要工具，是企业网站管理必不可少的工具。

（1）网站流量统计软件的主要功能（以百度统计为例）。

① 流量分析：浏览次数、独立访客、IP、新独立访客、访问次数。

② 来源分析：来源分类、搜索引擎、关键词来源。

③ 受访分析：受访域名、受访页面。

④ 访客分析：地区/运营商、终端详情、新老访客、忠诚度、活跃度等。

（2）安装网站流量统计软件的步骤。

① 注册流量统计软件的免费会员。

② 登录网站，获取流量统计代码。

③ 将上述获得的代码，加入要统计的页面（一般都放置在首页的最底部），添加成功后会在网站底部出现相应的图标，即表示流量统计软件安装成功。

④ 登录网站流量统计网站，查看统计效果。

三、移动端企业网站搭建

随着移动互联网和职能硬件的普及，移动端网站建设已成为当前的一个趋势。移动端网站和 PC 端网站有较大的区别。

（一）移动端企业网站特点

1. 网站内容精简

移动端网站大多通过手机来浏览，因为手机内存有限，比不上计算机的承载量，因此手机网站的内容要精简，只要将最重要的内容放到手机网站中即可，剩下的次要内容放到 PC 端网站中。

2. 网站功能精简

因手机屏幕尺寸有限，手机端网站阅读时，如果功能太多，返回首页较为麻烦，则在建立手机端网站时要考虑精简网站功能，增加必要的“返回首页”“返回上一页”等必要功能。

3. 减少不必要的输入

因手机键盘输入文字较为麻烦，除了账号、密码和站内搜索等功能外，其余如无必要，手机端输入功能则可减少，或者将要输入相关信息的区域放大即可。

4. 考虑手机分辨率

手机的分辨率有多种，在制作网站时要考虑不同的分辨率，以满足不同手机用户的需求。

（二）移动端企业网站搭建

1. 移动端企业网站规划

移动端企业网站规划的方法和内容可参考 PC 端企业网站规划的方法和内容。

2. 设计与注册域名

先设计移动端网站域名，且在设计时考虑与 PC 端域名的一致性。例如，海尔官方网站的域名/移动端域名：http://www.haier.com/m.haier.com；京东商城官方网站的域名/移动端域名：http://www.jd.com/m.jd.com。

3. 确定移动端网站功能与主要内容

一方面可通过调研网站主要访问对象，了解访问者对网站的功能和内容需求；另一方面也可通过 PC 端网站后台流量统计工具，分析移动端主要的访问页面。

4. 规划移动端企业网站风格

保证移动端企业网站风格与 PC 端企业网站风格的一致性，海尔移动端与 PC 端页面如图 2-9 所示。

图 2-9 海尔移动端与海尔 PC 端页面设计

5. 移动端网站效果监测与分析

评价移动端网站运营指标主要如网站每日的 IP/PV、访客来源、关键词、访客详情分析、受访页面分析等。同时企业也可通过给移动端页面安装网站流量统计软件，用以监测网站后台数据。

任务实训

营销导向企业网站策划

1. 实训目的

通过本次实训，学生能够进行营销型网站的规划，设计网站域名，确定网站的功能和模块，熟悉网站流量统计工具。

2. 实训内容及步骤

（1）实训内容。以小组为单位，规划企业网站，定位企业网站特色及优势，设计企业网站域名，确定网站的主要内容，规划网站首页，熟悉使用网站流量统计工具。

（2）实训步骤：

① 设计企业域名，准备注册资料并找出适当的域名注册机构进行洽谈。

② 确定企业网站功能模块和内容。

③ 规划企业网站首页。

④ 登录百度统计和 CNZZ 统计，收集数据，熟悉流量统计软件。

3. 实训成果要求

根据实训内容，撰写网站需求分析书，并统计网站数据，整理汇总数据。

任务二　第三方电子商务平台搭建

任务引入

活动分析单 2-2

学习情境	小李看到多个海尔的第三方网络平台直接促进了产品的在线销售。他思考是不是也可以通过第三方平台搭建家乡特产网店，让更多的人了解特产的信息，或者促进线下销售或者开展在线销售。那小李该如何选择第三方网络平台呢？
环境需求	（1）互联网接入。 （2）计算机（每人一台）、智能手机（每人一部）。 （3）学习任务考核单（也可到教学资源包下载电子版）。 （4）将班级分为若干讨论组，每组设组长一名。
活动描述	主题：选择第三方电子商务平台。 目的：通过任务练习了解目前的第三方电子商务平台，熟悉当前的第三方电子商务平台，了解企业第三方平台搭建的过程。 步骤： 访问下列网站，并就下面问题进行讨论。 ① http://www.1688.com　② http://www.tmall.com　③ http://www.jd.com ④ http://www.taobao.com　⑤ http://www.weidian.com　⑥ http://www.hc360.com （1）探讨上述第三方电子商务平台所属的平台类型； （2）探讨第三方电子商务平台的网络营销价值； （3）探讨如何选择第三方电子商务平台。

续表

活动描述	（4）注册淘宝账号，申请开设免费店铺，等待淘宝确认（需 1～2 个工作日）。 （5）访问淘宝大学（http://www.daxue.taobao.com）选择免费课程，学习开店流程和技巧。 （6）总结搭建第三方电子商务平台的流程。
活动拓展	总结第三方电子商务和企业网站各自的特点和优势。

活动考核单 2-2

班级： 姓名： 学号： 编号：2-2

序号	考核内容	分值	总结与归纳	成绩
（1）	总结第三方电子商务平台的类型	10 分		
（2）	总结第三方电子商务平台的网络营销价值	20 分		
（3）	总结选择第三方平台的标准	30 分		
（4）	观看视频，总结淘宝开店的流程	20 分		
（5）	总结第三方电子商务平台和企业网站各自的特点和优势	20 分		
合计				

* 请学生填写完学习活动考核单后上交。

知识指南

一、第三方电子商务平台简介

（一）第三方电子商务平台认知

1. 第三方电子商务平台定义

第三方电子商务平台，也可以称为第三方电子商务企业，泛指独立于产品或服务的提供者和需求者，通过网络服务平台，按照特定的交易与服务规范，为买卖双方提供服务。服务内容可以包括产品展示、信息发布、业务推广、销售管理、客户管理和信用管理等，有的还提供支付与物流等深层次服务。

2. 第三方电子商务平台的网络营销价值

第三方电子商务平台是企业的另一个网络推广的渠道，它扩大企业信息的网络可见度。企业可以借助第三方电子商务平台的品牌等优势，提高中小企业网络可信度。

3. 第三方电子商务平台的评价标准

企业希望通过第三方电子商务平台开展网络营销时可以在不同类型的众多平台中进行选择。企业可以根据潜在用户的分布进入不同地域、不同层次、不同品种的贸易市场。企业选择第三方B2B平台可根据下列指标的评价结果来进行判断。

（1）平台的基本指标。平台的基本指标是指平台的类型、功能等基本要素，主要包括平台的类型、平台的客户分布、平台提供的主要功能以及平台使用费用等。

（2）平台的实力指标。平台的实力指标是反映平台竞争地位的指标，主要包括网站的会员数量、网站的每日信息发布数量、网站的全球排名、网站的社会影响力以及网站的相对优势等。

（3）平台的可信度指标。平台的可信度指标反映平台中企业和信息的真实性程度，主要包括平台企业可信度、平台发布信息可行度、平台对企业和信息管理的力度。

（4）平台与企业业务的吻合度。平台与企业业务的吻合度指标主要反映平台是否适合支持企业达到网络营销战略目标，主要包括平台的客户分布与企业目标客户是否一致、企业竞争者在该市场的分布情况、平台的功能是否符合企业的期望等。

（二）第三方电子商务平台类型

1. B2B电子商务平台

（1）B2B电子商务平台定义。B2B电子商务是指企业与企业之间进行的电子商务交易，是企业电子商务的基本模式之一。B2B电子商务模式包括两种基本类型：一种是企业之间直接进行的电子商务（如制造商的在线采购和在线供货等）；另一种是通过第三方电子商务网站平台进行的商务活动，如阿里巴巴电子商务平台，集聚了数以百万计的企业在平台上发布供求信息及商务洽谈。B2B电子商务作为网络营销的常用工具之一，主要指第三方B2B电子商务平台。

（2）典型第三方B2B平台简介。

① 综合类第三方B2B平台。国内最大的综合类第三方B2B平台主要有阿里巴巴、慧聪网、敦煌网、马可波罗网等网站；国际上最大的综合类第三方B2B平台主要有阿里巴巴国际站、环球资源、中国制造网等。

② 专业类第三方B2B平台。专业类第三方B2B平台主要有我的钢铁网、网盛生意宝（中国化工网、全球化工网、中国纺织网、国际纺织网、中国医药网）等。

根据艾瑞咨询最新统计数据，在2014年我国中小企业B2B电子商务运营商总营收市场中，阿里巴巴仍然一家独大，以34.3%的营业收入占比占据首位。而“我的钢铁网”份额速增，由2013年的8.7%增长至2014年的19.9%，仅次于阿里巴巴。

另外，随着越来越多的垂直B2B电商平台与跨境B2B电商平台的出现，核心中小企业B2B电商运营商之外的“其他”B2B运营商市场份额总体有一定增长，在2011年后的市场份额均在三成左右。

2. B2C电子商务平台

（1）B2C电子商务平台定义。

B2C电子商务平台也称为网上商店平台，是企业与消费者之间进行电子商务交易的网络平台，可以方便地实现产品网络推广和在线销售。网上商店平台如同大型商场，企业可以在商场中租用场地开设产品专柜而不用自行开设专卖店。在《企业B2C网站运营策略研究报告》中的调查研究结果显示：72.5%的企业在第三方平台如淘宝、拍拍等开设网店；52.9%的企业既有独立网上商城又在第三方平台开店。

研究报告还显示，有1/3的企业在两个及以上平台开设多个网店。各个B2C平台拥有不同的用户群，企业在多个平台开设网店，可同时覆盖多个平台用户群，并增加企业网店可见度和品牌曝光率。本项目开篇引导案例中海尔分别在淘宝（http://haier.tmall.com）、京东（http://haier.jd.com）、苏宁（http://shop.suning.com/30000162/index.html）、1号店等多个平台开设网店。由此可见，第三方电子商务平台对企业在线销售的价值不可低估。

（2）典型第三方B2C平台简介。

从2014年看，B2C市场中，天猫市场份额占比超六成，京东占比为18.6%，其余B2C企业中唯品会、1号店、国美的增速均高于B2C市场整体增速。从自主销售为主B2C市场来看，京东占比近五成，苏宁易购占比达到8.5%，唯品会占比达到7.7%，其他项中小米手机官网发展迅速，整个市场集中度依然较高，如图2-10所示。

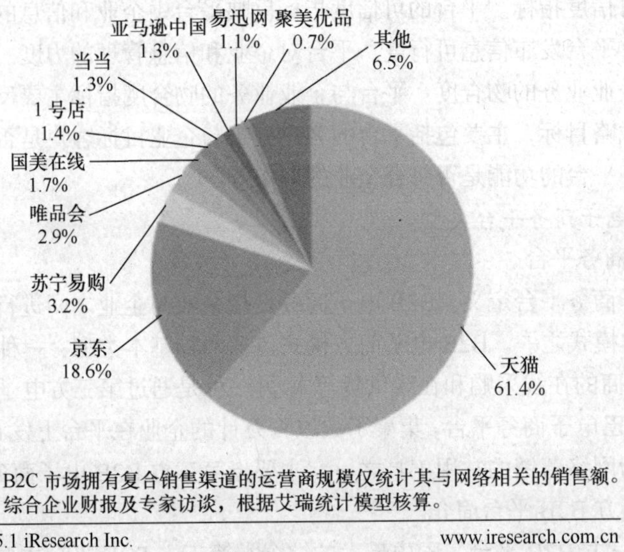

图2-10 我国B2C购物网站交易规模市场份额（2014年）

二、第三方电子商务平台企业商铺建设

（一）选择第三方电子商务平台

1. 搜集第三方电子商务平台的评价数据

下面以阿里巴巴1688（http://www.1688.com）为例，主要介绍几种评价数据的搜集方法。

（1）网站企业会员注册数量——行业数据。行业数据来源：艾瑞网（专题——数据发布——B2B）、中国电子商务研究中心（B2B动态）等网站。

（2）供求信息数据。供求数据来源在阿里巴巴1688的首页中，设有“昨日商品总数”一栏，可查看每日商品总数。

（3）Alexa排名。查询网站：http://www.alexa.cn，查询结果如图2-11所示。

站点 1688.COM 的全球网站排名查询结果

当日排名	排名变化趋势	一周平均排名	排名变化趋势	一月平均排名	排名变化趋势	三月平均排名	排名变化趋势
433	↑124	356	↓42	317	↑8	306	↑40

图2-11 Alexa排名查询

（4）PV。网站的PV查询可以通过SEO查询工具，如站长工具、爱站网等。

（5）其他SEO数据。查询网站：http://seo.chinaz.com，查询结果如图2-12所示。

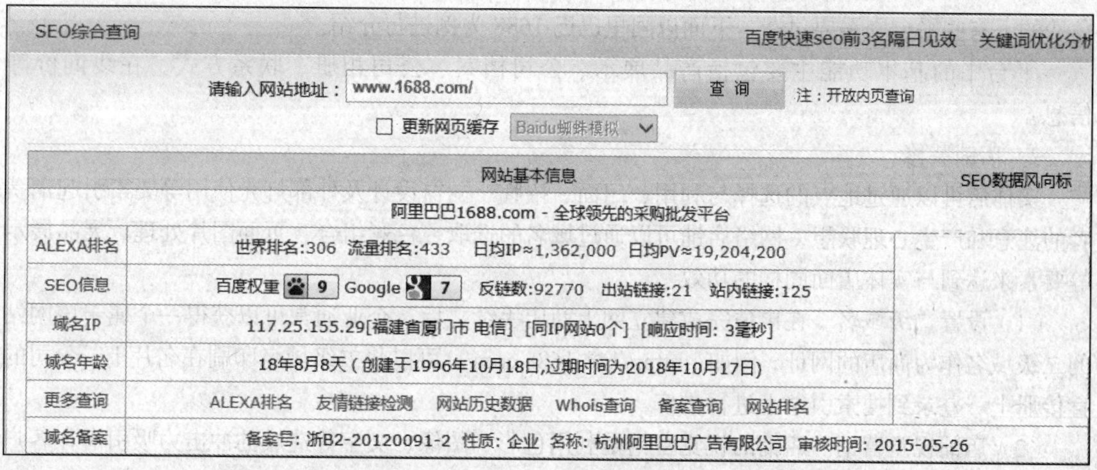

图 2-12　SEO 查询结果

2. 评估和选择第三方电子商务平台

根据上述查询结果，企业可以通过表 2-4 中的各项内容进行综合评估，从而选择适合的电子商务平台。

表 2-4　第三方电子商务平台评分表

平台名称：　　　　　　　　　　　　平台地址：　　　　　　　　　　　　编号：

	一级指标	二级指标	描　述	与企业期望的符合程度	分值
1	基本情况	平台类型（2 分）			
2		客户分布（5 分）			
3		平台主要功能（8 分）			
4		平台收费情况（8 分）			
5	实力指标	平台会员数量（10 分）			
6		每天供求信息数量（10 分）			
7		Alexa 排名（8 分）			
8		每日访问量（8 分）			
9		……			
10	可信度指标	企业信息真实性（10 分）			
11		供求信息真实性（10 分）			
12		平台诚信管理机制（15 分）			
13	合计				

企业在选择电子商务平台时，可以根据企业需求、资金预算和企业网络营销人员的情况综合地进行考虑，以便能正确地做出最后的选择。一般企业可选择同时在多个不同的平台上进行网络营销平台上推广。

（二）搭建第三方电子商务平台

1. 注册第三方电子商务平台

选择适合的第三方电子商务平台后，企业就可在平台注册会员并获取账号。目前有些平台是免费的，有些平台则需要付费。下面以阿里巴巴 1688 为例进行介绍。

平台中的基本功能主要包括产品展示、公司档案、公司相册、联系方式、在线询价等信息。

2. 店铺装修

实体店可以通过地点的选择与利用、门面、招牌、橱窗设计及外部灯光使用等要素引起消费者的注意和产生心理联想，网络店铺可以通过域名的选取、色彩组合、页面图片处理、展品展示等要素来达到与实体店面同样的功效。

（1）设置二级域名。在申请完成建立网上商店手续之后，企业通常可以获得一个属于该网站的二级域名作为商店的网址，例如：http://***.1688.com/，可以将二级域名印刷在名片上、公司的宣传册上、登录到搜索引擎上进行推广。

（2）店铺视觉营销。店铺的视觉营销是利用色彩、图像、文字等造成的冲击力吸引潜在客户的关注，由此增加产品和店铺的吸引力，从而达到营销制胜的效果。

店铺的视觉营销涉及店铺布局和装修、商品拍照、商品图片处理、商品排列组合、促销海报设计等内容。店铺视觉营销的作用：可以引起潜在顾客关注，引来潜在客户，带来流量；引起买家兴趣和购买欲望，增加了店铺的有效流量；传达店铺信息，塑造店铺形象，带来了店铺的长期稳定流量。适宜而统一的整体色调很容易在浏览者头脑中形成一种连续的记忆，同时也是对一个网站的最基本的要求，是网站通过设计反映企业形象的一个重要途径。目前国内企业网站设计中最突出的问题就是用色不适宜。

3. 上传企业产品和服务信息

在企业产品和服务描述中应注意下列问题：

（1）产品和服务的分类是否恰当、是否符合平台的要求；

（2）产品和服务的介绍是否详细、图片是否清晰、产品描述数据是否清晰等。

4. 安排专人管理平台

企业注册电子商务平台后，相当于在网络中建设了一个或者多个与潜在客户沟通的渠道。其主要作用如下：

（1）及时处理客户的订单，及时回复客户的业务咨询；

（2）及时将订单的处理情况通过即时通信、电话、邮件或者留言等方式通知客户；

（3）做好产品供应信息的更新和日常宣传推广工作；

（4）及时搜集相关信息，监控各平台网络营销实施的效果；

（5）密切关注竞争对手在各平台中的动向，及时向相关部门报告并提出相应的对策和建议。

（三）推广第三方电子商务平台

1. 平台内推广

（1）平台内免费推广。

① 平台内搜索排名优化。分析平台的搜索排名规律，可通过分析关键词、发布频率、发布时间、产品分类技巧等方式获取良好的企业和产品展示机会。

② 平台内社区推广。平台内社区是众多会员交流和展示的场所，企业可在社区中通过发帖形式获取关注，提高企业的曝光率。

（2）平台内付费推广。企业可以通过购买平台内网络广告位，如关键词排名、首页广告位、钻石展位等广告位，提高产品的曝光率。

2. 平台外推广

平台外推广包括搜索引擎推广、社会化媒体推广、许可 E-mail 推广、视频推广、老客户维护等推广形式。

（四）第三方电子商务平台的效果预测及分析

第三方电子商务平台运营效果的预测和分析可参考营销型网站运营效果的分析方法和实施过程。

任务实训

搭建第三方电子商务平台

1. 实训目的

通过本次实训能够了解不同类型的第三方电子商务平台，掌握第三方电子商务平台搭建的流程，熟悉第三方电子商务平台的评估和选择方法。

2. 实训内容及步骤

（1）收集当前主要的 B2B 和 B2C 第三方电子商务平台，并对第三方电子商务平台进行简单的评估。

（2）分别在 B2B/B2C 开设第三方电子商务平台，总结开设第三方电子商务平台的流程。

3. 实训成果要求

根据实训内容，分析 B2B 与 B2C 开设店铺的异同。

项目小结

企业搭建电子商务平台，可通过自建 PC 端官方网站、建立移动端官方网站和搭建第三方电子商务平台等方式，实现网络品牌、信息发布、网络调研、销售促进、网上销售、顾客关系、顾客服务和资源合作等网络营销功能。

本项目包括营销导向的企业网站搭建和第三方电子商务平台搭建两个任务。

营销型企业网站搭建包括营销导向的企业网站规划、营销型企业网站建设、营销导向网站的运营效果监测与分析等内容。

第三方电子商务平台搭建包括第三方电子商务平台简介、第三方电子商务平台企业商铺建设等内容。

项目重点：企业网站类型及选择，营销导向的企业网站规划、网站设计和域名注册，企业网站主要内容及功能的确定，网站的运营效果监测与分析，第三方平台评价指标确定，第三方电子商务平台企业商铺建设。

项目难点：营销导向企业网站规划、网站主要内容及功能的确定、营销导向网站的运营效果监测与分析、第三方电子商务平台的评估和选择。

思考与练习

一、不定项选择题

1. 企业网站建设的一般要素包括（　　）。

A. 网站结构　　B. 网站内容　　C. E-mail 注册　　D. 网站功能

E. 网站服务

2.（　　）是我国目前很多上网的中小企业采用的网络营销模式，也是最简单的利用网站开展的营销模式。

A. 宣传网站　　B. 实验网站　　C. 门户网站　　D. 交易网站

3.（　　）是一个企业或组织在网上的门户和形象的展示。

A. 网页　　B. 域名　　C. 网站　　D. 网站开发

4. 下列可属于 B2B 类型的第三方电子商务平台的是（　　）。

A. 慧聪网　　B. 淘宝商城　　C. 京东商城　　D. 我的钢铁网

E. 网盛生意宝

5. 下面（　　）指标是评估第三方电子商务平台的重要数据。

A. 搜索引擎收录量　　B. 供求信息数据

C. 客户分布　　D. 访客来源　　E. PV

二、简答题

1. 营销型企业网站的功能都有哪些？
2. 搭建营销型导向的企业网站的步骤是什么？
3. 评价网站的运营指标有哪些？如何评价？
4. 如何评估第三方电子商务平台？
5. 如何搭建第三方电子商务平台？

项目三 搜索引擎营销

项目简介

随着网民对互联网的熟练使用，搜索引擎已经成为我国网民信息获取类的第一应用。截至 2014 年 12 月，我国搜索引擎网民用户规模已达 5.22 亿人，使用率为 80.5%，用户规模较 2013 年增长 3257 万人，增长率为 6.7%；手机搜索用户数达 4.29 亿人，使用率达 77.1%，用户规模较 2013 年增长 6411 万人，增长率为 17.6%。无论 PC 端还是移动端，搜索引擎是网民除即时通信外使用频率最高的应用，网民高频率的使用也让搜索引擎成为企业开展网络营销的重要工具之一。

本项目主要由认知搜索引擎营销、搜索引擎优化和搜索引擎付费营销 3 个任务组成。通过本项目的学习，使学生对搜索引擎营销产生兴趣，掌握搜索引擎营销方法和技巧。

项目目标

知识目标：了解搜索引擎工作的原理和搜索引擎在网络营销中的地位，掌握付费搜索引擎关键词广告的内容和搜索引擎优化的基本方法、内容，掌握对搜索引擎营销效果进行监测和评估的工具和方法，熟悉各类搜索引擎的特点。

技能目标：能够设计搜索引擎付费营销方案，能够诊断网站搜索引擎优化现状并提出解决方案，能够对搜索引擎营销效果进行监测和评估。

素质目标：建立搜索引擎营销意识，构建起搜索引擎营销方法体系，培养文字表达与写作能力。

引导案例

➢ **项目引导案例：奥巴马的搜索引擎营销策略**

互联网公司	1月	2月	3月
Google	$5074 000	$1 755 500	$679 000
雅虎	$77 000	$173 000	$100 500
Right Media	$23 560	—	—
微软	$22 000	$15 000	$30 500
Facebook	—	$9 000	$17 000
Broadband	—	—	$80 000

核心提示：搜索引擎在美国总统大选中也派上了用场。奥巴马在 Google 的一个广告产品“关键字广告”（Google Adwards）上投入了数百万美元。

如果一个美国选民在 Google 中输入奥巴马的英文名字 Barack Obama，搜索结果页面的右侧就会出现一个奥巴马的视频宣传广告，批评麦凯恩的政策立场。奥巴马购买的关键字广告不仅包括自己的姓名，还包括热点话题，如“油价”“伊拉克战争”和“金融危机”。如此一来，他就可以更好地向选民表达他在这些问题上的观点。

奥巴马及其竞选幕僚抓住了互联网这个新兴的媒体——尤其是搜索引擎的力量——用两年时间即成功地完成了由“默默无闻”到“一鸣惊人”的跨越。竞选中，奥巴马尤其重视搜索引擎、网络视频、博客等新营销工具的价值，不仅有 80%的竞选费用从互联网募集而来，而且更是将 82%的“网络营销”费用投入搜索中。谷歌 CEO 施密特和 Facebook 创始人克里斯·休斯也被特聘为其“网络营销”顾问。

“奥巴马是谁？有何政见？”过去两年中，谷歌、雅虎不厌其烦地将这些信息传递给每一个选民以及不是选民的各国各界人士。通过搜索引擎，人们逐渐认识了这个出生在夏威夷的非洲裔政治家。有意思的是，来自中国的搜索引擎霸主百度也推了一把这位总统——2008年 4 月“百度首页人物”正是奥巴马。

从胡佛时代的电话“洗脑”，到罗斯福时代的广播演说，再到里根时代的电视作秀，随着传播工具的发展进步，互联网和搜索引擎等新兴媒体正在美国大选中扮演越来越重要的角色。市场调研机构 eMarketer 的数据表明，34%的美国网民认为“互联网对总统选举将越来越重要”。

思考：

1. 当前有哪几个著名的搜索引擎？你常使用哪几个？
2. 请举例说明你所知道的搜索引擎营销方法。搜索引擎营销是付费的还是免费的？
3. 百度目前的推广方法你都知道哪些？

任务一　认知搜索引擎营销

任务引入

活动分析单 3-1

活动情境	小李听说互联网可以让一个人从默默无闻变成知名的人，比如“芙蓉姐姐”“西单女孩”等。小李想如果自己也可以在网上搜索到自己的相关信息，是不是在求职的时候有帮助呢？那怎么才能在互联网上搜索到自己呢？如果同名的比较多，怎么才能把自己和其他人区分开呢？如何才能保护自己的隐私呢？
环境需求	（1）互联网接入。 （2）计算机（每人一台）、智能手机（每人一部）。 （3）学习任务考核单（也可到教学资源包下载电子版）。 （4）将班级分为若干讨论组，每组设组长一名。

续表

活动描述	主题：用搜索引擎检索自己的名字。 目的：通过任务练习了解不同类型搜索引擎，掌握搜索引擎信息传递过程，了解搜索引擎营销的基本内容。 步骤： （1）分别用百度、搜狗、好搜、Google 搜索自己的名字、组内成员的名字和其他人的名字； （2）讨论不同搜索引擎的特点； （3）如果没有检索到相关信息，或者信息是自己不希望看到的，思考如何解决这一问题； （4）如果你的名字比较"热门"，比如叫"刘伟、张建国、李爱国"等，网上会出现大量的重名信息，思考如何让你自己的个人品牌更有特点并且在茫茫人海中脱颖而出； （5）思考这个小活动对我们毕业求职有什么启发。
活动拓展	企业检索自己的名称时，会出现以下几种情况：检索不到，或者检索信息过于简单，或者检索的消息全是负面的，那对企业来说都会造成负面的影响。怎样通过搜索引擎获得企业希望的搜索结果，将是企业网络营销主要考虑和解决的问题之一。请思考下面几个问题：（1）为什么企业的部分信息无法被检索出来？（2）为什么搜索结果中竞争者的产品信息排名靠前？（3）如何才能使搜索结果中的信息是企业所期望的内容？（4）为什么在不同的搜索引擎中检索到的企业信息有很大差异？（5）用户在搜索引擎中看到企业信息之后会采取哪些进一步的行为？

活动考核单 3-1

班级： 姓名： 学号： 编号：3-1

序号	考核内容	分值	总结与归纳	成绩
（1）	用搜索引擎搜索自己的名字可以出现的情况	30 分		
（2）	使用不同的搜索引擎搜索同一个名字的结果	30 分		
（3）	总结搜索的全过程，并分析搜索引擎营销的营销过程	10 分		
（4）	总结用户使用的搜索行为特征，如用户的浏览行为和浏览重点，以及影响用户点击的因素等，总结搜索引擎营销任务	30 分		
合计				

* 请学生填写完学习活动考核单后上交。

知识指南

一、搜索引擎认知

（一）搜索引擎定义

搜索引擎（Search Engine）是指根据一定的策略，运用特定的计算机程序从互联网上搜集信息，在对信息进行组织和处理后，为用户提供检索服务，将用户检索相关的信息展示给用户的系统。百度和谷歌等是搜索引擎的代表。

（二）搜索引擎在网络营销中的地位

2015 年 1 月《第 35 次中国互联网络发展状况统计报告》显示：利用互联网开展过营销活动的受访企业中，搜索引擎推广使用率高达 53.7%，仅低于即时通信工具推广使用率。具体内容如图 3-1 所示。

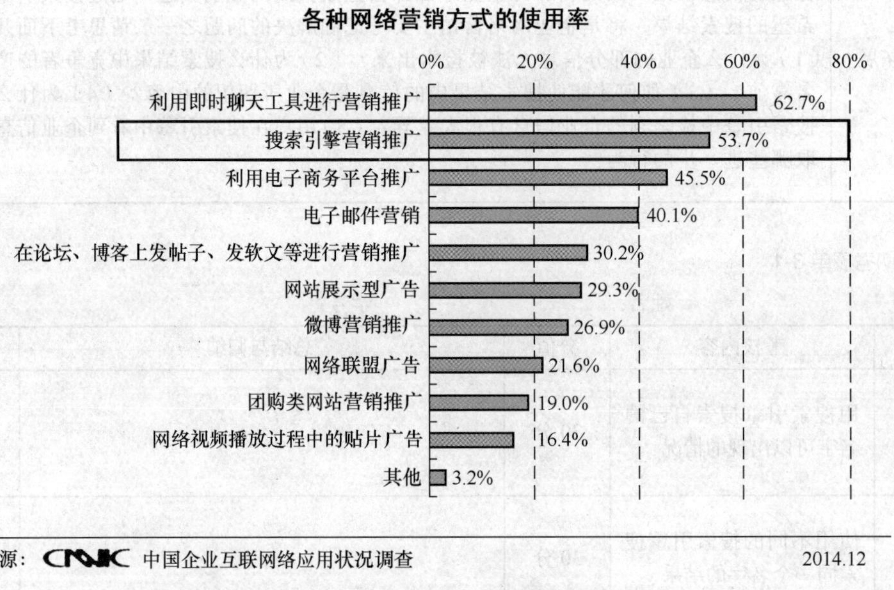

图 3-1　企业网络营销方式的使用率

目前个人互联网络应用状况中搜索引擎成为网民第二大最常使用的应用，仅次于即时通信，如图 3-2 所示。

	2014 年		2013 年		
应用	用户规模（万）	网民使用率	用户规模（万）	网民使用率	全年增长率
即时通信	58776	90.6%	53215	86.2%	10.4%
搜索引擎	52223	80.5%	48966	79.3%	6.7%
网络新闻	51894	80.0%	49132	79.6%	5.6%
网络音乐	47807	73.7%	45312	73.4%	5.5%
网络视频	43298	66.7%	42820	69.3%	1.1%

图 3-2　2013—2014 年中国网民各类互联网应用的使用率

（三）搜索引擎分类

1. 全文检索搜索引擎

全文搜索引擎是目前广泛应用的主流搜索引擎，国外代表有 Google，国内则有著名的百度。它们从互联网提取各个网站的信息（以网页文字为主），建立起数据库，并能检索与用户 查询条件相匹配的记录，按一定的排列顺序返回结果。

当用户以关键词查找信息时，搜索引擎会在数据库中进行搜寻，如果找到与用户要求内容相符的网站，便采用特殊的算法——通常根据网页中关键词的匹配程度、出现的位置、频次、链接质量——计算出各网页的相关度及排名等级，然后根据关联度高低，按顺序将这些网页链接返回给用户。这种引擎的特点是搜全率比较高。

2. 目录索引

目录索引也称为分类检索，是因特网上最早提供 WWW 资源查询的服务，主要通过搜集和整理因特网的资源，根据搜索到网页的内容，将其网址分配到相关分类主题目录的不同层次的类目之下，形成像图书馆目录一样的分类树形结构索引。目录索引无需输入任何文字，只要根据网站提供的主题分类目录，层层点击进入，便可查到所需的网络信息资源。

扫一扫——在搜索引擎中输入关键词后，为什么能在零点几秒的时间内就返回结果？全文检索搜索引擎的工作原理是什么呢？

目录索引虽然有搜索功能，但其严格意义上不能称为真正的搜索引擎，只是按目录分类的网站链接列表而已。用户完全可以按照分类目录找到所需要的信息，不依靠关键词进行查询。目录索引中最具代表性的有 Yahoo、开放式分类目录 DMOZ 等这些大型目录。

与全文搜索引擎相比，目录索引有许多不同之处，如表 3-1 所示。

表 3-1　全文检索搜索引擎与目录索引的区别

		全文检索搜索引擎	目录索引搜索引擎
收录	过程	搜索引擎蜘蛛自动爬行收录符合要求的网页，且有在一定周期内回访爬行过的网页	手工提交，后台编辑人员审核判断，一般只判断一次
	数量	尽可能多地收录网站下的网页数量	只收录主页
	标准	网站本身没有违反规则，均可收录	收录标准较高
查询方式		关键词查找	支持目录查找和关键词查找

目前，搜索引擎与目录索引有相互融合渗透的趋势。原来一些纯粹的全文搜索引擎现在也提供目录搜索，如 Google 就借用 Open Directory 目录提供分类查询。而像 Yahoo 这些老牌目录索引则通过与 Google 等搜索引擎合作扩大搜索范围，这种引擎的特点是寻找的准确率比较高。目录索引搜索引擎如图 3-3 所示。

3. 垂直搜索引擎

垂直搜索引擎是 2006 年后逐步兴起的一类搜索引擎。不同于通用的网页搜索引擎，垂直搜索专注于特定的搜索领域和搜索需求（例如，机票搜索、旅游搜索、生活搜索、小说搜索、视频搜索等），在其特定的搜索领域有更好的用户体验。相比通用搜索动辄数千台检索服务器，垂直搜索需要的硬件成本低、用户需求特定、查询的方式多样。

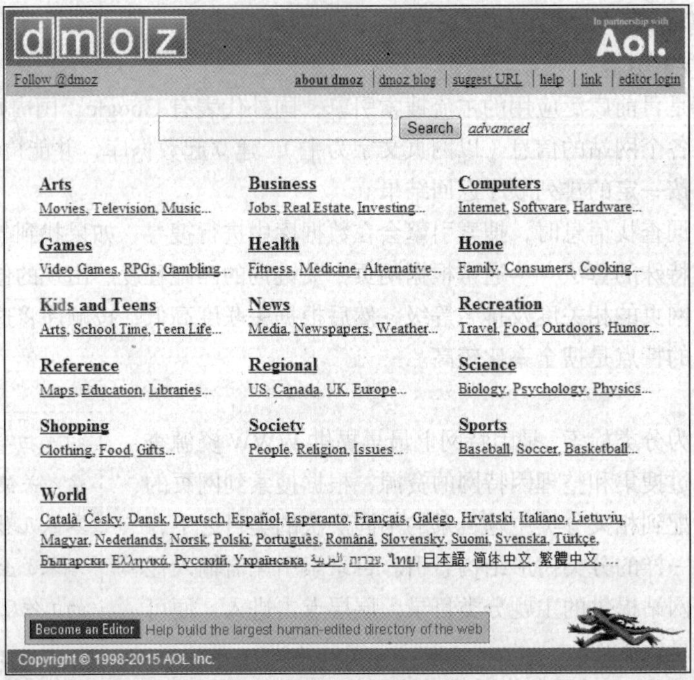

图 3-3　目录索引搜索引擎

4. 集合式搜索引擎

该搜索引擎类似元搜索引擎，区别在于它并非同时调用多个搜索引擎进行搜索，而是由用户从提供的若干搜索引擎中选择，例如，搜网（so.wang.com）是典型的集会搜索引擎。

二、搜索引擎营销认知

搜索引擎营销得以体现的必要条件包括 3 个环节：一是有用户熟悉使用的搜索引擎，二是用户利用关键词进行搜索，三是搜索结果页面的信息对用户产生吸引力从而产生进一步的行为。

（一）搜索引擎营销

1. 用户的搜索行为

> **小练习：用户使用搜索引擎获取信息的过程**
>
> （1）通过搜索“电子商务证书”相关信息，收集目前电子商务证书类型、颁发机构、考试相关信息，以及证书图片，总结整个搜索过程。
>
> （2）比较下面关键词选择，回答下面思考题：
>
> ① 学生随机选择与“汽车”相关的关键词并检索，收集自己感兴趣的检索结果；
>
> ② 检索“20 万 SUV 推荐”“福克斯和科鲁兹对比”等关键词，收集相关检索结果。
>
> **思考**：对比①和②中检索结果的差别。思考①和②中选择不同关键词的原因是什么？选择不同关键词对检索结果什么影响？

通过上述练习可知，一个用户的搜索流程是：选择搜索引擎，设定关键词和关键词组合进行检索，对搜索结果进行筛选并点击符合期望的信息，进入信息源网站获得详细的信息，如果用户对获取的信息满意，则结束本次搜索；如果不满意，则更换关键词重新开始。如果还未得到相关信息，则可能放弃或者更换其他搜索引擎重复上述的搜索行为，用户的整个搜索行为具体如图 3-4 所示。

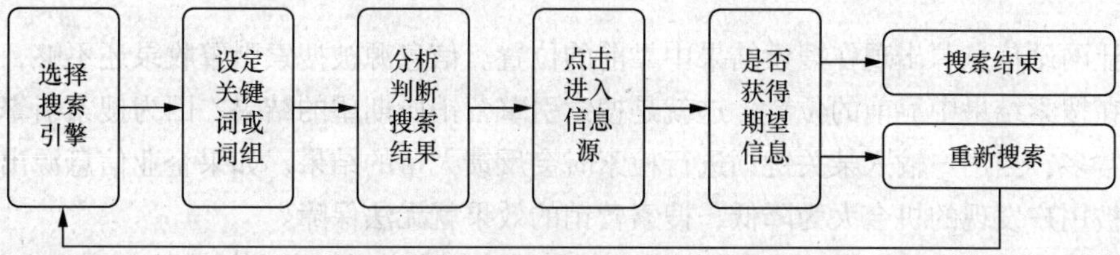

图 3-4　用户整个搜索行为

2. 搜索引擎营销的原理

我们可以从企业利用搜索引擎传递信息，以及用户整个搜索行为的过程中做更系统的分析。搜索引擎营销得以实现的过程是：企业将信息发布在网站上成为以网页形式存在的信息源；搜索引擎将网站/网页信息收录到索引数据库；用户利用关键词进行检索（对于分类目录则是逐级目录查询）；检索结果中罗列相关的索引信息及其链接 URL；根据用户对检索结果的判断选择有兴趣的信息并点击 URL 进入信息源所在的网页。图 3-5 所示即是搜索引擎营销的信息传递过程。

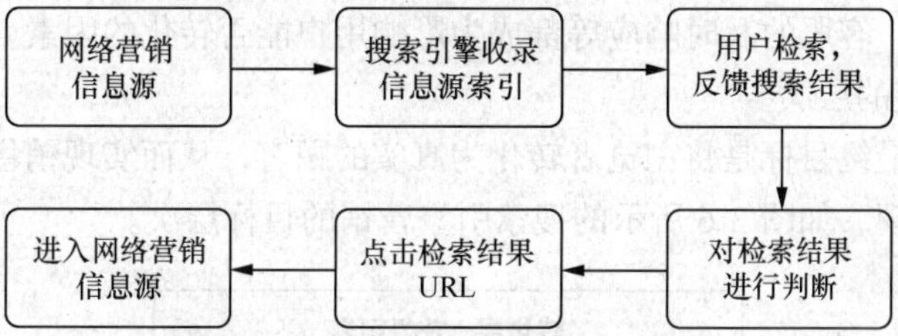

图 3-5　搜索引擎营销的信息传递过程

（二）搜索引擎营销的内容和层次

1. 搜索引擎营销的内容

根据搜索引擎营销的原理，我们可以得知，搜索引擎营销的基本内容包括以下 5 个方面。

（1）构建适合于搜索引擎检索的信息源。这里面有两层含义：一是有信息源，二是信息源适合被搜索引擎检索。信息源可以是企业内部信息源（如企业官方网站），也可以是外部信息源（如第三方平台）。有了信息源才有机会被搜索引擎检索到，所以建立企业网站可以说是企业开展网络营销的基础。同时，信息源要适合被搜索引擎检索，也就是信息源至少被搜索引擎收录，这里就要求信息源的构建要考虑不同搜索引擎的特点。上述的信息源被用户检索到后要获取更多的信息，所以要求企业网站不仅要考虑搜索引擎友好，也应考虑用户友好，这就是营销导向的企业网站中所强调的。从这里看出来网站优化要包含用户、搜索引擎、网站管理维护的优化。

> **小练习：不同搜索引擎的特点**
>
> 通过百度、搜狗、Google、360 搜索、有道、宜搜、易查、必应、儒豹、中国搜索、神马等不同搜索引擎，检索“网络营销”这一关键词，至少查看搜索结果前 3 页，对比不同的搜索引擎的特点，思考搜索引擎的特点对建立信息源有什么启发。

（2）创造信息源被搜索引擎收录的机会。不管官方网站还是第三方平台，信息源发布到互联网上并不意味着自然可以达到搜索引擎营销的目的。无论网页设计得多精美，如果不能被搜索引擎收录，用户则无法通过搜索引擎发现这些网站中的信息，当然就不能实现网络营销信息传递的目的。因此，让尽可能多的信息源被搜索引擎收录是网络营销的基本任务之一，也是搜索引擎营销的基础。

（3）让网站信息源出现在搜索结果中靠前的位置。信息源被搜索引擎收录还不够，还需要让信息出现在搜索结果中靠前的位置，这就是搜索引擎营销所期望的结果。因为搜索引擎收录的信息通常非常多，当用户输入某关键词进行检索时会反馈大量的结果，如果企业信息源出现在靠后的位置，被用户发现的机会大为降低，搜索营销的效果就无法保障。

企业信息源出现靠前的方法，有免费的方法如搜索引擎优化，也有付费的方法如竞价排名等，企业可以根据网络营销战略设计适合的搜索引擎营销策略。

（4）以搜索结果中有限的信息获得用户关注。通过对搜索引擎搜索结果的观察可以发现并非所有的搜索结果都含有有效信息，用户通常并不能点击浏览检索结果中的所有信息，而是筛选一些相关性最强及最能对搜索引擎收集信息的方式进行针对性的设计，主要的元素包括网页标题、网页摘要信息、网页 URL 等。我们在设计企业信息源要保证每个独立的页面有独立的网页标题、网页摘要信息和网页内容相关的 URL。

（5）为用户获取信息提供方便。用户进入网站之后，网站能不能提供满足用户需求的丰富信息或者便利的渠道成为用户是否在该网站停留的重要因素。所以在网站的产品介绍、购物流程的设计、网站的易用性、客服的及时响应等都成为影响用户能否转化的因素。

2. 搜索引擎营销的层次

搜索引擎营销的最终目标是将浏览者转化为真实的顾客，从而实现销售收入的增加。这一实现过程需要逐层来实现，如图 3-6 所示的搜索引擎营销的目标层次。

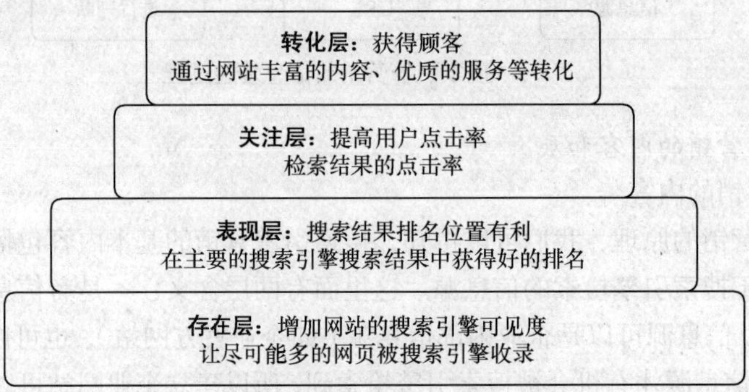

图 3-6　搜索引擎营销的目标层次

第一层是搜索引擎存在层，主要的任务是在主要的搜索引擎中被收录。主要通过搜索引擎登录、搜索引擎关键词广告以及搜索引擎优化，尽可能让更多的企业网页被搜索引擎收录。

第二层就是表现层，在搜索结果中有好的表现，即在主要的搜索引擎搜索结果中尽可能获得好的排名。因为绝大多数的用户关注的都是搜索结果前几页的内容甚至第一页的前几个链接，所以获得好的排名就显得至关重要。如果在搜索引擎自然排名中没有办法获得好的排名，企业也要通过搜索引擎关键词广告等方法实现排名靠前。

第三层是关注层，因为只有受到用户关注，经过用户选择后的信息才可能被点击。该层次的目标是直接变现在网站访问量指标方面，即通过搜索结果点击率的增加来达到提高网站访问量的目的。我们经常会发现，即使有的网站排名靠前，用户也未必会点击访问。企业也可以通过搜索引擎正文优化等，让网页标题、META 标签、正文内容等更合理，来吸引消费者的点击。

第四层是转化层，即通过用户访问企业网站/网页，将浏览者转化为真正的客户。这主要由网站的功能、服务、产品等多种因素共同决定。

（三）搜索引擎营销的基本方法

搜索引擎营销层次中提到企业信息源在主要的搜索引擎中排名靠前，而排名靠前的方法也有免费和付费之分，到目前为止，搜索引擎营销的方法分为以下 3 大类。

1. 登录搜索引擎

登录搜索引擎包括登录分类目录和全文检索搜索引擎提交。

鉴于目前分类目录已经处于边缘化，本书不再详细介绍分类目录登录方法等内容。

登录全文检索搜索引擎是通过向搜索引擎入口提交，缩短被搜索引擎收录的时间。

2. 搜索引擎付费营销

搜索引擎付费营销是指广告主根据自己的产品或服务的内容、特点等，确定相关的关键词，撰写广告内容并自主定价投放的广告。当用户搜索到广告主投放的关键词时，相应的广告就会展示（关键词有多个用户购买时，根据竞价排名原则展示）。

3. 搜索引擎优化

搜索引擎优化（Search Engine Optimization，SEO）是指在了解搜索引擎自然排名机制的基础上，对网站进行内部及外部的调整优化，改进网站在搜索引擎中的关键词自然排名，获得更多的流量，从而达成网站销售及品牌建设的目标。

通过搜索引擎优化，一方面可以让用户更好地体验，让用户在使用网站时能够不假思索自地点击网站，寻找到所需的信息。另一方面也让搜索引擎更容易爬行企业网站所有页面并被抓取。

扫一扫——百度营销大学在线课程（搜索引擎的营销理念是什么？营销方案如何制订？如何选择关键词？如何设计创意？如何对网站进行优化？）

任务实训

搜索引擎营销初体验——网站友好型分析

1. 实训目的

了解搜索引擎营销对网络营销信息传递的作用，通过对部分选定网站搜索引擎进行用户友好分析，深入研究营销导向网站对搜索引擎营销的影响，对于发现的问题，提出相应的改进建议。

2. 实训内容及步骤

（1）企业网站：海尔、西凤酒、张裕、白沙……

（2）浏览该网站并确认该网站最相关的 2～3 个核心关键词（如主要产品名称、所在行业等）。

（3）用每个关键词分别在百度、搜狗、360 搜索等进行检索，了解该网站在搜索结果中的表现，如排名、网页标题和摘要信息内容等，同时记录同一关键词检索结果中与被选企业同行的其他同档次的竞争者的排名和摘要信息情况。

（4）根据有关信息分析被调查网站的搜索引擎友好性。

（5）点击网站官网，收集产品详细信息、购物流程图、客服的响应时间以及网站的易用性等信息，对用户友好进行分析。

3. 实训成果要求

提交网站搜索引擎友好型分析报告。

任务二　搜索引擎优化

任务引入

活动分析单 3-2

活动情境	小李听说如果网站坚持原创高质量内容、保持定期更新、添加友情链接、网页排版清楚易读，那么在用户搜索网站关键词的时候，网页就会出现在自然搜索结果中靠前的位置。小李也建了一个个人网站，可是目前在搜索结果中位置很不理想，那怎么样才能让小李的网站在自然搜索排名中取得较好的排名呢？
环境需求	（1）互联网接入。 （2）计算机（每人一台）、智能手机（每人一部）。 （3）学习任务考核单（也可到教学资源包下载电子版）。 （4）将班级分为若干讨论组，每组设组长一名。
提前准备	（1）下载百度与 Google 的搜索引擎优化指南并阅读。 （2）了解西凤酒、张裕、白沙、泾渭茯茶、海尔等官方网站。
活动描述	主题：网站搜索引擎友好性诊断。 目的：通过任务学会诊断网站并指出网站存在的问题，了解基本的搜索引擎优化内容，了解各大知名搜索引擎的特点和优化指南。 步骤： （1）每个网站确定 3～5 个关键词，通过百度、Google、搜狗、好搜等搜索引擎检索，并记录该网站在搜索结果中的表现（如排名、网页标题和摘要信息内容、快照日期等），同时记录同一关键词检索结果中与被选企业同行业的其他同档次的竞争者的排名和摘要信息情况； （2）通过站长工具的 SEO 综合查询（http://seo.chinaz.com）查询上述网站，记录网站的基本信息、收录页面总数、外部链接情况、主要目录收录情况、Alexa 排名、网站打开速度、长尾关键词、网站流量等基本情况； （3）打开网站查看首页的标题标签是否含关键词、导航是否清晰合理，网站是否有实质性内容等情况； （4）分析总结上述查询信息，分析网站搜索引擎友好型现状，并总结如何进行优化。
活动拓展	（1）阅读百度移动搜索优化指南，学习移动端优化技巧。 （2）学习淘宝 SEO 原理，分析宝贝排名因素并提出宝贝排名优化方法。

活动考核单 3-2

班级：　　　　姓名：　　　　学号：　　　　编号：3-2

序号	考核内容	分值	总结与归纳	成绩
（1）	网站在搜索结果中的排名情况	10 分		
（2）	记录网站搜索引擎优化的基本数据	20 分		

续表

序号	考核内容	分值	总结与归纳	成绩
（3）	根据上述数据分析该网站存在的问题，并提出如何解决这些问题	40分		
（4）	总结搜索引擎优化的方法和技巧	30分		
合计				

* 请学生填写完学习活动考核单后上交。

知识指南

一、搜索引擎优化定义

搜索引擎优化（Search Engine Optimization，SEO）是指通过采用易于搜索引擎索引的合理手段，使网站各项基本要素适合搜索引擎检索原则并且对用户更友好（Search Engine Friendly），从而更容易被搜索引擎收录及优先排序。搜索引擎优化重视的是网站内部基本要素的合理化设计，并非只是考虑搜索引擎的排名规则，更重要的是为用户获取信息和服务提供方便，如果要总结为一句话就是“为用户提供最精准的优质内容”。而从事搜索引擎优化工作的人也常被称为“SEOer”。

二、搜索引擎优化的内容

（一）关键词

确定适当的关键词是SEO的第一步，也是必不可少的一步。研究关键词才能确保这个关键词确实有网民在搜索，没人搜索的词没有任何价值。确定什么样的关键词也决定了网站内容规划、链接结构、外部链接建设等重要后续步骤。

1. 关键词策略

根据潜在客户或目标用户在搜索引擎中找到你的网站时输入的语句，产生了关键词（Keywords）的概念，这不仅是搜索引擎优化的核心，也是整个搜索引擎营销都必须围绕的核心。研究关键词的重要性有以下几个方面。

（1）确保目标关键词有人搜索。选择目标关键词时常常想到公司名称或者产品名称。但是当企业或者网站没有品牌知名度时，没有用户会搜索公司名或网站名。产品名称如果不包含产品的通用名称，也往往没有人搜索。

很多时候即使使用行业最通用的名字，也不一定有足够的真实搜索次数。如“网络营销”这个词，百度指数显示该词每天被搜索两千次左右，其中不少是来源于相关关键词的搜索，比如“网络营销方式”“网络营销方案”“网络营销实战宝典”“网络营销优势”“网络营销培训”等。由此可见用户对同一关键词有不同的需求，这也就影响用户最终的点击。在这里我们要学会判断该词的真实搜索次数。

要确定适当的关键词，首先要做的是，确认用户搜索次数达到一定数量级。在这方面做出错误的方向选择，对网站的影响将会是灾难性的。

（2）降低优化难度。找到搜索量的关键词，不意味着要把目标定在最热门、搜索次数最多的词上。虽然搜索“新闻”“租房”“机票”“旅游”等这些词的用户很多，但是对中小企业和个人站长来说，要把这些词做到前几位，难度非常高。因此，在选择关键词的时候要考虑被搜索次数较多，同时竞争不是很激烈的关键词。

（3）寻找有效流量。对搜索引擎营销来说，排名和流量都不是最终目的，有效流量带来的转化才是最终目标。假设网站提供电子商务解决方案和服务，将关键词定为“电子商务”，一般来说并不是很好的选择，因为搜索“电子商务”的用户动机和目的是什么很难判定。用户有可能是在寻找电子商务服务，但也可能是寻找电子商务专业报考指导，也可能是寻找电子商务资格考试内容等，这样就很难将提供电子商务解决方案的网站的用户转化为付费客户。

如果把核心关键词定为“西安电子商务”，针对性就要强很多，用户已经透露出一定的购买意向。再进一步，如果目标关键词定为“西安电子商务运营”，则购买意向或者说商业价值更高，几乎可以肯定这个用户是在寻找本地专业的电子商务服务，这样的搜索用户来到相关网站，转化为客户的可能性将大大提高。

（4）搜索多样性。搜索词并不局限于我们容易想到的热门关键词。用户使用的搜索词五花八门，很多是站长所想象不到的。

随着搜索经验越来越丰富，网民已经知道搜索很短的、一般性的词，往往找不到自己想要的内容，而搜索更为具体的、比较长的词效果更好。做过网站的人都会从流量分析中发现，很多用户现在不仅仅搜索关键词，甚至搜索完整的句子。

作为“SEOer”，无论从用户意图和商业价值看，还是搜索词长度来看，更为具体的、比较长的搜索词都有非常重要的意义，所以用户除了搜索行业通称，还在搜索那些更具体的词、搜索次数是多少，这样才能确定网站核心关键词。

（5）发现新机会。你可以通过关键词工具的推荐，挖掘相关关键词，找到大量自己不会去搜索的词汇，但却实实在在有用户在搜索。找到共通性或者明显趋势的词，将这些关键词融入到网站上，甚至增加新栏目，是发现新机会、扩展内容来源的最好方式之一。

2. 关键词的选择

关键词的选择应注意以下几点。

（1）内容相关。即目标关键词必须与网站内容有相关性。

（2）搜索次数多，竞争小。最好的关键词是搜索次数最多、竞争程度最小的词，在同样投入的情况下，关键词效能高的词获得好排名的可能性较高，可以带来更多流量。

（3）商业价值。不同的关键词有不同的商业价值，就算长度相同，也会导致不同的转化率。比如检索“鲜花花语”“鲜花图片”“鲜花价格”“鲜花速递／鲜花配送”等关键词，用户行为后的意图大不相同，其商业价值也不同。

（4）地域性限制。部分关键词配合地名，尤其是线上和线下结合企业的关键词，如“鲜花”——“西安鲜花”“上海鲜花”；“酒店”——“北京酒店”“三亚酒店”。

3. 确定核心关键词的方法

选择关键词的第一步是确定网站核心关键词。网站的核心关键词通常就是网站首页的目标关键词。一般网站会有大量的关键词，但是这些关键词都不能集中在首页上进行优化，而是要合理地分布在整个网站，形成金字塔形结构。

（1）头脑风暴。确定核心关键词第一步，是列出与网站产品相关的尽量多的、同时比较热门的搜索词，可以通过头脑风暴列出待选词。建议问以下几个问题。

① 你的网站能为用户解决什么问题？

② 用户遇到这些问题时，会搜索什么样的关键词？

③ 如果你是用户，在寻找这些问题的答案时会怎么搜索？

④ 用户在寻找你的产品时会搜索什么关键词？

（2）询问同事、朋友。询问公司同事之外的亲戚朋友在寻找公司产品或服务时会搜索的关键词。

（3）参考竞争对手。查看竞争对手首页的源文件，在 Keywords 中列出的关键词也可以列为待选词。

（4）选择关键词考虑因素。

① 以流量作为目标：根据网站的相关性选择关键词，根据网站的权重选择关键词，采用“先易后难”的策略优化关键词。

② 以转化率作为目标：选择转化率高的关键词为主，注重转化率而不是为了流量，地域性关键词的优化要点。

4. 关键词工具

（1）搜索建议。在百度等搜索框中输入核心关键词时，搜索框会自动显示与此相关的搜索提示，如图 3-7 所示。

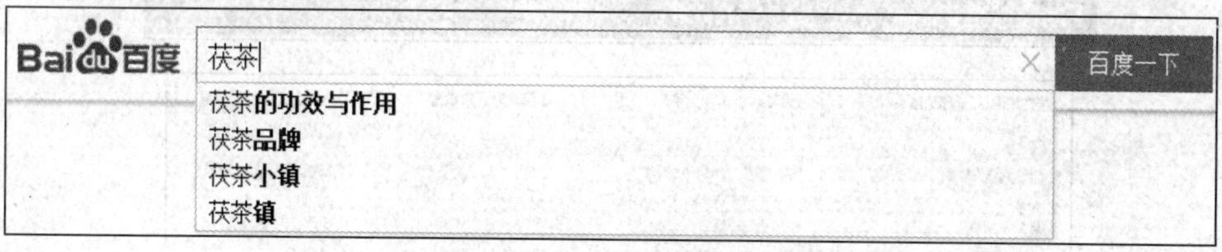

图 3-7　百度搜索提示

（2）相关搜索。检索结果页面的最下面有搜索引擎给出的相关搜索，如图 3-8 所示。

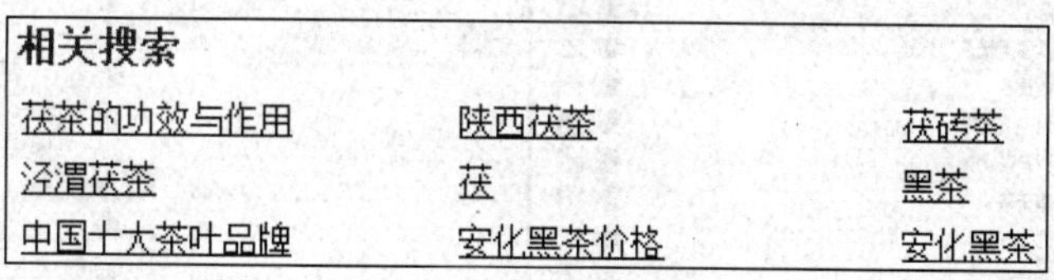

图 3-8　百度相关搜索

（3）百度指数。

百度指数是以百度网民行为数据为基础的数据分享平台，可以研究关键词搜索趋势、洞察网民的兴趣和需求、监测舆情动向、定位受众特征等。用户可以在这里通过百度指数分析关键词在百度中的搜索规模、涨跌态势以及相关的新闻趋势等来为企业选择关键词提供参考，如图 3-9 所示。

图 3-9 百度指数热门搜索提示

（4）百度推广账户。

百度推广后台的关键词推荐，与百度指数类似，但其功能却更为强大。在这里可看到展现理由、日均搜索量和竞争激烈程度等。这些参考数据对选择关键词有更好的辅助功能，如图 3-10 所示。

图 3-10 百度推广关键词词库

（二）网站结构优化

1. 清晰的导航

导航系统有助于方便用户浏览网站信息、获取网站服务，并且在整个过程中不致迷失。不仅可以告诉用户在哪里和去哪里，还可以告诉用户这里有什么和附近有什么，从而指导用户的下一步行为。

网站清晰的导航系统、相关链接、相关产品推荐、面包屑导航、正文中的链接、网站地图等都有助于用户的下一步操作。

那么从搜索引擎抓取的角度，网站导航系统应该注意以下 6 个方面。

（1）文字导航。网站的建设中很多人为了增强视觉效果，采用图片导航、Flash 导航或者 JavaScript 生成的导航系统。而这些都会构成蜘蛛陷阱，因为搜索引擎无法读取 Flash 文件中的文字内容和链接，也无法解析 JavaScript 脚本，所以我们应该尽可能地让搜索引擎跟踪爬行链接的工作尽可能简单容易。最普通的文字链接对搜索引擎来说是阻力最小的爬行抓取通道。导航系统作为网站收录中最重要的内部链接，尽量做到不给搜索引擎设置任何的障碍。

如果采用了图片导航，可以在给图片的 img 中加 alt 属性，且内容为图片名字，搜索引擎在抓取时读取其内容。

如果为 Flash 或者 JS 导航，则建议添加底部文字辅助导航，避免搜索引擎抓取不到网站的信息。可以看到图 3-11 中白沙的网站是用 Flash 制作，搜索引擎除了获取网站底部的版权信息之外，获取不到网站的其他信息。

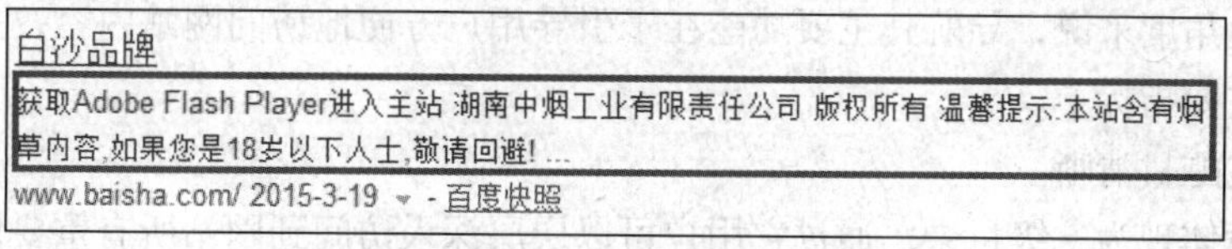

图 3-11　白沙官网在百度搜索结果的展示

（2）点击距离扁平化。“3 次点击”原则也是让网站链接结构扁平化，让所有网页的点击距离离导航越近越好。尤其是权重不高的网站，更要注意这个问题，这样能够让尽可能多的网页进入搜索引擎收录的门槛。

（3）面包屑导航。面包屑导航（Breadcrumb Navigation）这个概念来自童话故事《汉赛尔和格莱特》。当汉赛尔和格莱特穿过森林时，不小心迷路了，但是他们发现在沿途走过的地方都撒下了面包屑，这些面包屑帮助他们找到回家的路。所以面包屑是用来比喻用户通过主导航到目标网页的访问过程中的路径提示，使用户了解所处网站中的位置而不至于迷失“方向”，并方便回到上级页面和起点，如图 3-12 所示。

图 3-12　面包屑导航

（4）页脚关键词链接。近几年很多网站都在页脚堆积大量富含关键词的链接，最近搜索引擎比较反感这种做法，常常会对此做法进行“惩罚”。

（5）网站地图。网站地图（Sitemap）是一个网站所有链接的页面，是根据网站的结构、框架、内容，生成的导航网页文件。网站地图一方面可以提高用户体验，为网站访问者指明方面，并帮助迷失的访问者找到想看的页面；另一方面可以帮助搜索引擎蜘蛛浏览整个网站的链接，为搜索引擎蜘蛛提供一些指向动态页面的链接，也可以作为一种潜在的着陆页面，为搜索流量进行优化。

网站地图最好制作两套 Sitemap，一套方便客户快速查找站点信息（html 格式），另一套方便搜索引擎得知网站的更新频率、更新时间、页面权重（xml 格式）。所建立的 SiteMap 要和站长们网站的实际情况相符合。

（6）锚文字包含关键词。锚文字指的是在网页上，或者在其他有链接的幻灯片等页面，含有超链接，能指向其他页面或其他内容的文字链接。此类文字在文本中出现时，常常含有超链接。

在网站建设上面。锚文字的出现是伴随着锚点一起的。锚文字也是个链接，但是它是跳转到特定的锚点。例如，在某网站的中间加入一个锚点，点击这个锚文字的话，就会跳转到锚点的那个地方。跳转是在同一个页面进行的。当然也可以跳转到不同页面的锚点。当没有定义锚点的时候，锚链接也就没有作用了。在搜索引擎优化上面，锚文字就是指链接（超链接）的链接文字。

在导航中锚文字链接的数量巨大，而且锚文字对目标页面相关性有很大的影响，在锚文字中应尽量使用目标关键词。

（7）Logo 优化。

网站 Logo 优化一方面考虑指向首页的链接，同时在 Logo 图片的 img 中加 alt 属性，且内容为网站名称，最好加上关键字。这样的做法一方面利于用户体验，同时也便于搜索引擎抓取。

2. 导航及推荐内容的布局

网站导航是对引导用户访问网站的栏目、菜单、在线帮助、布局结构等形式的统称。

从用户体验角度来说，导航其主要功能在于引导用户方便地访问网站内容，是评价网站专业度、可用度的重要指标。

（1）主导航醒目清晰。

主导航一般体现为一级目录，通过它用户可以层层深入访问到网站所有重要内容。因此主栏目必须在网站首页第一屏的醒目位置体现，并最好采用文本链接而不是图片。考虑到用户的阅读习惯从上到下、从左到右，搜索引擎抓取重点内容也应按照用户的阅读习惯，从上到下、从左到右的顺序，越靠上和靠左的位置，搜索引擎认为越重要。所以在设计网站导航时，越重要的内容越靠上且居左，具体如图 3-13 海尔官网导航所示。

图 3-13　海尔官网导航

（2）推荐内容布局。除了主栏目，网站还应该将次级目录中的重要内容以链接的方式在首页或其他子页中多次呈现，以突出重点。搜索引擎会对这种一站内多次出现的链接给予充分重视，对网页级别提高有很大帮助，这也是每个网站首页的网页级别一般高于其他页面级别的重要因素，因为每个子页都对首页进行了链接。

（三）页面优化

1. 页面中关键词优化

（1）head 标签优化。

① 页面标题（title）。页面标题是包含在 title 标签中的文字，是页面优化最重要的内容之一。标题标签的 HTML 代码格式以京东商城为例介绍如下。

```
<title>京东网上商城-综合网购首选（JD.COM）-正品低价、品质保障、货到付款、配送及时、放心服务、轻松购物！</title>
```

用户访问京东商城时页面标题显示在浏览器窗口左上方，图 3-14 浏览器窗口的京东商城页面标题显示所示。

图 3-14 浏览器窗口的京东商城页面标题显示

用户在搜索引擎中检索京东商城时，页面标题显示在检索结果列表第一行，是用户第一眼就看到的。图 3-15 所示为检索结果列表中京东商城的页面标题显示。

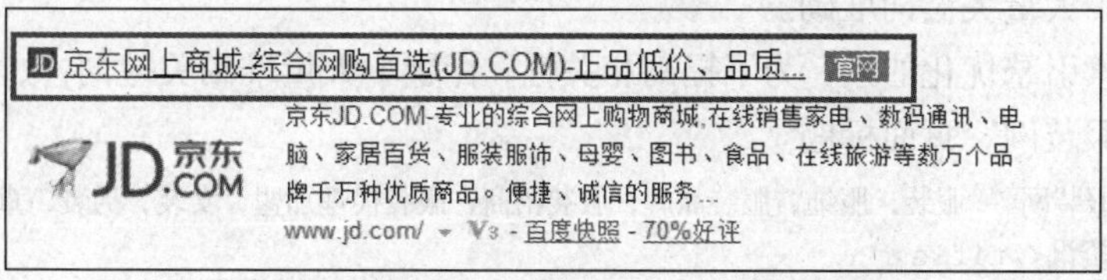

图 3-15 检索结果列表中京东商城的页面标题

从这里我们看出页面标题的重要性，那么我们在优化页面标题的时候应该注意以下几个方面。

第一，保证每个网页都有独立、概要描述网页主题内容的网页标题。

重复标题最常见的是忘记写标题标签，使用了编辑软件新建文件的默认标题。在中文页面上常常表现为“未命名文件”，在英文中显示为“UnititledDocument”。还有很多企业虽然写了标题标签，但是标题都是一样的。海尔网站的重复标题如图 3-16 所示。

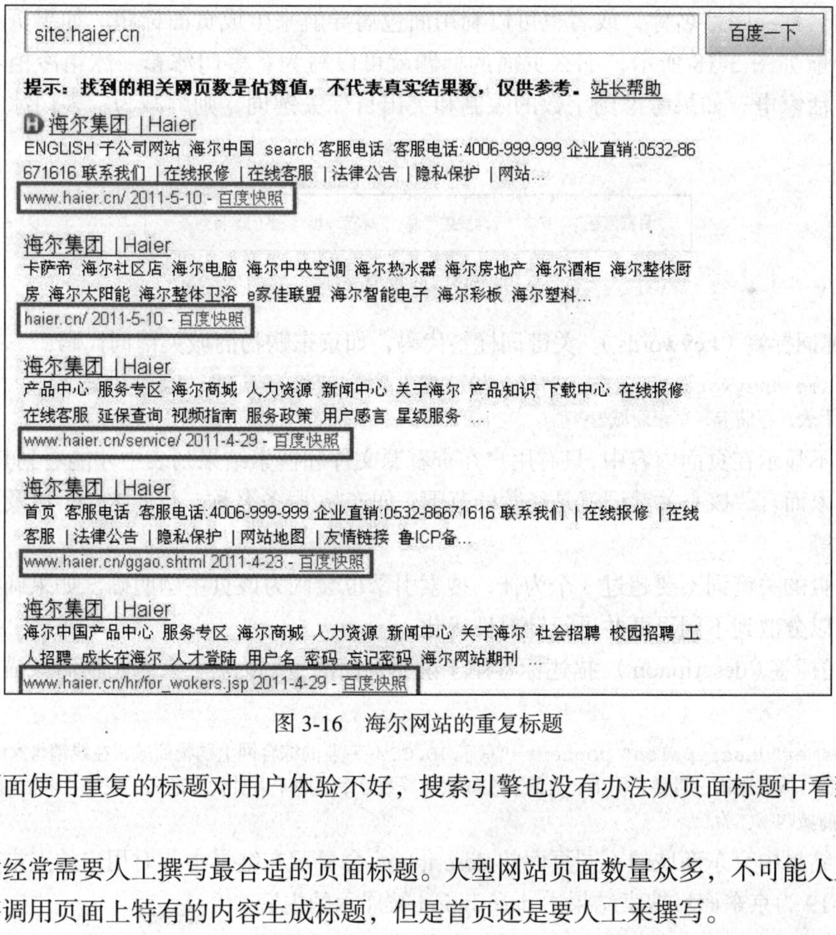

图 3-16 海尔网站的重复标题

不同页面使用重复的标题对用户体验不好，搜索引擎也没有办法从页面标题中看到这个页面的内容。

小网站经常需要人工撰写最合适的页面标题。大型网站页面数量众多，不可能人工撰写，需要通过程序调用页面上特有的内容生成标题，但是首页还是要人工来撰写。

第二，网页标题字数不宜过短也不宜过长。

网页标题字数一般不要超过 30 个字。因为搜索结果列表页面标题部分能显示的字数有一定的限制。百度最多显示 30 个中文字符，谷歌显示 65 个英文字符，转成中文大概是 32 个字符。

title 标签中超过这个字数限制的部分将无法显示，通常在搜索列表标题结尾处以省略号代替。如图 4-15 所示，京东商城的首页标题过长，在搜索列表结尾处最终用省略号来代替了。

如果标题过长在浏览器窗口的页面标题显示不完全，也会在结尾处以省略号来代替。

第三，标题中大量关键词堆砌。

有些初学搜索引擎优化的人，为了提高相关性，标题中大量堆砌关键词，如图 3-17 所示为浏览器窗口“中国服装网”页面标题。

```
<title>中国服装网 - 服装，服饰，服装品牌，服装招商，服装代理加盟，女装，男装，童装，休闲装，服装媒体，服装设计，服装资讯</title>
```

图 3-17　浏览器窗口“中国服装网”页面标题

第四，关键词出现在网页标题中最前面。

关键词在标题中出现的位置与排名有比较大的相关性，位置越靠前，通常排名也就越好。对于网站内页而言，一般常见的网页标题可以按照以下顺序来写：产品名称/文章标题—子分类名称—分类名称—网站名称，或者也可以利用面包屑导航来生成页面标题。如果页面所在位置的面包屑导航如图 3-18 所示，那么页面的标题就可以写为：多门冰箱—冰箱冷柜—消费类产品—海尔生活家电；如果考虑到字数的限制和突出目标关键词，则缩减为：多门冰箱—海尔生活家电。

图 3-18　面包屑导航

② 关键词标签（keywords）。关键词标签代码，如京东购物商城关键词代码：

```
<metaname="Keywords" content="网上购物，网上商城，手机，笔记本，电脑，MP3，CD，VCD，DV，相机，数码，配件，手表，存储卡，京东商城">
```

关键词不显示在页面内容中，只有用户在查看源文件和搜索结果列表中才能看到其中的文字。对企业和商家而言，核心关键词就是经营的范围，如产品/服务名称、行业定位，以及企业名称或者品牌名称等。

每个网页的关键词不要超过 3 个为佳，搜索引擎也会认为该页主题明确。如果确实有大量的关键词，可以分散到不同页面并进行针对性优化。

③ 描述标签（description）。描述标签用于说明页面的主题内容。京东购物商城描述标签代码如下所示：

```
<metaname="description" content="京东 JD.COM-专业的综合网上购物商城，在线销售家电、数码通信、电脑、家居百货、服装服饰、母婴、图书、食品、在线旅游等数万个品牌千万种优质商品。便捷、诚信的服务，为您提供愉悦的网上商城购物体验！">
```

在搜索结果中京东商城的不同页面的 description 会显示在结果中，对用户的点击有一定的影响力。图 3-19 为京东商城搜索结果中 description 被展示的内容。

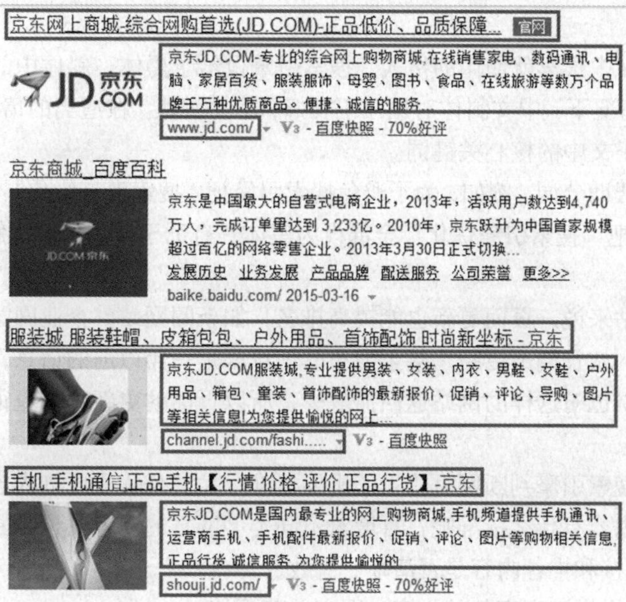

图 3-19　京东商城搜索结果中 description 被展示

描述标签不显示在页面内容中，只有用户在查看源文件和搜索结果列表中才能看到其中的文字。虽然不出现在网页中，但在搜索结果中出现 description，这个会直接影响用户是否点击网站，所以要从用户的角度来考虑优化问题。

描述的书写要注意以下问题：

第一，描述中有关键词，并与正文内容相关；

第二，描述标签不要超过 70 个汉字，搜索结果列表说明文字部分通常会显示 77 个中文字符，谷歌英文结果显示 156 个英文字符。

第三，描述最好是一段通顺的句子。

从京东商城的搜索结果来看，首页的描述、服装频道和首页频道的描述不同，且分别概括了所在页面的主要内容，能够便于引导用户点击并访问网站。

（2）正文中关键词。页面正文中出现关键词并均匀分布是非常重要的。关键词在网页中出现的频次（关键词密度），就是在一个页面中，占所有该页面中总的文字的比例，一般关键词密度在 1% ~ 7%比较合适。

关键词应该怎么样去分布呢？一般关键词的分布原则是：无所不在，有所侧重。"侧重"的分布点有以下几个。

第一，网页代码中的 title、meta 标签（关键词 keywords 和描述标签 description）。

第二，网页正文最吸引注意力的地方，包括页面靠顶部、左侧、标题、正文前 200 字以内。在这些地方出现关键词对排名有帮助。这样做的好处是让用户和蜘蛛都能以最快速度了解该网站的内容。

第三，锚文本（超链接文本）。在除导航、网站地图、锚文本中有意识地使用关键词外，还可以人为增加锚文本。

第四，Header 标签，即正文标题<H1><H1/>中的文字，搜索引擎比较重视标题行的文字。

第五，图片 Alt 属性，搜索引擎不能抓取图片的内容，在网页制作过程给图片属性 Alt 加入关键词是对搜索引擎比较友好的做法。

2. 黑体及斜体

黑体、斜体是页面中很早就使用的格式，搜索引擎也给予黑体、斜体中的文字比普通文字多一些权重。不过一般情况下，中文斜体对用户不友好，不易辨认。在适当的情况下可以使用黑体，有助于搜索引擎抓取正文中的核心关键词。

黑体有时有助于帮助分词。例如，为了避免搜索引擎把“搜索引擎优化”分成“搜索”“引擎”“优化”3个词，可以把“搜索引擎优化”全部设为黑体，有助于搜索引擎理解为一个词。

3. 页面更新

对有时效性的网站来说，页面更新也能提高排名，如新闻网站。企业网站的更新最少一周更新一次，而很多企业网站长期不更新，甚至发布的信息都是一年以前的信息，这样的网站对用户来说不友好，搜索引擎也对这样的网站返回抓取少，所以页面的更新频率也很重要。

4. 优质内容

（1）优质内容是搜索引擎判断网页质量的重要标准，尤其是优质原创内容是搜索引擎最喜欢抓取的内容。对优质内容有什么标准呢？百度对不同类型网页的内容质量判断具体如下。

① 首页：导航链接和推荐内容是否清晰、有效。

② 文章页：能够提供清晰完整的内容，图文并茂更佳。

③ 商品页：是否提供了完整真实的商品信息和有效的购买入口。

④ 问答页：是否提供了有参考价值的答案。

⑤ 下载页：是否提供了下载入口，是否有权限限制，资源是否有效。

⑥ 文档页：是否可供用户阅读，是否有权限限制。

⑦ 搜索结果页：搜索出来的结果是否与标题相关。

（2）复制内容也可称为重复内容，多指两个或者多个URL内容相同或者相似。

搜索引擎不会因为一个网站有少量复制内容就来惩罚这个网站，但是如果一个网站出现大量的复制内容，可能会使搜索引擎对网站质量产生怀疑，导致惩罚。

搜索引擎对复制的内容所做的工作主要是从多个页面中尽量挑选出真正的原创版本并给予应有的排名，其他的复制版本不在搜索结果中返回或排在比较靠后的位置。

5. 排版优化

排版优化要求版式美观，且易于阅读，用户所需要的内容在网页最重要的位置，能够通过页面布局清楚区分广告位置，且广告不抢占主题内容位置，不妨碍用户对主要内容的获取。这其中就包括正文内容的换行和分段、字体与背景颜色区分、首屏广告的位置与尺寸大小、弹窗广告、浮动广告等优化。尤其是如果字体与背景颜色比较相近甚至是一个颜色，对用户来说体验不好，搜索引擎也会认为是垃圾内容，在搜索结果中排名靠后甚至不出现在搜索结果中。

6. 正常访问及访问权限

访问速度越快，用户体验越好；无权限访问比有权限访问用户体验越好；提供优质正版内容安装插件比盗版内容用户体验越好。

（四）外链优化

1. 外链的作用

外部链接也简称为外链，是指从别的网站导入到自己网站的链接。用户可以通过外链获取丰富的网站内容，搜索引擎蜘蛛也可以沿着外链，进入企业网站，来实现网站的信息抓取。对搜索引擎尤其是百度、Google来说，决定一个网站自然排名的关键是：外部有多少高质量的链接指向这个网站，这就是外部链接或者反向链接，也称为导入链接。简而言之，外链主要从数量和质量两方面来影响排名。

> **小资料：外链的作用就像人际关系网络**
>
> 对网站来说外链的作用就像人的人际关系网络一样，会受到外链的数量和质量两方面的因素影响。
>
> （1）数量影响：假如有一万个业内专业人士投票推荐一个人，那自然比 10 个人推荐更有影响力了，这就是数量的影响。
>
> （2）质量影响：假如马云、马化腾、李彦宏三巨头联合推荐一个网络圈人士，他们推荐的分量肯定比 3 个不知名人物的推荐更具有影响力了，这个人肯定也能瞬间成为名人，这就是质量的影响。
>
> 所以准确获取自己和竞争对手网站的外链数量和质量，则可以判断哪些外链起了作用，帮助网站获得了好的排名。

2. 外部链接对 SEO 的影响

互联网的本质特性之一就是链接。内部链接自己可以控制，总体来说外部链接对 SEO 有以下几个方面的影响。

（1）相关性。相关性是搜索结果质量的最重要指标。比如做一个减肥网站，其中一个频道为“疾速减肥”，在做内部锚文本时，把“疾速减肥”设为超链接，间接指向这个频道。导入链接内容相关性及锚文字成为判断相关性及排名算法最重要的因素之一，尤其是来自其他网站的导入链接。

（2）权重及信任度。外部链接使被链接的页面及整个域名权重提高，信任度增加。外部链接越多，发出链接的网站本身权重越高，说明被链接的页面受更多人的信任和尊重。投向一个页面的权重和信任度，也会累计在整个域名上。

权重是现在搜索引擎排名中非常重要的因素之一。除了域名年龄、网站规模、原创性等，形成权重的最重要因素就是外部链接。权重高的域名使网站上所有页面排名能力提高。与被信任网站链接距离近的页面，被当作垃圾内容的可能性大大降低。

权重和信任度与特定关键词和主题没有直接关系。如果你的网站有来自百度、华尔街、央视等这种权重极高网站的链接，你的网站的权重会有质的提升，不管网站目标关键词是什么，对排名都会有帮助。

（3）收录。页面收录是排名的基础，不能进入索引库就谈不上排名。外部链接数量及质量对一个域名所能带动收录的总页数有至关重要的影响。没有强有力的外链，仅靠内部结构和原创内容，很难使大型网站收录充分。内页必须距离首页 3～4 次点击之内。原因就在于外部链接在很大程度上决定了搜索引擎爬行深度，一般权重的网站，搜索引擎只会爬行 3～4 层链接。如果达到 PR7 或 PR8，距离首页六七次点击的内页也能收录，从而使整体收录能力提高。

3. 高质量导入链接分析

高质量导入链接包含以下几类。

（1）搜索引擎目录中的链接以及已加入目录的网站的链接。

（2）与你的主题相关或者互补的网站。

（3）PR 值不低于 4 的网站。

（4）流量大、知名度高、频繁更新的重要网站（如搜索引擎新闻源）。

（5）具有很少导出链接的网站。

（6）以你的关键词在搜索结果中排名前三页的网站。

（7）内容质量高的网站。

4. 垃圾链接

垃圾链接主要有以下几类。

（1）留言簿、评论或 BBS 中大量发帖夹带网站链接。

（2）已经加入太多导出链接的网站。

（3）加入链接基地、大宗链接互换程序、交叉链接等链接程序、与大量会员网站自动交换链接、被搜索引擎视为典型的垃圾链接，极有可能受到惩罚或牵连。Google 就会对那些使用链接程序的站点进行永久性删除。

（4）链接没有被搜索引擎蜘蛛抓取的网页。

小资料：获得高质量的外链的小技巧

（1）向搜索引擎目录提交网站。

（2）寻找网站交换链接。交换链接的对象包括：已经加入搜索引擎分类目录的相关网站，与你的竞争对手链接的相关网站，生意链中的对象、容易被找到的相关链接等，但是前提是你的网站内容具有较高的质量。

（3）网站被主动链接或者转载。

（4）在重要网站发布专业文章，在文章中或者结尾带上你的网站签名或在作者简介中放入你的链接和围绕关键字的网站描述。重要网站指的是流量高、威信度高的网站。

（5）在所在行业目录提交网站，包括相关网络目录、行业目录、商业目录、黄页等。

（6）百科及问答类网站，包括百度百科、百度知道、天涯问答、雅虎问答等，在编辑词条时，可以增加一些词条相关性很高的链接。

（五）URL 优化和主机优化

1. URL 优化

统一资源定位符（Uniform / Universal Resource Locator，URL）也被称为网页地址，是因特网上标准的资源的地址（Address）。它最初是由蒂姆·伯纳斯-李发明用来作为万维网的地址的，现在已经被万维网联盟编制为因特网标准 RFC1738 了。

URL 优化主要考虑以下几方面内容。

（1）URL 设计。

① URL 越短越好。URL 简短一方面比较容易被搜索引擎收录，另一方面也便于用户的复制和传播。

② 避免过多的参数。一般情况下最好使用静态 URL。如果必须使用动态 URL，也应该减少参数的使用，一方面搜索引擎读不懂参数，另一方面也容易造成用户使用的困难。

③ 文件及目录名具有描述性。尤其是英文网站，目录及文件名应具备一定的描述性，使用户通过 URL 就能大概看懂网页的主要内容。如 URL：http://www.example.com/shoes/men/就比 http://www.examle.com/part1/001/要更容易理解。

④ URL 中包含关键词。URL 中包含关键词可以提高页面的相关度，在排名的时候有一定的优势，但是切不可为了出现关键词而堆积，这样会引起搜索引擎的反感。

⑤ URL 中所有字母都小写。一方面全部小写易于用户输入，不会因为大小写掺杂而出错；

另一方面有的服务器是区分大小写的。

（2）动态 URL。URL 静态化一直都是最基本的 SEO 要求之一。动态 URL 静态化可以让搜索引擎更容易抓取，而且也容易被用户理解并记忆，并在传递 URL 信息时更容易。

2. 主机

所有的网站都依附于服务器硬件。服务器（或者说主机）性能会影响 SEO 效果。

（1）IP 及整个服务器惩罚。一个 IP 地址或者整个服务器被搜索引擎惩罚是很少见的情况，除非这个 IP 地址上的大部分网站都因为作弊被惩罚，这种情况下没有作弊的网站才可能受连累。不过使用虚拟主机时，同一架服务器刚好碰上大部分网站都作弊的可能性非常低。

（2）稳定性。如果服务器三天两头死机，必然会影响搜索引擎爬行和收录。轻者不能及时更新页面内容，抓取新页面，重者搜索引擎会认为网站已经关闭，或者爬行频率大大降低。好的主机稳定性非常直观，经常打不开网站说明稳定性很差。

（3）主机速度。除了影响网站用户体验和转化率，主机速度也会严重影响网站收录。对一个给定的网站来说，在搜索引擎眼中有一个固定的权重，搜索引擎会分配一个与权重匹配的相对固定的爬行总时间。网站权重越高，分配的总爬行时间越长。如果网站速度比较慢，搜索引擎抓取一个页面就需要更长的时间，这样就会影响总收录页面数。

扫一扫——如果我们有些网页不想被搜索引擎收录，该怎么办呢？

（六）SEO 工具介绍

借助一些小工具或网站系统，可以高效、即时地检测、分析网站优化和运营情况，从而指导运营维护工作的深入开展。

1. 搜索引擎及目录免费登录入口

Google：http://www.google.com/intl/zh-CN/add_url.html

百度：http://www.baidu.com/search/url_submit.htm

搜狗：http://fankui.help.sogou.com/index.php/web/web/index?type=1

好搜：http://info.so.360.cn/site_submit.html

网易：http://tellbot.youdao.com/report

中搜：http://register.zhongsou.com/NetSearch/frontEnd/free_protocol.htm

新浪：http://bizsite.sina.com.cn/newbizsite/docc/index-2jifu-10.htm

一搜（雅虎中国）：http://help.cn.yahoo.com/feedback.html?product=include

DMOZ 目录：http://dmoz.org/world/chinese_simplified

爱问：http://iask.com/guest/add_news_url.php

2. 域名与主机工具

域名批量查询：http://www.whois.sc

IP 转换成域名：http://www.whois.sc/members/reverse-ip.html （查看某 IP 地址下共享的域名，免费注册）

3. 关键字工具

Google adwords 关键字工具：查询特定关键词的常见查询及扩展匹配。

https://adwords.google.com/select/KeywordSandbox

百度关键字工具：查询特定关键词的常见查询、扩展匹配及查询热度。

Http://www2.baidu.com/inquire/dsquery.php

三、搜索引擎优化的效果监测与评估

（一）网站优化效果评估（以百度为例）

1. 关键词排名

关键词排名可以直接在搜索框里输入关键词进行查询。一般而言，出现在搜索引擎前3页的关键词排名都是不错的，出现在3页之后的关键词则需要加大推广力度。

2. 网站页面收录量

网站刚完成建设时一般不会立刻被搜索引擎收录，因为搜索引擎会对新站有个审核期。审核时间依据网站优化质量而定，可能几天就会被收录，也可能需要一星期或则半个月左右才能被收录。一般而言，新站审核时间在20天之内都是正常的。

网站有收录后，也并不是每一个页面都能出现在搜索结果页上，百度只会收录它认为具有价值的好的网页。网站页面再多，内部优化没有做好，百度也只会收录其中一小部分页面甚至不收录。

收录查询方式：直接在搜索框输入"site: 网址"，如"site: sptc.sn.cn"，返回结果中就可以看到网站收录量（注意本项目中的"："均为英文输入状态下的）。

3. 网站反链数量

网站反链数量相当于是别的网站给你的网站的推荐和投票，在搜索引擎优化中也有着极其重要的作用。反链的收录数量越多，就说明别人对你的投票越多，那么权重也就会越高，排名自然会越好。

百度反链的查询方式是：直接在搜索引擎搜索框里输入domain:+网址。

谷歌反链的查询方式是：直接在搜索引擎搜索框里输入link:+网址。

4. PR值

目前主流的有谷歌PR、百度PR、搜狗PR等。

PR起源于谷歌公司，是谷歌衡量网站权重的重要标准之一，是谷歌对于网站的一个评分情况。就像酒店评星级一样，从三星级到五星级不等。PR值处于0～10。PR值为3表明达到一般企业网站基础水平；PR要达到5，则网站权重已经是比较高的了；达到5以上则网站权重非常高了。PR值是谷歌对于网站优化情况的一个评分，是搜索引擎结合网站综合优化效果给出的一个分值。

5. 网站流量

关键词优化排名的最终目的还是为了借助高曝光率带来高流量。那么怎么来查询网站流量呢？流量的查询可借助流量统计工具。

目前互联网上有很多免费的流量统计工具，中文一般采用百度统计（http://tongji.baidu.com）、51yes 流量统计器（www.51yes.com）、cnzz（http://www.cnzz.com）等，而英文比较好的则有statssheet（http://www.statssheet）、bluehost（http://www.bluehost.com）等。

6. 流量转化

流量不是企业搜索引擎优化营销的最终目的，高转化率的流量才能为企业带来切实的效益。很多企业站的流量很高，但是转换成实际询盘的流量却很少，这也是优化不足的表现。

那么流量高，转换率低的原因是什么呢？

（1）由行业性质决定。流量转换率的高低并无统一的标准，不同的行业的转换率也是不同的，因此一些特殊冷门行业的转换率低下并不一定是优化不足造成的。

（2）无效流量较多导致转换率低。有些网站为了吸引人气会添加一些比较热门的却又无关于网站主题的内容，这可以吸引很多流量却转换不了实际效益。因此在转换率低下的情况下我们不

妨看看我们分析的关键词是不是不够精准，添加的文章是不是无关的过多。

（3）企业的产品服务无竞争优势。最终客户购买的还是企业自身的产品价值和服务质量，企业要想获得效益，除了网站的推广外自身产品服务的跟进也是至关重要的因素。

（二）统计工具中的各项数据分析（以 51yes 统计为例）

1. 统计数据

统计工具可以统计 IP、PV、回访率、来路域名统计、受访页面统计、来源关键词统计、地理位置分析等，可以通过上述数据分析，分析网站的访问情况。

2. 统计数据比较

数据比较是在不同的时间段内对优化效果进行一个涨跌起落的比较，包括流量比较，来路域名比较、来访关键词比较等。它能帮企业仔细地监控不同时间段的优化效果，如果流量突然下降，也可通过来路域名和关键词的分析比较进行调整。

任务实训

搜索引擎营销优化诊断训练

1. 实训目的

本次实训可以使学生掌握网站优化的内容及优化技巧，掌握网站评价的方法，能够针对诊断中出现的问题提出整改建议。

2. 实训内容及步骤

选择一个网站，如西凤酒、张裕、白沙……考察网站规划与网站栏目结构。

在自己选择的网站上诊断以下一些内容。

3. 实训报告

完成搜索引擎优化诊断和整改建议实训报告。

（1）网站建设的基本情况。

① 网站建设的目标是什么？

② 网站布局是否符合用户的阅读习惯？图片是否适当？有无利用声频、视频手段？

③ 网站导航是否合理？（网站导航分为图片导航、文字导航、JS 导航、Flash 导航等）通过任何一个页面是否能方便地返回上级页面或者首页？

④ 各网站的栏目之间链接是否正确？

⑤ 从网站首页到达任何一个内容页面需要几次？（不超过 3 次为合格，包括利用网站地图）是否可以通过任何一个页面到达站内站内其他任何一个网页？

⑥ 网站是否有一个简单清晰的网站地图？

（2）网站内容及网站可信度。

① 网站为用户提供的下列信息的详细情况是什么？

② 网站内容是否更新及时？过期信息是否及时清理？

③ 网站首页、各栏目首页以及各个内容页面是否分别由能反映网页核心内容的网页标题？

④ 网站首页以及各个内容页面 HTML 代码是否有合理的 META 标签设计，以及设计的合理情况？

⑤ 公司介绍是否详细，是否有合法的证明文件（如网站备案许可）？

（3）网站功能和服务。

① 打开网页的速度，记录时间怎样？

② 网站为用户提供了哪些在线服务手段？

③ 用户真正关心的信息是什么？能否在网站首页直接找到？

④ 电子商务功能：网站是否提供了在线定购、支付？

（4）网站优化及运营。

① 网站被百度、谷歌搜索引擎收录的网页数量是多少？（在搜索引擎搜索框中输入 site：网址，如 site:www.haier.cn，就可以知道有多少网页被收录。）

② 在搜索引擎中排名情况（利用某关键词搜索）如何？

③ 网站的 PR 值（在 http://www.google.cn/intl/zh-CN/options/中下载谷歌工具栏并安装，启用 pagerank 项）是多少？如果首页 PR 值低于 3，你认为是什么原因造成的？

④ 网站访问量的增长状况如何？网站访问量是否很低？（登录网站 Http://www.alexa.com，输入网址，便可看到网站访问量状况）

任务三　搜索引擎付费营销

任务引入

活动分析单 3-3

活动情境	小李坚持搜索引擎优化两个月之后，虽然有部分网页已经被收录，但是网站排名并不是很理想，在前 10 页基本找不到他的信息。小李分析主要原因是一个同名的竞争对手是演员，在搜索结果中有大量关于该演员的内容。此时，他想，是不是可以通过付费的方式来提高自己网站的排名呢？
环境需求	（1）互联网接入。 （2）计算机（每人一台）、智能手机（每人一部）。 （3）学习任务考核单（也可到教学资源包下载电子版）。 （4）将班级分为若干讨论组，每组设组长一名。
提前准备	（1）注册百度推广账号。 （2）了解百度付费推广的表现形式、报价方式及推广效果。
活动描述	主题：网站付费推广认知。 目的：通过搜索引擎付费推广掌握各种付费推广的特点和效果，掌握百度竞价排名的展示形式、关键词选择与创意设计。 步骤： （1）注册百度推广账号，了解百度的 3 种付费推广形式及各自特点； （2）了解百度搜索推广的方案制作全过程，根据本学院的情况设计百度搜索推广的基本内容，如账户基本情况、推广计划、推广单元、推广地域时间、关键词、创意、出价等设置过程； （3）查看知名网站如京东、联想、海尔等在百度的品牌推广，了解品牌推广的形式、推广形式； （4）了解网盟推广的基本原理和方法，加入百度网盟的条件等。
活动拓展	（1）思考海尔官网与海尔商城在百度付费推广中，为什么重点推广海尔商城？ （2）比较海尔商城与京东商城的百度品牌推广，并分析品牌推广差异。 （3）查询京东商城移动端百度品牌推广与 PC 端百度品牌推广的差异。

活动考核单 3-3

班级：　　　　　　　　姓名：　　　　　　　　学号：　　　　　　　　编号：3-3

序号	考核内容	分值	总结与归纳	成绩
（1）	比较 SEO 与搜索引擎付费推广	10 分		
（2）	记录百度付费推广的几种形式、计费方式及推广效果	30 分		
（3）	根据学院情况设计百度搜索推广并记录推广创意	20 分		
（4）	记录百度品牌推广的要素，比较品牌推广与搜索推广的差异	20 分		
（5）	记录加入百度网盟的条件及推广的方法	20 分		
合计				

* 请学生填写完学习活动考核单后上交。

知识指南

一、搜索引擎付费营销基础

（一）搜索引擎付费营销定义

1. 定义

搜索引擎付费营销是通过付费使信息在搜索引擎上排名突出，对潜在客户进行营销的活动，这种形式的营销的载体为客户关键字搜索的结果页面。

2. 分类

以百度为例，目前主要的搜索引擎付费广告分为：搜索推广、品牌推广、网盟推广等（以下案例主要以百度为例）。

（1）搜索推广。搜索推广是通过用户搜索付费关键词，推广结果出现在左侧自然排名的上面或者右侧，来影响用户信息获取过程而开展的付费推广方式。百度中因为关键词的出价和质量度不同有三种展示形式。

① 左侧竞价排名（见图 3-20）。

② 右侧关键词广告（见图 3-21）

③ 左侧底纹关键词推广（见图 3-22）。

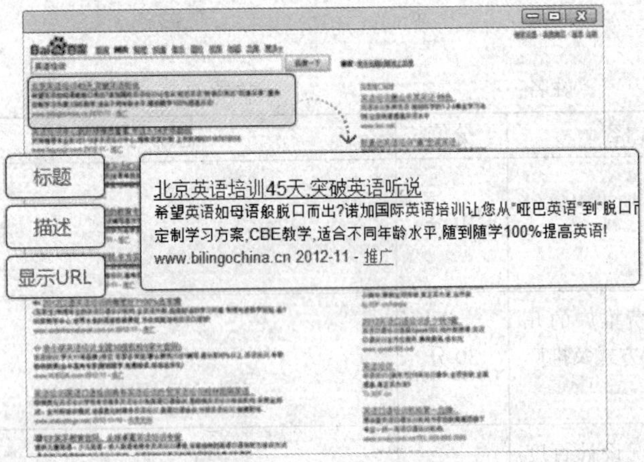

图 3-20　左侧竞价排名

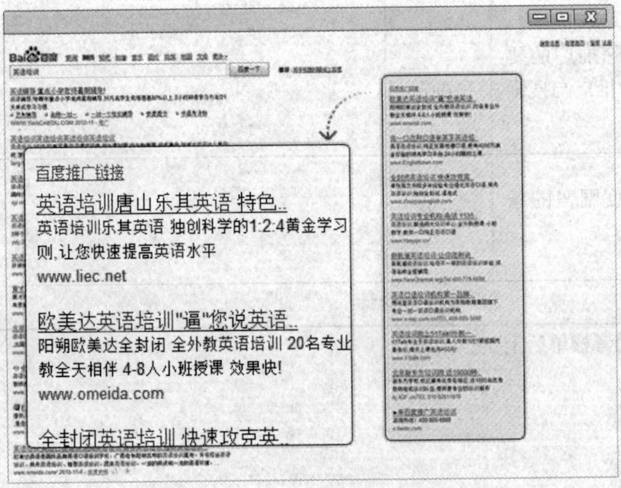

图 3-21　右侧关键词广告

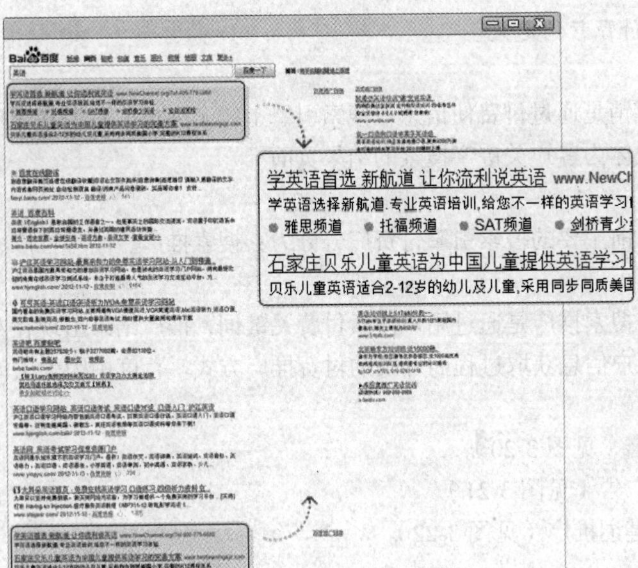

图 3-22　左侧底纹关键词推广

（2）品牌推广。

百度品牌推广，是在搜索结果首页最上方，为提升网民品牌搜索体验而整合文字、图片、视频等多种展现结果的付费推广方式，详情如图 3-23 所示。

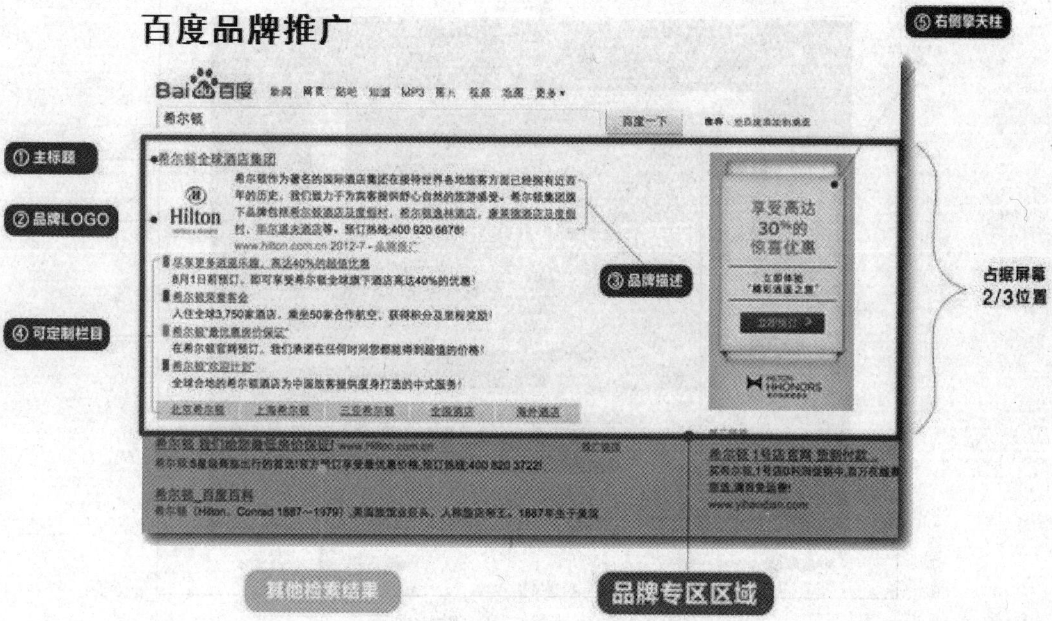

图 3-23　百度品牌推广展示形式

（3）网盟推广。百度网盟通过分析网民的自然属性（地域、性别）、长期兴趣爱好和短期特定行为（搜索和浏览行为），借助百度特有的受众定向技术帮助企业主锁定目标人群，当目标受众浏览百度联盟网站时，其以固定、贴片、悬浮等形式呈现企业的推广信息。

① 悬浮展示（见图 3-24）。

图 3-24　网盟推广——悬浮展示

② 贴片展示（见图 3-25）。

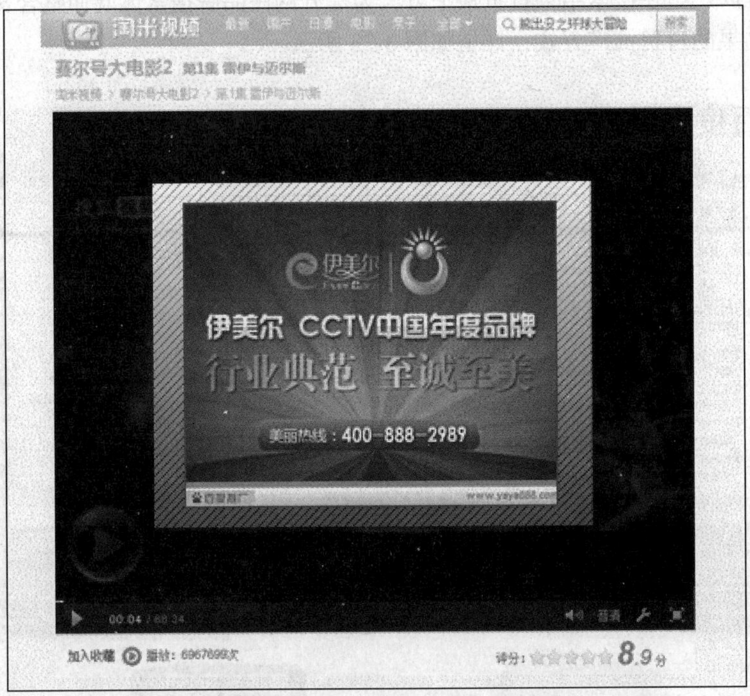

图 3-25 网盟推广——贴片展示

③ 固定展示（见图 3-26）。

图 3-26 网盟推广——固定展示

（二）搜索引擎付费营销影响因素及营销效果

1. 搜索营销效果转化漏洞

搜索营销效果转化漏洞，是指漏斗的 5 层对应了企业搜索营销的各个环节，反映了从展现、点击、访问、咨询，直到生成订单过程中的客户数量及流失。从最大的展现量到最小的订单量，这个一层层缩小的过程表示不断有客户因为各种原因离开，对企业失去兴趣或放弃购买，详情如

图 3-27 所示。

2. 搜索营销效果转化漏洞的影响因素（见表 3-2）

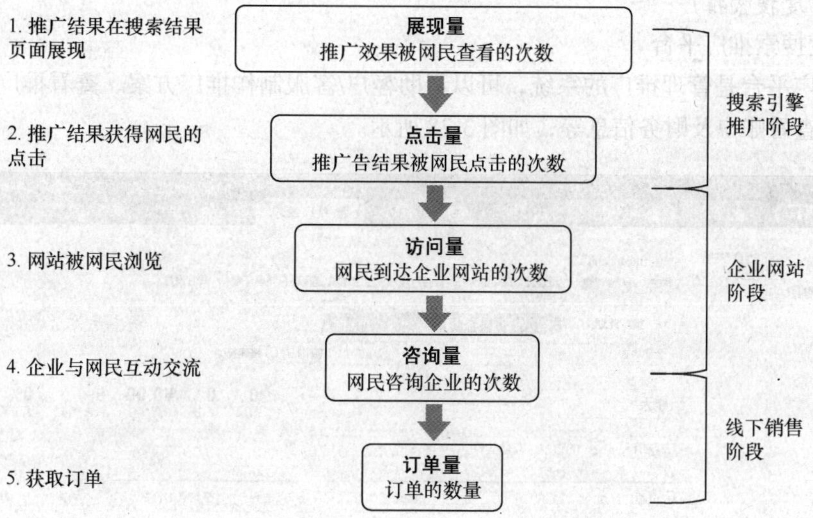

图 3-27　搜索营销效果转化漏洞营销过程

表 3-2　　搜索营销效果转化漏洞的影响因素及应对策略

三阶段	五环节	影响因素	如何加强
搜索引擎推广阶段	展现量	（1）关键词方面：关键词数量和质量、关键词检索量、关键词匹配方式、关键词排名 （2）账户方面：地域、预算、时长、账户结构	（1）多提词、提好词 （2）设置合理的匹配方式 （3）优化排名 （4）设置合理的账户结构 （5）地域、预算及时长设置合理
	点击量	（1）关键词方面：关键词排名 （2）账户方面：账户结构 （3）创意方面：创意质量	（1）优化排名 （2）设置合理账户结构 （3）有好创意
企业网站阶段	访问量	网站打开速度	提升网站访问速度
	咨询量	（1）网站质量 （2）网站内容相关性 （3）网站互动方便性	（1）导引：研究浏览者兴趣、行为和习惯 （2）解答：从顾客角度提供信息，解除疑问 （3）工具：有效利用丰富的网络营销工具
线下销售阶段	订单量	销售能力	（1）在线：确保在线咨询时间及反应速度 （2）专业：针对顾客问题提供专业解答

3. 搜索引擎付费推广效果

搜索引擎付费推广效果主要在搜索引擎推广带给企业网站的流量和网站的二次销售能力。企业网站流量可以通过百度统计、CNZZ 等流量统计工具来查看流量，主要可以查看点击量、页面浏览量、新访客数、访问页数、平均访问页数、平均访问时长、平均停留时长、转化次数等。网站的二次销售能力主要查看在线客服的咨询量、转化率及电话客服的接听量、转化率。

二、百度付费推广

（一）百度搜索推广

1. 百度搜索推广平台

搜索推广平台是管理推广的系统，可以帮助客户/客服制作推广方案、查看推广效果、修改/优化账户、查看账户及财务信息等，如图 3-28 所示。

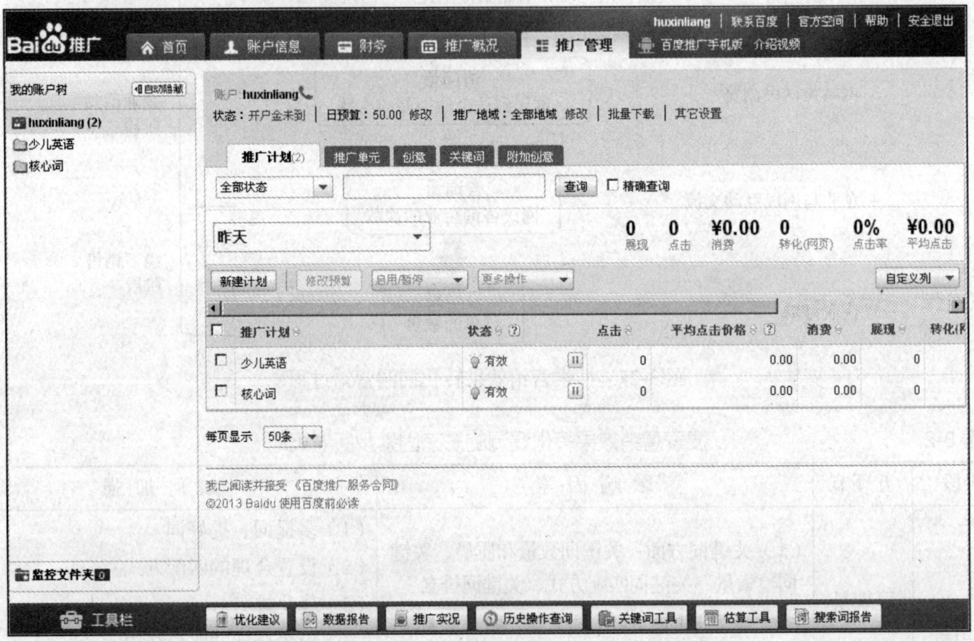

图 3-28　百度搜索推广平台

2. 登录百度搜索推广平台

（1）登录 http://www2.baidu.com，点击“搜索推广”。

（2）进入搜索推广平台后，可以根据需要制作推广方案、查看推广效果、优化账户、查看其他信息等。登录百度搜索推广平台的步骤如图 3-29 所示。

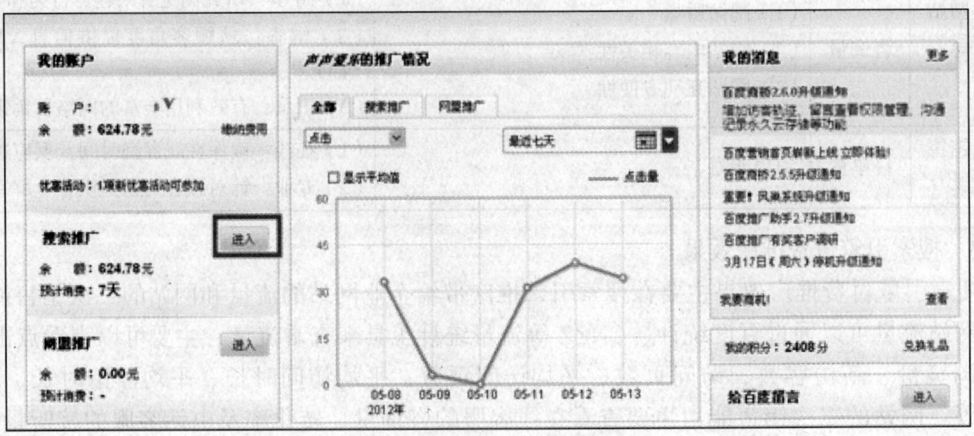

图 3-29　百度搜索推广平台的登录步骤（1）

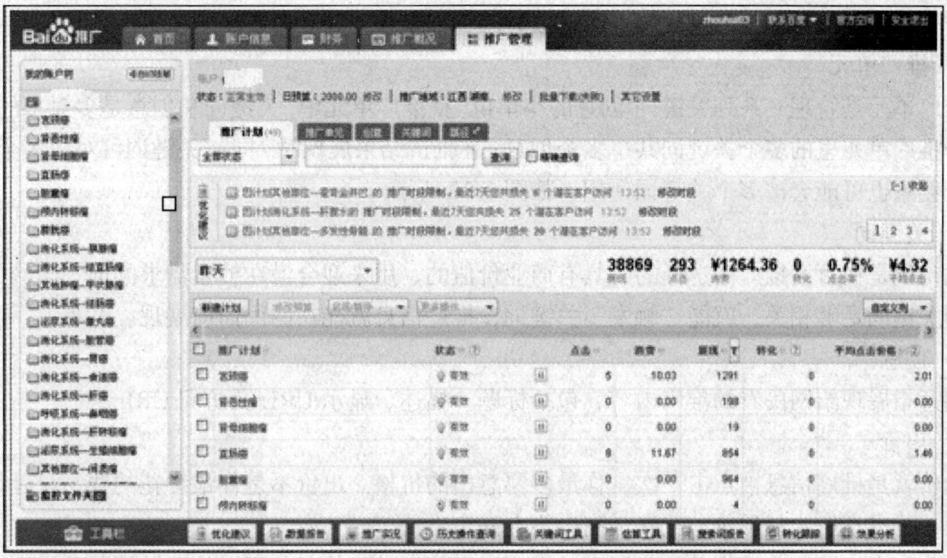

图 3-29　百度搜索推广平台的登录步骤（2）

3. 账户结构及状态

账户结构是企业在推广平台中对关键词、创意的分类管理。搜索推广的账户结构由账户、推广计划、推广单元和关键词及创意 4 个层级构成。同一个单元的关键词和创意是多对多的关系，如图 3-30 所示。

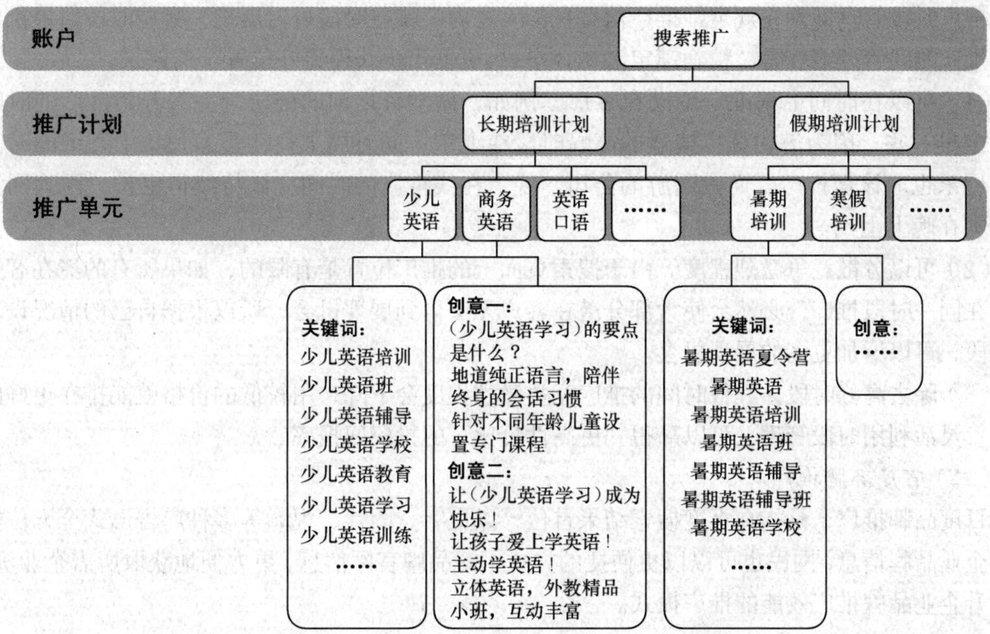

图 3-30　百度搜索推广账户、推广计划、推广单元、关键词及创意设计

账户状态即反映当前账户的推广状况，是否能正常推广，由账户状态决定；推广信息能否正常上线展现，由账户、推广计划、推广单元、关键词/创意等各层级的状态共同决定。

4. 推广计划

推广计划是指管理一系列关键词、创意的大单位。建立推广计划是设计账户结构的第一步。

每一个推广计划拥有单独的投放预算和投放时间，如果投放预算为零，则该推广计划失效。

5. 推广单元

推广单元是管理一系列关键词/创意的小单位。在推广单元中，关键词和创意是多对多的关系，即每个推广单元里的多个关键词共享多个创意；在推广结果展现时，同一关键词可对应多个创意，同一个创意也可能会被多个关键词使用，如图 3-30 所示。

6. 关键词

关键词是在百度推广中选择的、具有商业价值的、用来迎合潜在搜索需求的词。当网民的搜索词与关键词足够相关，就能“触发”关键词，推广信息就能在网民面前展现。

7. 创意

创意指展现给网民看的推广内容，包括标题、描述、显示 URL 及访问 URL。

8. 出价

出价就是推广信息被点击一次，你最多愿意出的价格。出价不是你最终花的钱，只是你的心理上限，可以理解为封顶价，花费最高也不会高出出价。

在账户中，可以为推广单元内所有关键词设定统一的出价，也可以为关键词单独设定出价。在两种出价同时设定的情况下，以关键词的出价优先。

实际点击价格=（下一名出价×下一名质量度）/关键词质量度+0.01

9. 地域及时间管理

推广地域，即选择推广投放的地域范围。只有当该地域的网民搜索时，才会出现推广结果。不同的推广计划可以面向不同的地域推广，从地理位置角度精准定位潜在客户。

推广时段管理即预先规定好推广信息在一天之内“哪些时段可以展现，哪些时段暂停推广”。设置推广时间管理能获得“精确锁定潜在客户+用更低出价获得更好位置”的效果。

（1）可以在时间上精准定位潜在客户。例如，做教育培训的公司，上午开始推广的时间可以设定早一些，因为潜在顾客搜索的高峰时段在上午；同时周末往往是家长集中咨询的时间，所以周末也应该做推广。而做网游的公司，晚上在线推广的时间应该持续得更长，因为网游玩家通常在晚上上网。

（2）可以分散竞争激烈程度。由于搜索页面上的推广位置是有限的，如果所有的潜在客户都集中在同一时段推广，必然会使大部分潜在客户无法得到展现机会，所以根据自己的情况设置推广时段，可以增加更多的展现机会。

（3）除去高峰时段，其他时间的推广竞争激烈程度会下降，用较低的价格就能排在更好的位置上。灵活利用时段管理，可以赢得“更高性价比”的投资回报率。

（二）百度品牌推广

百度品牌推广，是指在百度搜索结果首位，以文字、图片、视频等多种广告形式全方位推广展示企业品牌信息，网民也可以以更便捷的方式了解品牌官网信息，更方便地获取所需企业资讯，是提升企业品牌推广效能的推广模式。

1. 百度品牌推广分类

（1）PC 端百度品牌推广。

（2）无线端百度品牌推广。

2. 百度品牌推广营销效果（见图 3-31）

通过图 3-31 可看出有品牌专区的页面和无品牌专业的页面用户视觉停留的位置有较大差异。无品牌专区的 10 个搜索结果展示页面上，用户视觉主要停留在第 2、3、4、8、9 等几个搜索链接上；有品牌专区的搜索结果展示页面上，用户视觉重点停留在品牌推广专区的位置。

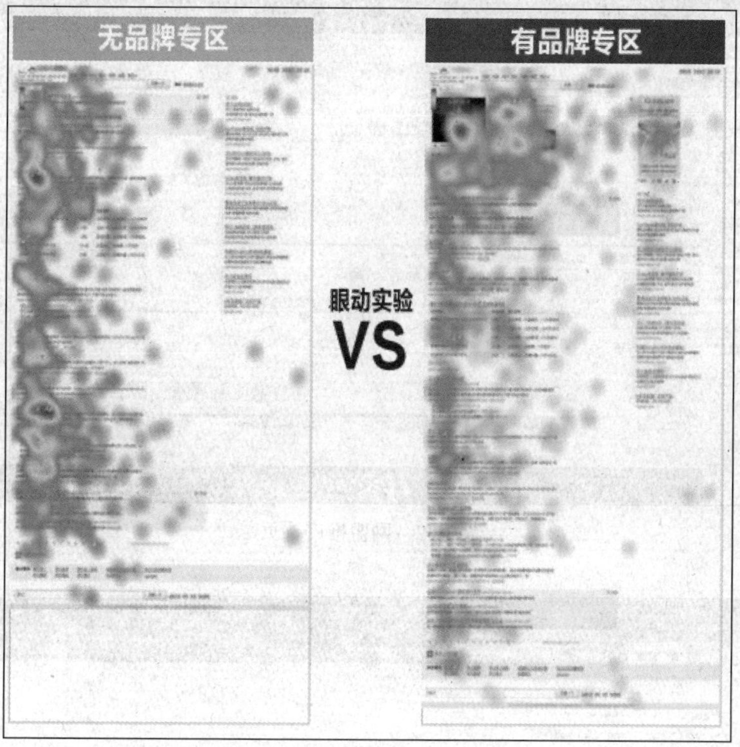

图 3-31 百度品牌推广视觉影响

3. 百度品牌推广购买方式

（1）价格规则。按月购买（CPT 方式），售价是结合样式以及所购买品牌词的数量和 PV 量具体报价，通用规则如下：PC 品牌专区月刊例价 10 万元/月起，无线品牌专区月刊例价 2 万/月起。

（2）投放地域。为全国展示，不分地域（省、直辖市）投放。

（3）投放时长。每次投放最短 1 个月，最长 12 个月。

（三）百度网盟推广

百度网盟是在网民搜索行为后和浏览行为中全面实施影响。当网民使用百度时，搜索推广将企业的推广信息展示在搜索结果页面，而当网民进入到互联网海量的网站时，网盟推广可以将企业的推广信息展现在网民浏览的网页上。

1. 网盟推广平台

百度网盟推广平台主要包括“网盟推广首页”“推广管理”“报告”“我的网盟”4 个模块。

（1）网盟推广首页：显示账户概况、账户分日报告等信息，帮助用户快速了解账户和推广的基本概况，如图 3-32 所示。

（2）推广管理：是网盟系统的核心模块，可进行投放设置、数据查看、推广优化操作。其中，投放设置主要通过新建流程完成，网盟系统的账户结构主要分为推广计划、推广组、创意，详细内容可参见“开始推广”。数据查看和推广优化可在推广计划、推广组、创意、投放网络等列表中完成，如图 3-33 所示。

（3）报告：目前主要提供定制报告功能，可定制每日标准化报告和各层级效果报告。

（4）我的网盟：主要包括账户信息、自动转账设置、提醒设置、账户优化设置等功能。

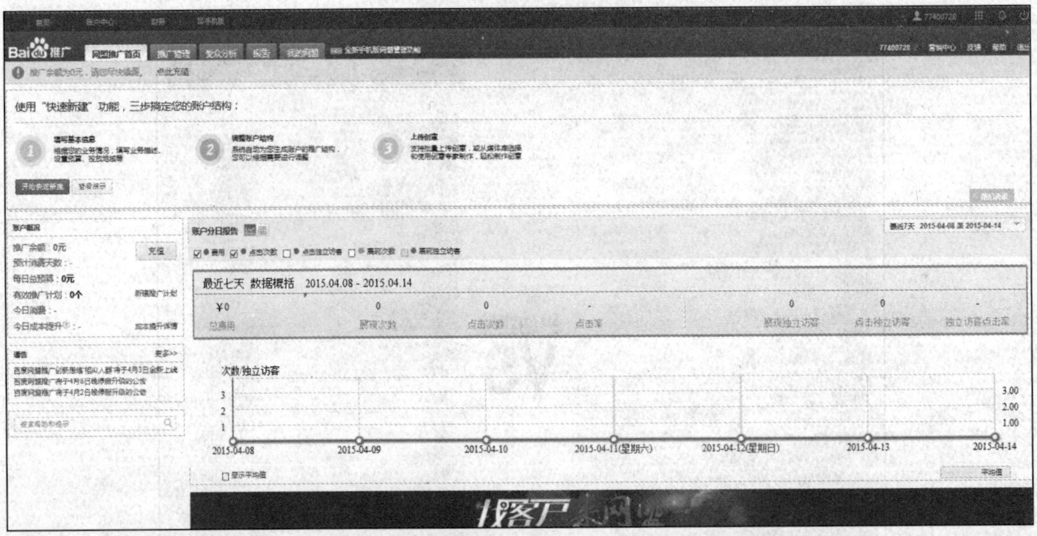

图 3-32 网盟推广首页

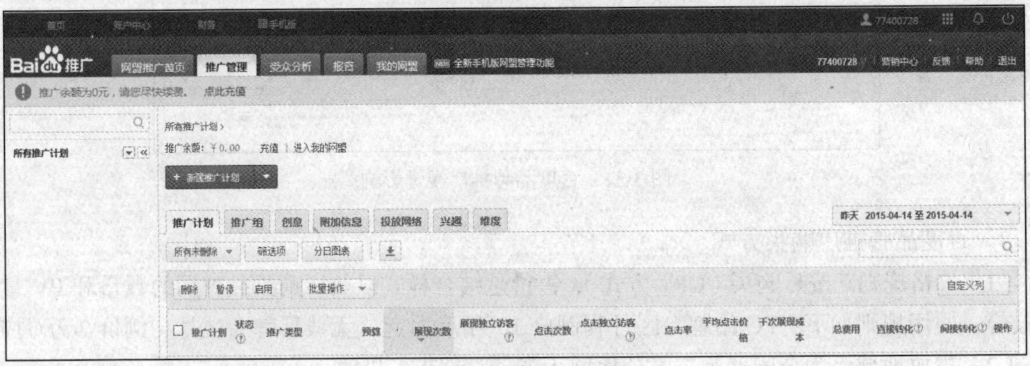

图 3-33 网盟推广管理

三、百度竞价排名流程

（一）关键词精准度

关键词选择是竞价排名的重心之一，而选择关键词最重要的原则就是要精准。竞价排名的精准关键词不仅要求有一定的搜索量，还要有转化率。即要满足这两个条件：搜索该词的人有明确的消费需求与能力；搜索该词的人容易被转化成为企业的用户。

选取竞价关键词的常见方法：产品、口语、别名、地域、品牌和英文关键词等。

（二）引导页

1. 引导页

将用户吸引到页面中，只是第一步，能不能让客户下单，还要看引导页是不是能打动用户。引导页就是用户搜索一个词后，单击进去所看到的页面（也叫落地页、着陆页）。一个成功的引导页，应该围绕用户行为及特点设计，至少应符合以下 5 个要求：

（1）根据目标用户群的特点与喜好进行设计；

（2）能够给用户足够的信任感；

（3）提供的内容是对用户有帮助的；

（4）能够解答用户心中潜在的问题；

（5）能够促进用户留下信息或与我们取得联系。

2. 提升转化率的引导页页面元素

（1）网站页面专业性。

（2）网站内容实用性与美观性。网站内容更新要及时，内容要符合基本的排版要求，如文章配图，需要进行简单处理。不要出现图片失真等情况。

（3）联系信息要详细。网站中的联系信息越详细越好，推荐使用固定电话，尤其是400或者800电话，这种电话用户比较信任。同时如果选择QQ作为与客户在线沟通的工具，QQ等级越高，越容易让用户信任。

（4）重点突出合法性。互联网上诚信是最大的壁垒。将企业营业执照、资质证明等各种证件在网站展示，将大大消除用户疑虑，提升企业的诚信度。

（5）背景介绍要突出。可以通过公司起源、领导介绍、媒体报道、荣誉证书、领导关怀、专家解答等形式，通过文字、图片、视频等，将上述元素展示和演绎。

（6）客户见证。通过文字、视频、图片等将客户充分展示。

（7）零风险策略。通过零风险策略打消用户疑虑，如淘宝中承诺七天包退、一个月包换等。

（8）客户答疑。设置用户常见问题解答栏目，将典型的问题、用户反映集中的问题列出来给出答案，特别将用户最担心的顾虑解答清楚。

（三）话术设计

用户开始咨询之后的话术引导对客户的转化率提升有很重要的作用。话术设计应注意：①对客户有耐心；②有礼貌；③提升客服的专业知识，用专业打动客户；④不能忽悠客户。

（四）搜集用户线索与跟进

除了转化后的用户，网站还应该搜集未转化、但有意向的潜在用户线索，通过页面引导让用户留下联系方式等资料，通过免费送资料、有奖调查、活动、网站注册等形式让用户留下手机、QQ号等。之后企业可以通过电子邮件、促销活动等手段促进转化。

（五）数据监测与优化

竞价排名中需要对关键词的点击数、总消费数、注册数、单笔订单额、订单数、订单转化率、注册CPA、ROI等数据进行监测。引导页中除了常规的流量监测外，还需要对咨询量和转化率进行监测。

四、百度付费营销效果监测

百度付费营销效果可以通过百度统计来跟踪和监测。

企业可以查看百度推广给网站带来的流量及转化情况，及时了解百度各类推广方式的效果以及这些效果是否达到了企业预期的业务目标，从而帮助企业更有针对性地改善百度推广方案。

首先选择希望查看的时间段，然后最多选择3个希望查看的指标，页面中部的柱状图上就会以不同颜色显示出不同推广计划给企业带来的流量。页面下方的表格是所有指标在此段时间的数据，通过点击进入推广计划，可以看到其中推广单元的流量情况，再点击进入推广单元，可看到各关键词的流量。

一般来说，如果来访者对于网页提供的信息感兴趣，他们就停留更长的时间，看更多的网页，这就会使追踪数据里的“平均访问时长”和“平均访问页数”上升。如果“平均访问时长”就几秒钟，“跳出率”高达百分之九十几，这说明来访者在网页看不到他们想看的内容。

任务实训

百度付费推广设计创意

1. 实训目的

本次实训的目的是使学生掌握百度付费推广的集中形式及方案设计。

2. 实训内容

（1）百度搜索推广创意设计：根据所在学校情况设计竞价排名推广方案。

① 注册百度推广账号，设计推广计划、推广单元、关键词及创意。

② 设计引导页。

（2）百度品牌推广创意设计：根据所在学校情况设计品牌推广方案。

根据百度品牌推广所需素材及模板设计百度品牌推广创意方案。

3. 实训成果要求

完成百度搜索推广创意设计方案与百度品牌推广创意方案。

项目小结

本项目包括搜索引擎营销认知、搜索引擎优化和搜索引擎付费营销 3 个任务。

搜索引擎认知中包括搜索引擎工作原理、搜索引擎营销原理、搜索引擎营销的内容、层次和基本内容。

搜索引擎优化主要包括搜索引擎优化定义、搜索引擎优化网站的基本特征、搜索引擎优化的内容及搜索引擎优化的效果监测与评估。

搜索引擎付费营销中包括搜索引付费营销基础、百度付费推广、百度竞价排名流程及百度付费营销效果监测。

项目重点：搜索引擎营销的内容及层次、搜索引擎优化的内容及效果监测、竞价排名营销。

项目难点：搜索引擎工作原理、搜索引擎优化的内容及竞价排名营销。

思考与练习

一、不定项选择题

1. 竞价排名与搜索引擎收费登录的相似之处在于（　　）。

A. 都是按照排名的时间长短收费

B. 都是按照客户网站带来的实际访问量收费

C. 都是借助搜索引擎这个平台来进行推广

D. 都不是按照排名的时间长短收费

2. 竞价排名相比搜索引擎收费登录，其不同之处在于（　　）。

A. 按照排名的时间长短收费　　B. 按照客户网站带来的实际访问量收费

C. 借助搜索引擎这个平台来进行推广　　D. 不是按照客户网站带来的实际访问量收费

3. 竞价排名的服务模式是（　　）。

A. 按照为客户带来的访问量付费

B. 联合众多知名网站，共同提供服务

C. 限制用户注册的产品关键字数量

D. 让用户注册属于自己的产品关键字

4. 从国内外主要搜索引擎的收费方式来看，百度的竞价排名是（　　）方式。

A. 收费登录　　B. 主动出击型

C. 购买关键词广告　　D. 守株待兔型

5. 与目录索引相比，全文搜索引擎的不同之处在于（　　）。

A. 用户拥有更多的自主权　　B. 手工操作

C. 对网站要求很高　　D. 必须将网站放在一个最合适的目录

二、简答题

1. 搜索引擎按其工作方式可分为哪几类？
2. 搜索引擎的营销的原理是什么？搜索引擎营销的内容和层次有哪些？
3. 搜索引擎营销的方法有哪些？
4. 什么是搜索引擎优化？搜索引擎优化要考虑哪些方面？

项目四 社会化媒体营销

项目简介

"社交"指社会上人与人的交际往来，是人们运用一定的方式传递信息、交流思想，以达到某种目的的社会活动。互联网诞生后，人们的部分社交活动从线下转移到了线上，针对人们的社交需求而推出的互联网应用也较多，主要包括社交网站、微博、微信、百科、问答、博客、论坛等。社会化媒体营销的主要特点是：网站内容大多由用户自愿提供（UGC），而用户与站点不存在直接的雇佣关系。

当社交网络出现后，传统口碑传播速度慢、范围窄、受制于地理和时空的瓶颈被彻底打破。与此同时，口碑传播通过互联网和社交网络的放大，其传播精准、可靠、转化率高等原始属性得到了释放。

本项目主要由微营销、即时通信营销、问答营销和百科营销 4 个任务组成。其他相关内容如博客营销、论坛营销等内容读者可自行参考课外读物进行学习。通过本项目学习，使学生对社会化媒体营销产生兴趣，从而掌握社会化媒体营销的方法和技巧。

项目目标

知识目标：了解微博营销的作用、微信营销的基础、即时通信营销的特点、问答营销的特点、百科营销的作用及优势，掌握微博营销、微信营销、即时通信营销、问答营销和百科营销的方法和技巧，熟悉当前主流社交类应用。

技能目标：能够设计社会化媒体整合营销方案，能够对社会媒体营销的效果进行监测和评估。

素质目标：形成通过社会化媒体传播品牌和信息的意识和能力，提升网络文案写作能力，并积累相应的网络资源。

引导案例

➢ **项目引导案例：秋叶的社会化媒体营销之道**

"早，早，早，早啊……"每天早上 6～8 点都会有近 200 人在"和秋叶一起学 PPT" QQ 群中准时"打卡"。这是一个 1 000 人规模的 QQ 群，在这个世界最安静的时候它却最为热闹。

这是一个"客服群"，加入 QQ 群的都是秋叶在网易云课堂上《和秋叶一起学 PPT》课程的付费学员，QQ 群的功能在于给学员提供在线答疑服务。

秋叶原名张志，是武汉工程大学的副教授，“幻方秋叶 PPT”微信公众平台运营人、新浪著名微博红人@秋叶。他出版过《说服力：让你的 PPT 会说话》《和秋叶一起学 PPT》等 PPT 专业领域书籍，以及《微博控，控微博》《微信控，控微信》等社交网络应用书籍。他目前有微博粉丝 24 万，微信订阅号粉丝超过 40 万，2013 年开通网易云课堂，99 元网课《和秋叶一起学 PPT》，截至 2015 年 12 月，现已有 20000 人报名。

过去的几年里，秋叶从微博到微信，从纸质书到电子书，从网盘到网易云课堂，他用众包思路自建并打通网络营销全链条，在大平台上搭建起一个自创造、自组织、自循环、自盈利的小平台。

目前秋叶已有的营销渠道：微博（@秋叶）、微信（幻方秋叶 PPT）、QQ 群、网盘电子书、网络课程（网易云课程：和秋叶一起学 PPT）、出书（PPT 系列的图书“和秋叶一起学习 PPT 系列”）、演讲等。他采用的社会化媒体营销的方法包括微博、微信粉丝互动，职业技能细分领域，持续原创内容，建立社群（千人 QQ 群）。与此同时辅以线下的演讲、采访和出书等，提高曝光度。目前已整合网络资源（古典，萧秋水，琢磨先生），成立武汉幻方科技有限公司。

1. 秋叶微博

秋叶通过微博建立秋叶个人网络品牌，围绕 PPT、职场技能等，分享干货、互动交流，实现品牌传播，建立实体书销售、网络在线课程等盈利模式。

2. 建立微信公众账号

（1）账号定位。2013 年 2 月 1 日，“秋叶 PPT”（现改名为“幻方秋叶 PPT”）正式开通运营，平台定位于三分钟教程、实现碎片化学习，每个教程只分享一个 PPT 制作的单点技巧，拆解和呈现操作步骤，即学即会。

（2）打通微博和微信，捕获种子用户。秋叶在 2013 年寒假制作了 30 个“读书笔记 PPT”（读完一本经典书籍后，用 PPT 将其核心观点与逻辑进行最佳呈现）。2014 年年初每天在微博上发布一个“读书笔记 PPT”，通过内容价值赢得转发量，同时最大程度覆盖那些对高手设计的 PPT 模板感兴趣的人群。关注“秋叶 PPT”微信公众账号，并回复关键词，就能获得网盘链接，进而下载 PPT 模板。在平台没有发布任何内容的情况下，其 1 个月内吸引了超过 5 000 位粉丝。

3. 切入在线教育，打造盈利出口

通过微博、微信和 QQ 群几乎完整地在线实现了这个链条：

- 教材——《和秋叶一起学 PPT》；
- 同伴环境——学员 QQ 群；
- 课程讲解——网易云课堂《和秋叶一起学 PPT》；
- 答疑——学员 QQ 群小窗答疑；
- 作业批改——微博晒作业@秋叶；
- 测试考核——定期举办一页纸 PPT 大赛；
- 教学实践——读书笔记 PPT。

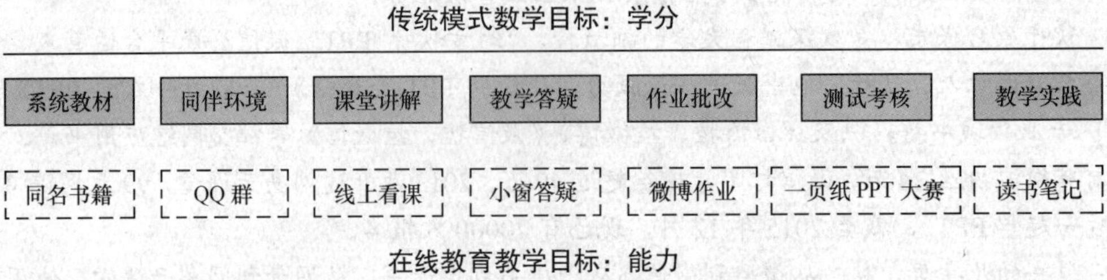

秋叶将网易云课堂的课程嵌入原有闭环：让网易云课堂的学员提交作业到微博@秋叶，由他进行转发点评；网易云课堂的优秀学员每周四在“秋叶 PPT”上展示学习前后制作的 PPT 对比，分享学习心得；联系出版社给云课堂的优秀学员免费寄送书籍，让他们做“读书笔记 PPT”，内容统一在微博上由@读书笔记 PPT 发布，并告知大家到百度云“读书笔记 PPT”账号下载 PPT 模板。目前“读书笔记 PPT”在百度云拥有超过 5 万粉丝，累计下载超过 8 万次，“读书笔记 PPT”微博活跃粉丝超过一万人。秋叶说：“这些都是传播。”

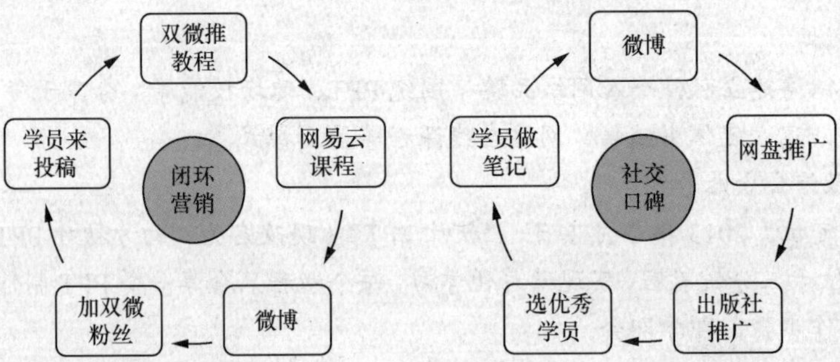

秋叶在纸质图书中也与微博、微信建立连接和互动：除了在 4 本 PPT 专业书籍上直接做了两页网易云课堂《和秋叶一起学 PPT》课程的硬广告，同时在书中常常提示读者哪些资料已经整理好放在微信，关注微信回复关键词下载，可以学更多免费教程。

我们从“秋叶 PPT”微信公众账号来梳理整个运营思路。

- **差异定位，整合运营**。从一开始就用“交作业”的形式连接微博与微信两大社交媒体平台，并根据平台特质进行差异化定位，再以整合思维串联运作。
- **平台思维，众包经营**。从线上平台到线下书籍，从服务到营销，核心思路始终是由优质内容产生优质关系，再由优质关系创造优质内容，自创造，自组织，自循环，自盈利。
- **多力量沉淀，单盈利出口**。微信、微博、书籍、网盘、电子书、口碑、问答、博客……所有人气与力量全部导入至网易云课堂《和秋叶一起学 PPT》在线课程，这在盈利模式早期运营中至关重要，找准一个富有想象空间的盈利出口并全力以赴。

思考：

1. 案例中提到了哪些社会化营销工具？你常使用哪几个？
2. 秋叶的网易云课堂能够快速引来流量，主要的原因是什么？
3. 社会化媒体营销的核心是什么？
4. 如何让用户主动参与社会化媒体营销？

任务一 微 营 销

任务引入

活动分析单 4-1

学习情境	小李家中的特产已经快到成熟季节，但是销售渠道还未找到，小李为此很着急。小李看过秋叶的微博和微信营销之后，希望通过微博和微信等工具营销家乡特产。小李想要实现自己的目标，到底是选择在微博还是微信？怎么开展特产微博或微信营销呢
环境需求	（1）互联网接入。 （2）计算机（每人一台）、智能手机（每人一部）。 （3）学习任务考核单（也可到教学资源包下载电子版）。 （4）将班级分为若干讨论组，每组设组长一名。
活动描述	主题：微营销初识。 目的：通过任务练习了解微博与微信各自的特点，掌握个人微博营销基础，了解企业微博和微信营销的基本内容。 步骤： 寻找知名网络自媒体人：龚文祥、秋叶、鬼脚七的 2014、陕西魏延安等人。 （1）你在网络上可以找到他们的微博、微信、微信公众账号吗？除了这几个，你还能找到他们在网络上的其他社交媒体账号吗？ （2）查看他们微博的主要作用是什么？他们的微博基本设置是什么？他们在微博上经常和哪些人互动？发送哪些微博博文类型？每天发送的频率和时机是什么？ （3）能否找到他们的个人微信？个人微信的主要功能是什么？个人微信设置是什么？个人微信定位是什么？ （4）微信公众平台是什么？有什么作用？有什么类型？ （5）上述提到的人中哪些人有微信公众平台？类型是什么？微信公众平台的基本设置和定位是什么？ （6）了解注册公众平台的流程及所需资料，注册一个个人微信公众账号。
活动拓展	（1）如果是企业微博营销，企业可以建立哪些微博账号？ （2）企业可以通过微博做什么？ （3）企业该如何选择微信公众平台的类型？ （4）企业的微信公众平台如何定位？ （5）申请一个个人微信公众账号，在微信公众平台上做一份个人简历并进行传播。

活动考核单 4-1

班级： 姓名： 学号： 编号：4-1

序号	考核内容	分值	总结与归纳	成绩
（1）	列出你所找到的上述网络自媒体人的社交媒体账号	10 分		

续表

序号	考核内容	分值	总结与归纳	成绩
（2）	总结个人微博的作用、定位及营销技巧	30分		
（3）	列出上述网络自媒体人的微信公众平台	10分		
（4）	总结微信公众平台的作用、类型和微信公众平台的定位	30分		
（5）	注册自己的微信公众账号，并设置自动回复等内容	20分		
合计				

* 请学生填写完学习活动考核单后上交。

知识指南

一、微博营销

（一）微博营销定义

微博即微博客（MicroBlog）的简称，是一个基于用户关系的信息分享、传播以及获取平台，用户可以通过Web、Wap以及各种客户端组建个人社区，以140字左右的文字更新信息，并实现即时分享。最早也是最著名的微博是美国的Twitter。根据相关公开数据，截至2010年1月，该产品在全球已经拥有7 500万注册用户。2009年8月中国最大的门户网站新浪网推出“新浪微博”内测版，成为门户网站中第一家提供微博服务的网站，微博正式进入中文上网主流人群视野。2012年10月，有报告显示，截至2011年12月，我国微博用户总数达到2.498亿人，成为世界第一大国。

1. 微博定义

国内知名新媒体领域研究学者陈永东在国内率先给出了微博的定义：微博是一种通过关注机制分享简短实时信息的广播式的社交网络平台。其有以下5个显著特点：

① 关注机制：可单向可双向两种；

② 简短内容：通常为140字；

③ 实时信息：最新实时信息；

④ 广播式：公开的信息，谁都可以浏览；

⑤ 社交网络平台：把微博归为社交网络。

微博可以分为个人微博和企业微博两种。企业微博具备了企业官方的特性，具有实现信息发布，与消费者建立情感，前沿客服，危机公关、预警、快速公关等功能。

2. 微博营销

微博营销是指通过微博平台为商家、个人等创造价值而执行的一种营销方式。该营销方式注重价值的传递、内容的互动、系统的布局、准确的定位，微博的火热发展也使得其营销效果尤为显著。微博营销涉及的范围包括认证、有效粉丝、话题、名博、开放平台、整体运营等。当然，微博营销也有其缺点：有效粉丝数不足、微博内容更新过快等。自 2012 年 12 月后，新浪微博推出企业服务商平台，为企业在微博上进行营销提供一定帮助。

扫一扫——微博作为社交网络平台之一，对企业营销有何作用呢？

微博发挥了“碎片时间资源集合”的价值，用户可以利用电脑、手机等多种终端便捷地获取微博信息。正是因为碎片化信息以及碎片化时间，使得用户通常不会立即做出某种购买决策或者其他转化行为，因此硬性推广手段只能适得其反。

小练习：传统企业微博营销思考

假设小 A 是一个大型矿山机械制造企业的网络营销人员，企业看到微博营销的作用后，想建立一个企业微博，并把建立和维护微博的任务交给了小 A。

小 A 发现微博上大多数人都不是企业的目标受众群体，在这样的情况下，小 A 该怎样传播消息给潜在目标受众呢？如何通过企业微博，让不是目标受众群的人记住企业品牌呢？

（二）企业微博营销运营

1. 企业微博营销定位

对于企业来说，要明确通过微博你想做什么，达到什么效果，也即微博的功能定位。这一定位的确定限制了微博企业的发布内容，也就是说微博的内容应该是功能定位决定。以凡客的官方微博运营为例，凡客应有两个官方微博账号：一个承担媒体的功能，公司有重大新闻公布，都会第一时间在这里发布，措辞风格相对中规中矩；另一个账号是凡客粉丝团，是一个互动平台，主要是组织各种有意思的活动，如盖楼、打折促销、新品上市等，与粉丝互动，维系品牌忠诚度，提升产品销量。在语言上，粉丝团更加拟人化，以朋友的身份与粉丝沟通。这种划分主要的原因在于：第一个账号的受众主要是本行业的媒体、竞争对手以及投资者，而第二个账号的受众则是消费者。这样就不会因为两个不同的定位，不断切换身份。

例如，星巴克官方微博的形象定位是一个有点小资、有亲和力、懂得生活的服务员。星巴克的微博思路是塑造亲和力，营造轻松融洽氛围，让粉丝感觉自己正在一家咖啡馆里和服务员闲聊。一旦客户清晰，这样的氛围和形象将深入人心，效果也会很好。如图 4-1 所示星巴克官方微博博文。

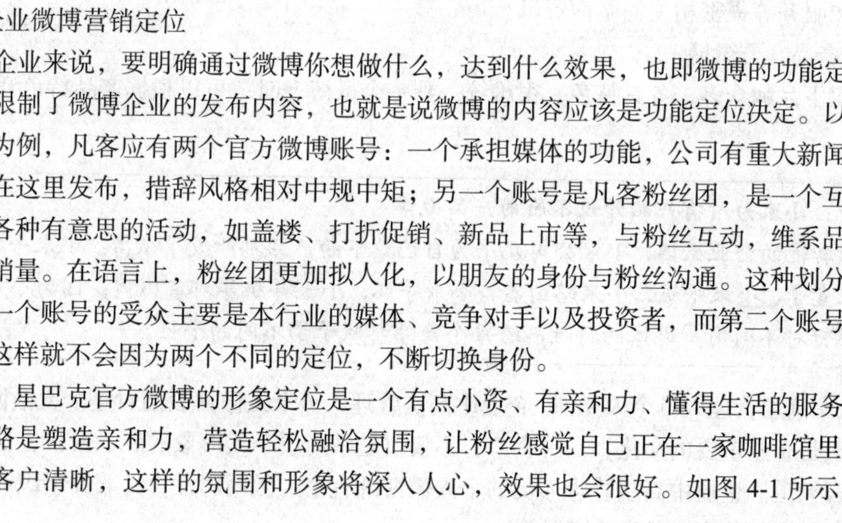

图 4-1　星巴克官方微博博文

小练习：生硬的工业品、机械、五金、化工等企业如何来定位企业的微博形象？

我们可以看到许多企业不知该如何为官方微博定位，导致的结果是微博文字干巴巴，毫无生气而言，如以下一家轴承公司的微博所示。

> 金峰轴承北京市场部已于2011年8月18日正式成立，北京市场部的工作任务是创建轴承企业文化论坛、进行企业品牌策划和推广、开展战略公关活动等，北京市场部的目标是：扎实工作，努力奋斗，力争在3-5年时间内促成金峰企业上市。
>
> 2011-8-29 09:14 来自 新浪微博　　转发(6) | 收藏 | 评论(3)
>
> 公司主要生产调心滚子轴承、圆柱滚子轴承、圆锥滚子轴承、深沟球轴承、推力球轴承、角接触球轴承、推力圆柱滚子轴承、推力调心滚子轴承等。轴承（以内径计）的尺寸范围是Ø100mm~1500mm。精度分为P0、P6、P5。轴承的品牌是WBJF。产品广泛应用于冶金、矿山、石油、化工、机械、造纸、水泥等领域。
>
> 2011-8-29 09:06 来自 新浪微博　　转发 | 收藏 | 评论

请思考在这种情况下企业的官方微博该如何定位？

2. 企业微博营销架构

（1）企业微博成员的身份认定。

① 企业官方微博。企业官方微博是以企业在工商行政管理部门核准注册的字号为昵称关键词而建立的微博账号。它主要以企业名义向社会公众、消费者传递与企业的思想文化、经营理念、品牌、产品和服务等紧密相关的微博资讯。

② 企业产品官方微博。

当企业旗下品牌众多，各具特色，很难统一到一个微博上时，可以根据产品特色开设企业产品官方微博。

小资料：小米为所有产品开设不同的产品微博

不同于其他的企业微博，小米公司几乎为自己旗下的产品都开设了微博。小米手机、小米电视、小米盒子、小米平板、小米路由器、小米手环、小米耳机等都有微博。因为小米公司根据不同产品针对不同用户群体的特性，给每个产品都赋予了不同的个性。

③ 企业中高层管理人员个人微博。企业中高层管理人员个人微博表面看是个人微博、名人微博，但实质上是企业重要的文化和品牌资产，不仅仅是中高层个人形象的展示窗口，更是企业整体形象的代言频道。企业中高层管理人员的个人微博既有个人微博属性，又兼具组织或官方微博属性。图 4-2 即为奇虎 360 高管微博汇总。

图 4-2 奇虎 360 高管微博汇总

④ 员工微博。企业员工微博主要依靠员工的意愿，可以发布工作中的烦恼和生活中的所见所闻，并为用户互动创造条件，这样大量的员工微博形成了“众星拱卫”之势，在很大程度上弥补了官方微博

的不足。如东方航空公司的员工微博营销，成功地将企业与个性化趣味结合在一起，推出了以凌燕为名称内容的个人微博，其集中呈现的是东航空姐形象，而隐藏在背后的则是东方航空的企业整体形象。

小资料：东航凌燕是一群空姐

东航凌燕召集了最能代表航空公司形象的空姐们，每位空姐都姓名确凿，前面加上“凌燕”二字。微博的主要内容多是空姐们在世界各地拍摄的风景照片，或平时旅客们看不到的飞机驾驶舱等。整体风格朴实有亲和力，符合大多数人对于航空服务业的理解和定位，让人觉得“我是在和空姐对话，而不是公司”。东航的形象立刻变得更加鲜活起来。

（2）企业微博矩阵营销。微博矩阵是指在一个大的企业品牌之下，开设多个不同功能定位的微博，与各个层次的网友进行沟通，达到360度塑造企业品牌的目的。

微博矩阵是指企业通过品牌微博和客户微博，与员工微博、产品微博、粉丝微博和活动微博，形成“4+2”模式下的矩阵分布。

企业开展微博矩阵营销可以根据企业规模、品牌及营销人员等架构。例如，大企业微博营销架构模式：企业官方微博、企业产品官方微博、企业中高层管理人员个人微博及若干企业员工微博（视员工意愿而定）；中小企业微博营销架构模式：企业官方微博、中高层管理人员个人微博及若干企业员工微博（视员工意愿而定）。

（3）账号认证。账号认证即实名加V，这是微博针对企业微博账号、企业中高层管理人员微博账号、行业内有影响力人物的账号及员工微博账号，要先获得新浪认证。获得认证的好处是：形成较权威的良好形象，微博信息可被外部搜索引擎收录，更易于传播，也容易进入推荐微博名单，获得大量的粉丝，快速提高影响力和传播力；同时也可以预防假冒伪劣，尤其对于认证的企业，发布的产品或活动信息有了公信力，用户也敢于和乐于参与。

3. 企业微博内容营销

在运营微博营销时撰写高质量的微博内容要注意以下几点。

（1）图文结合。微博的内容信息尽量多样化，最好每篇文字都带有图片、视频等多媒体信息，这样具有较好的浏览体验；微博内容尽量包含合适的话题或标签，以利于微博搜索。发布的内容要有实用价值。

（2）长微博营销。长微博是通过图片发布文字信息的一种形式，最主要的作用是突破140字限制，但后来通过附带相应文字版本的链接演变为博客和长文章的入口。

（3）发布时机。企业官方微博每天发布条数为5～10条，可以合理利用发布者和用户的空闲时间，如上班之前、午休时间、下班之后及晚上休息之前这几个时段。

（4）内容策划。微博营销中，内容是非常重要的。只有内容吸引了用户，才能带来更多的转发和评论，最终影响微博营销的效果。微博内容要吸引人，在找准用户的基础上，“有用的内容/有趣的内容”

更容易让用户参与其中。“有用的内容”可以从与用户关联或与用户专业性角度策划；“有趣的内容”可以从趣味、幽默和易懂等角度策划。在内容策划方面也可紧跟热点话题，参与讨论，吸引粉丝和转发。

4. 企业微博的互动

（1）互动交流创造营销机会。很多企业微博上有大量的“僵尸粉”，也有大量的“僵尸博”。“僵尸粉”就是没有几条微博发布，也基本不对别人的微博做任何转发和回复，这样的微博没有任何影响力和生气。“僵尸博”则存在于名人和企业微博之上，几乎不关注任何人，形成一种完全单向的交流通道，完全没有发挥微博的推广作用，使微博成为通告器，这样的微博无人理睬，也激发不了用户的热情。

微博的价值在于粉丝圈子的存在，以及活跃粉丝的互动。为了形成良好的互动交流，企业微博应关注更多的用户，并积极参与回复讨论，将弱关系转化为强关系，在回复和转发中创造营销机会。

（2）微博的搜索功能实现精准互动营销。通过微博搜索功能，每天及时在微博上的搜索框中检索与企业相关的关键词，与微博用户互动起来，实现精准互动营销。如图 4-3 内联升微博精准营销所示，通过微博精准营销内联升的微博转发率达到 89%。

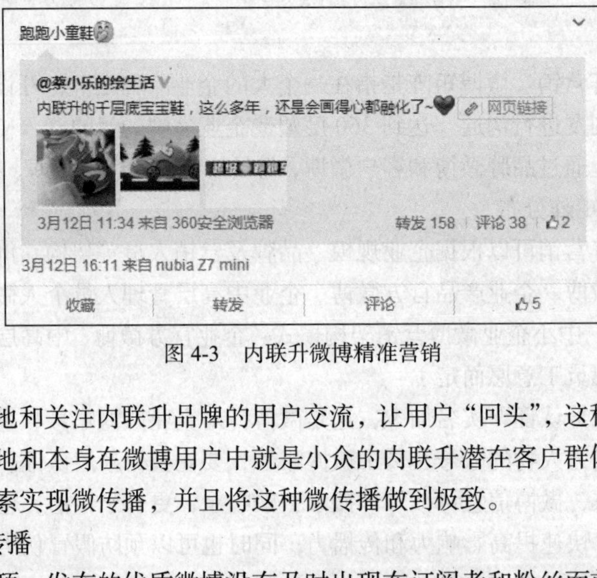

图 4-3　内联升微博精准营销

内联升专心致志地和关注内联升品牌的用户交流，让用户“回头”，这种策略构成了内联升微博营销的核心，有效地和本身在微博用户中就是小众的内联升潜在客户群体建立了极有针对性的精准营销，通过微搜索实现微传播，并且将这种微传播做到极致。

5. 企业微博的传播

（1）优质内容置顶。发布的优质微博没有及时出现在订阅者和粉丝面前，可以通过其他的微博账号每隔一小时转发或者评论一次，微博就会重新出现在前列，会有更多的曝光机会。

（2）巧用@和私信。

① @。@是告知粉丝，能够在打开微博的第一时间，被提示有微博@了他，无论这条微博发布了多久。

@的使用技巧如下。

- 选择@互粉的听众，这样回复率会提高。如果没有关注，尽可能不要@他。
- 选择@平时经常转发微博的朋友，可以进一步提高转发率。
- @粉丝中被关注人数最多的几位，因为这些粉丝的转发，能够获得更大范围的辐射。
- 对于多次@没有任何转发的粉丝，从@名单中去掉。

② 私信。私信只能由关注的人发给粉丝，并且只能发件人和收件人看到，通过私信可以做点对点精准营销。

在以下两种情况下，私信比@更加有效，详情如下。

• 请人转发。

• 扩展功能。通过私信收集用户信息，寄送一些免费产品或私下交流感情，可以实现精准营销。

扫一扫——对于刚刚接触微博的运营者来说，有哪些误区需要避免呢？

6. 微博营销的其他技巧

微博是一个需要长期耕耘和积累的阵地，唯有用心才能让用户留下来。

（1）学习别的企业的做法。优衣库曾经在互动上有好的做法。一次优衣库在 Twitter 上陈列了 10 件衣服，规定“越多评论、价格越低”。如果有用户进入评论系统，网站就会告诉用户目前这件衣服有多少条评论，售价已经下降多少，距离最低价格还差多少评论。每写一段评论，系统都会提示“在你的努力下，价格又下降了。”

（2）每日坚持更新。每天坚持发布原创微博比较合适，如果很难有新鲜事情发布，也可以注意平时积累行业动态及趋势，分享一些对用户有价值的信息。

（3）主动互粉核心用户。企业微博要多关注经常转发自己微博的人，转发在五次以上，又积极参与讨论的就是企业的核心粉丝。这些核心粉丝的关注会让客户有荣誉感，为口碑营销奠定基础。

（4）随时做好微博营销。微博的引爆点几乎是随时的，很多来自网民的主动创意，出现的时间可能在下班之后。这就要求营销人员随时搜索，把和网民的沟通作为工作，及时做好与企业话题相关的回复。

（三）微博营销效果监控

微博营销可以通过微博进行分析。具体的分析数据可以统计关注数、粉丝数、微博数、微博的转发量、评论量和收藏量等数据。

但因为有些企业的目标客户网民较少，如果用转发量、评论量等来统计营销效果也不太恰当，如内联升等品牌，可以通过与精准客户互动营销来统计营销的效果。

二、微信营销

（一）微信营销认知

1. 微信基础知识

（1）微信。微信（WeChat） 是腾讯公司于 2011 年 1 月 21 日推出的一个为智能终端提供即时通信服务的免费应用程序。

（2）微信网页版。微信网页版是微信首次进入 PC 端领域，微信手机版和网页版打通之后，就可以直接在网页浏览器里收发信息，甚至是在 PC 端和手机端之间传输文件、图片。

（3）微信公众平台。企业利用微信公众平台（微信公众账号）进行自媒体活动，如商家通过申请公众微信服务号通过二次开发展示商家微官网、微会员、微推送、微支付、微活动、微报名、微分享、微名片等，已经形成了一种主流的线上线下微信互动营销方式。

当前的微信公众平台主要分为服务号、订阅号、企业号 3 种。

订阅号：主要偏重于为用户传达资讯（类似报纸杂志），认证前后都是每天只可以群发一条消息。

服务号：主要偏重于服务交互（类似银行、114，提供服务查询），认证前后都是每个月可群发 4 条消息。

企业号：主要用于公司内部通信使用，需要先有成员的通信信息验证才可以关注成功企业号。

企业在选择订阅号和服务号最需要考虑企业的商业模式和客户数量。如果企业公众号专业性强，如企业、房地产、金融证券企业，需要处理很多咨询服务，则可以选择服务号。如果需要通过信息资讯引导消费者，则可选择订阅号。

2. 微信营销

微信营销主要体现在以安卓系统、iOS 系统的手机或者平板电脑中的移动客户端进行的营销。商家通过微信公众平台，结合转介率、微信会员管理系统展示商家微官网、微会员、微推送、微支付、微活动，辅以个人微信传播，形成了线上线下微信互动营销方式。

（二）微信营销方法

1. 个人微信营销

（1）个人微信营销包装。

① 头像。头像是个人微信对外沟通的品牌形象，一方面要避免传递浓厚的商业信息，同时要表达个人魅力，因此建议使用积极阳光、有亲和力的个人形象照片。

② 昵称。为了便于用户记忆建议使用中文，最好是真实姓名或者取一个第二姓名，如鬼脚七。

③ 个性签名。个性签名有很多种方式，根据微信号的特点，可以直接展示业务和需求，同时也需要考虑手机屏幕尺寸。如个性签名为“电商数据分析师，欢迎交流”。

④ 朋友圈封面。朋友圈封面的图片可以通过软营销的方式，展示业务或者需求信息。如果个人微信号定义为营销号，可以做一张（软）广告图作为封面，把营销的产品放在图片上。

（2）添加粉丝的方法。当前主要添加粉丝的办法：附近的人、漂流瓶、雷达添加、QQ 好友、手机联系人、微信群、微博、行业论坛、知乎、线下扫二维码等。

（3）个人微信运营。“建信任　软营销”是开展个人微信营销的核心。

建立信任需要 1～3 个月的时间，主要通过互动建立信任感。建立信任是让朋友知道、熟悉并喜欢。正确使用个人微信以沟通为主，提供有价值的内容给朋友。这里包括个人形象设计、私聊、朋友圈、用户分组管理等内容。

软营销主要通过广告植入内容来吸引粉丝，内容包括文章、话题、活动等。具体的运营思路如下。

第一步：通过微信沟通，把朋友圈里的基础好友建立良好信任，每天坚持互动并对好友进行标签分组，此时不建议直接发广告。

第二步：根据朋友圈人群的了解，选择目标产品或服务，或者根据目标产品寻找需要这个产品的用户。

第三步：可以通过个性签名或者位置来展示所做的产品，并找到产品所针对的用户圈子。

第四步：互动并融入用户圈子。

第五步：将产品植入故事、植入情感、植入差异化。

第六步：通过活动或者口碑传播，每周发 1～2 条软文信息。

2. 企业微信营销

（1）企业微信公众平台。微信产品总监曾鸣对微信公众平台的作用定义为：互动沟通、用户管理、服务定制。

（2）微信公众账号规划。

① 微信公众账号定位。企业要通过微信公众账号定位来确立品牌形象、目标人群。例如，小米公司微信公众账号定位为：做发烧友喜爱的手机，专注手机玩家。为公众号取名、描述功能、选择公

扫一扫——微信公众平台能做什么？哪些企业都成功使用过微信公众平台开展营销活动呢？

众类型、设计二维码、设置账号头像以及完善认证环节等代表了企业的品牌形象。

扫一扫——如何注册微信公众平台呢？

② 平台内部建设。微信内容及功能建设主要分为内容建设、功能建设和用户分类 3 个方面。

内容建设主要是每周向粉丝推送的内容，推送的信息也应该尊重订阅用户的意愿。内容建设要考虑用户关注微信账号的目的是什么？用户希望获取什么？艾媒咨询集团发布的《中国微信公众平台用户研究报告》指出：用户关注微信公众账号的目的主要分为优惠信息、热点话题、娱乐、社交、其他 5 大类。报告显示：有 34.3%的用户表示关注公众账号主要是为了获取优惠信息或独家信息，26%的用户主要为了关注热点问题，22.9%的用户表示主要为了娱乐或打发时间。

功能建设比如企业简介、企业商城和企业提供的服务。

用户分类按照用户特征和企业需求进行分类管理。

③ 运营团队组建。企业微信运营团队一般包括以下 5 种类型，如表 4-1 所示。

表 4-1　企业微信运营团队的类型

岗　位	工作职责
新媒体策划	活动策划、内容策划，主要包括策划粉丝感兴趣的话题，从而与用户互动，使用户产生对公众号的黏性
美编	主要负责图文编排、内容的文字版式设计及图片的美工
推广	负责线上线下企业微信的推广
内容编辑	负责内容的撰写与收集粉丝对内容的反馈，方便策划人员制定出更好的内容策划
客服	负责收取粉丝的反馈意见，提供微信客服支持，比如语音聊天、语音问候、解答问题等。除此之外还需要公司每周安排会议进行数据分析汇总，进行总结、归纳和分析

公司如果只是订阅号，提供信息推送服务，只需要考虑 1～2 人，主要围绕内容编辑和新媒体策划即可；如果公司订阅号与服务号同时进行，这五种类型的人员都需要配备。

④ 微信公众平台的运营。制定每月甚至每周的目标、策划并执行。主要围绕着一切从用户的角度出发，以满足用户的需求为目标。

微信公众平台运营的主要内容为：订阅号的内容规划、选择及发布时机，服务号提供客户服务，采集和挖掘老客户的价值，微信公众平台的推广，微信营销效果的量化和评估等内容。

（三）微信营销效果量化及评估

1. 微信营销的衡量指标

微信营销的统计数据包括内容营销衡量指标、微信服务衡量指标、微信信息到达率、微信阅读率、活动粉丝参与率等数据。

2. 微信数据统计

微信公众平台的数据统计分析功能，提供了用户分析、图文分析、消息分析及开发支持四个模块。

（1）用户分析。分析用户增长情况及用户属性。用户增长关键指标包括新增人数、取消关注人数、净增人数、累计关注人数等，以相应的曲线图和数据表来显示数据发展趋势。用户属性中可以看到用户的性别、语言、省份分布数量以及各自所占的比例。

（2）图文分析。其包括图文群发和图文统计两部分。通过图文分析可以看到图文消息中的每篇文章有多少用户接收、图文页阅读数量、原文页阅读次数以及文章的分享转发人数和次数等。后台也提供按照图文页阅读人数、分享转发人数进行排序的功能。

（3）消息分析。查看用户向公众账号发送的消息数统计，可以帮助了解读者与账号的互动情况。

（4）开发支持。使用开发模式的管理者可以在此查看接口调用的相关统计，如调用次数、失败率和平均耗时等。

任务实训

微博营销——建立个人品牌之路

1. 实训目的

了解微博的基本功能，通过微博定位，掌握微博营销的方法和技巧，深入研究微博品牌建立营销过程，设计并实施个人微博品牌营销。

2. 实训内容及步骤

（1）选择不同类型的媒体微博、企业微博及个人微博。

人民日报、央视新闻……

小米公司微博（小米、小米公司、小米手机、小米电视、小米盒子、小米平板……）

东方航空微博（东方航空、东航官网、东航凌燕、凌燕资深美女……）

秋叶、鬼脚七的 2014、陕西魏延安……

（2）浏览上述不同类型微博，总结不同微博类型的特点及微博营销技巧。

（3）结合上述微博营销技巧，针对个人爱好设计个人微博营销定位及微博营销思路。

（4）在 2～3 个月的时间内，执行上述微博营销方案。

3. 实训成果要求

提交实训周期报告。

第一阶段报告：个人微博营销思路。

第二阶段报告：微博营销实施周期性报告（约 1 个月提交一次）。

第三阶段报告：个人微博营销执行总结报告。

任务二　即时通信营销

任务引入

活动分析单 4-2

学习情境	小李家中的特产已经快到成熟季节了，但是销售渠道还未找到，小李很着急。在互联网状况统计报告中，小李看到在所有网络营销方式中企业使用聊天工具的比例最高，他也想通过聊天工具来推广家乡特产。那怎么通过聊天工具找到客户？如何通过聊天工具与客户沟通？如何通过聊天工具管理客户？如何通过 QQ 的相关产品来营销家乡特产？

续表

环境需求	（1）互联网接入。 （2）计算机（每人一台）、智能手机（每人一部）。 （3）学习任务考核单（也可到教学资源包下载电子版）。 （4）将班级分为若干讨论组，每组设组长一名。
活动描述	主题：QQ 营销家乡特产。 目的：通过任务练习了解即时通信工具的特点和适用范围，掌握即时通信营销的技巧，掌握通过 QQ 群营销的基本方法。 步骤： （1）分别下载 QQ 和阿里旺旺并安装； （2）熟悉 QQ 和阿里旺旺等工具，设置基础个人资料，添加联系人，至少加一个特产群（并在群内互动并植入家乡特产软文），熟练使用聊天语言和表情等； （3）与至少 10 个同学之间模拟洽谈过程，并记录洽谈过程，总结与客户洽谈过程中容易出现的问题。
活动拓展	（1）在使用即时通信工具添加联系人时如何使你更容易被接受？ （2）总结与客户洽谈过程中常遇到的问题，设置自动回复。

活动考核单 4-2

班级：　　　　　　　　姓名：　　　　　　　　学号：　　　　　　　　编号：4-2

序号	考核内容	分值	总结与归纳	成绩
（1）	聊天工具基本设置	10 分		
（2）	总结 QQ 信息传递渠道	20 分		
（3）	总结 QQ 添加联系人更容易接受的技巧	20 分		
（4）	总结 QQ 聊天中的技巧和注意事项	20 分		
（5）	总结与客户沟通中常遇到的问题	10 分		
（6）	总结 QQ 群营销的方法	20 分		
合计				

* 请学生填写完学习活动考核单后上交。

知识指南

一、即时通信

（一）即时通信定义

即时通信又被称作聊天软件、聊天工具、即时通信工具等，英文为 Instant Messaging，简称 IM，指能够通过有线或者无线设备登录互联网，实现用户间文字、语音或者视频等实时沟通方式的软件。

（二）我国社交市场现状

1. 即时通信市场现状

截至 2014 年 12 月，我国即时通信网民规模达 5.88 亿人，比 2013 年年底增长了 5 561 万，年增长率为 10.4%，使用率为 91.2%。手机即时通信由于其随身、随时、拥有社交属性和可以提供用户位置的特点，自身定位逐渐从以前单一的通信工具演变成支付、游戏、O2O 等高附加值业务的用户入口，以其庞大的用户基数为其他服务提供了巨大的潜在商业价值。

2. 中国社交市场现状（见表 4-2）。

表 4-2 中国社交市场现状

<table>
<tr><th></th><th colspan="2">即时通信</th><th>社交网站（包含 QQ 空间）</th><th>微博</th></tr>
<tr><td>平台</td><td colspan="2">QQ、微信、阿里旺旺、YY/YY 语音、陌陌、飞信、易信、来往</td><td>QQ 空间、朋友网、人人网、开心网、豆瓣网、微视、啪啪等</td><td>新浪微博、腾讯微博</td></tr>
<tr><td>覆盖率</td><td colspan="2">89.3%</td><td>61.7%</td><td>43.6%</td></tr>
<tr><td>用户特征</td><td colspan="2">用户年龄较大</td><td>用户学历、收入相对较低</td><td>用户年轻化、高收入、高学历</td></tr>
<tr><td rowspan="2">用户重合</td><td colspan="3">偏向于沟通、交流、互动</td><td>偏向信息传播，获取新闻资讯</td></tr>
<tr><td colspan="4">33.7%的网民同时使用满足其不同需求，用户重合度高</td></tr>
<tr><td>使用功能</td><td colspan="2">以微信为代表的即时通信工具，用户主要来聊天或者是关注朋友圈，这两类应用主要是用来沟通、交流、互动，认识更多的朋友，维系当前的熟人关系</td><td>以 QQ 空间为代表的社交类网站，用户主要用来上传照片、发布更新状态、发布日志/评论等为主</td><td>以微博的使用主要是关注和参与新闻热点话题、关注感兴趣的人及与其发动互动交流，微博社交媒体的属性凸显</td></tr>
<tr><td rowspan="3">社交圈子</td><td>特点</td><td colspan="2">微信、社交网站的联系人倾向于强关系，朋友、同学、亲人/亲戚、同事出现在联系人名单中的比例都在 70%以上</td><td>微博联系人倾向于弱关系，现实生活中强关系联系人出现比例低于微信和社交网站，而明星这种极弱关系联系人出现的比例较高</td></tr>
<tr><td>优点</td><td colspan="2">有现实感情维系，信任度高、影响深</td><td>信息传播呈现点对面的趋势，传播速度快，加之微博平台有效的监督机制，明星大 V 和垂直行业的加 V 用户一起充分发挥“意见领袖”的作用，实现传播速度和质量的双重保证</td></tr>
<tr><td>缺点</td><td colspan="2">传播速度慢</td><td>社交关系弱</td></tr>
</table>

二、即时通信营销

(一)即时通信营销定义

IM 营销又叫即时通信营销，是企业通过即时通信工具推广产品和品牌，以实现目标客户挖掘和转化的网络营销方式。本书中的 IM 营销以 QQ 为例进行讲解。

(二)即时通信营销的特点

IM 营销是进行商机挖掘、在线客服、病毒营销的有效利器，是继电子邮件营销、搜索引擎营销后的又一重要营销方式，它实现了企业与客户无延迟沟通。

作为即时通信工具，IM 最基本的特征就是即时信息传递，具有高效、快速的特点，无论是品牌推广还是常规广告活动，通过 IM 都可以取得巨大的营销效果。除此之外，它还有以下几个特点。

(1)在线咨询及时解决问题，提高交易的可能性。

(2)充当最优接触点和最综合营销平台角色。

(3)病毒营销的助推器。

小案例：汶川大地震，赈灾献爱心

不见经传王老吉，一捐就捐一个亿。兄弟姐妹醒一醒，一脉相连血肉情。

食品饮料日用品，国产不比洋货差。从此改喝王老吉，不媚洋货买国货。

中华儿女一家人，民族振兴靠国人。各位朋友转一转，莫枉做个中国人。

以后喝王老吉(1 亿元，5 • 12 汶川大地震捐款数额，下同)，存钱到工行(8 726 万元)，还是用移动(5 820 万元)，买电器到苏宁(5 000 万元)，买保险买平安(3 500 万元)，喝白酒喝泸州老窖(3 000 万元)，DVD 买步步高(2 500 万元)……

在 2008 年汶川大地震赈灾期间，这条消息在各大 TM 工具上流传，相信大家并不陌生。我们也可以从中品味出，在段子中植入的王老吉、工商银行等品牌，都得到了非常好的传播效果。和那些直接的“牛皮癣”广告相比，高下立见：这两段信息抛却了直接对产品信息的诉求，将品牌与网友的爱国情感相对接，很显然爱国这个独特的“心灵按钮”在网友中更容易激起涟漪。同样是王老吉，如果在 IM 中发“怕上火，喝王老吉”的信息，可能这效果就不用说了。

(三)QQ 营销的适用范围

1. 针对特定人群推广

对于受众人群集中，且喜欢在 QQ 群中交流的人群，可使用 QQ 进行推广。比如地方性网站、行业性网站，这类网站的目标用户特别喜欢在 QQ 群中讨论和交流；如减肥、时尚、IT、汽车等产品，也非常适合于 QQ 推广，因为这类产品的用户也非常热衷于 QQ 群讨论。

2. 针对固定人群推广

有些产品客户的黏性较差，可以通过网站官方 QQ 群，引导用户进群，通过群营销，加深对网站的印象。当网站有活动或者新信息时，企业可以通过群来引导客户参与。

3. 低流量指标推广

QQ 推广很难带来大量流量，它更适合一些低流量指标的推广。

4. 推广有针对性项目

对于一些简单、明确、针对性强的产品和项目，非常适合于 QQ 推广，如一篇文章、一个专题、网络投票、线下活动聚会等。

5. 对现有用户进行维护

如何维护好现有用户？如何提高用户的满意度？……这些都可以通过 QQ 维护用户，效果非常好。例如，通过建立官方 QQ 群来指导用户使用产品，通过群来与用户加强联络、增进感情等。

6. 对潜在用户的深入挖掘

如何深入挖掘潜在用户？一方面可以通过 QQ 与未转化用户的联络及沟通，在适当的时间转化；另一方面也可以继续挖掘已转化的用户，让其进行重复消费。

扫一扫——在QQ营销中，该从何处着手呢？

（四）QQ 营销的技巧

1. QQ 营销基础

QQ 营销基础中最关键的一环是 QQ 资料设置。人际交往过程中，个人形象非常重要，特别是开展商业活动时，给客户的第一印象尤为关键（首轮效应），甚至会直接影响项目的成败。在互联网中，在看不到对方庐山真面目的情况下，如何给客户留下好的印象，解决信任关危机呢？答案就是 QQ 资料设置。

（1）头像要正规。头像要正规、稳重，给人以信任感，突出亲和力。建议使用真人照片做头像。

（2）昵称要真实。同 QQ 头像一样，昵称也要正规、稳重、有特色、朗朗上口、便于记忆，且突出信任感和亲和力。建议可以使用实名。

网名会随着年龄、思想等变化而改变，每换一个网名也就意味从头开始，而之前的知名度、人气都要归零，如果使用实名就可以有效地避免这个问题。但如果有些人的名字太普通、不大气，或是重名太多，这种情况下，可以考虑起一个貌似真名、又很有特色的昵称，并一直使用。尽量不要起太泛的名字或者英文名，因为这样的名字别人根本记不住。切记，轻易不要改名。因为网络上大家只能认识名字，一旦改名，很多人都认不出来。

（3）资料要丰富。QQ 资料设置得越丰富、越详细，给人的感觉就越真实、越可靠，如地区、职业、个人说明等。资料越多越好，但是切记，信息要真实，不能乱写，否则一旦被人发现是假的，将直接产生负面影响。此外，资料内的语言也应该规范。除了基本设置的资料外，最好经常更新 QQ 日志，在 QQ 相册中上传一些照片，这些都会增加真实感和亲和力。

（4）排名要靠前。一个普通的 QQ 号码，最多可以添加 500 位好友，但是登录 QQ 时，能够第一眼看到的好友最多只有十几个，所以提高 QQ 中的好友排名非常重要。那些一登录就能看到的，即使不联系也会印象深刻，甚至随着时间的推移，记忆深刻、挥之不去。

扫一扫——如何提升在QQ中的好友排名？

（5）互联网上多留名。除了以上 QQ 的基本设置外，建议在互联网上适当地留下自己的 QQ 号等可公开的个人信息，这样可以进一步增加信任感。

2. QQ 沟通营销技巧

留下好的印象只是第一步，而 QQ 营销的本质还是在于与用户的互动交流。具体的话术技巧与传统营销差别不大。在这里要考虑沟通中的注意事项：语气助词要慎用，图片表情要慎发，聊天速度要适当，字号、字体莫乱改，弹窗震动莫乱发，注意礼貌要客气，快捷短语、自动回复要注意等，总之沟通时多考虑对方的感受，多尊重对方，对方才能为我们着想。

3. QQ 群营销技巧

QQ 群推广是最常用的平台，也是效果最好的一种方式。开展 QQ 群营销要分成 4 个步骤，即寻找目标 QQ 群，加入目标 QQ 群，建立 QQ 群内信任，植入软广告。

（1）寻找目标 QQ 群。想要开展 QQ 群推广，首先要有足够的群。QQ 群推广的效果如何，也直接取决于群的数量和质量，那如何才能找到优质的群呢？根据关键字在 QQ 群搜索或者搜索引擎中搜索“目标群”，如健康群、养生群、保健群、广州健康群等。

（2）加入目标 QQ 群。根据群人数、群活跃度、地域进行筛选，活跃度不高的群说明群成员对群感情不深，信任度也不深；相同区域的群成员可以举办线上线下的活动进行推广宣传。同时在加入验证时，验证消息要真诚带有感情色彩，与群主题相关。

（3）建立 QQ 群内信任。渗透群与群主进行互助合作，同时可以与群活跃成员成为好友互助互利。

（4）植入软广告。通过建立群里信任，在讨论中，你可以进行软文推广或者植入软广告。

任务实训

IM 营销——QQ 群营销

1. 实训目的

了解 QQ 营销的特点、适用范围，通过 QQ 群营销，掌握 QQ 营销的方法和技巧，深入研究 QQ 群建立个人网络影响力。

2. 实训内容及步骤

（1）围绕自己的爱好、兴趣建立一个 200 人的 QQ 群。

（2）在 30 天内，通过各种宣传手段，将 QQ 群内的人加满，并维护这个群的活跃度，增加凝聚力。

（3）策划组织一次线下活动，加深 QQ 群成员之间的感情。

3. 实训成果要求

提交实训周期报告，总结 QQ 营销的优劣势、QQ 营销的适用范围并总结本次 QQ 营销活动。

任务三 问 答 营 销

任务引入

活动分析单 4-3

学习情境	“知道不知道，百度都知道”小李听到这句话后发现，社会化网络的出现，企业的口碑被加速。小李在想怎么能够通过问答营销平台告知消费者家乡的特产信息，进而促进家乡特产的销售呢？
环境需求	（1）互联网接入。 （2）计算机（每人一台）、智能手机（每人一部）。 （3）学习任务考核单（也可到教学资源包下载电子版）。 （4）将班级分为若干讨论组，每组设组长一名。

续表

活动描述	主题：问答营销初识。 目的：通过任务练习了解不同问答营销平台、问答营销的表现形式，掌握问答营销的步骤，了解问答营销的技巧。 步骤： （1）查找当前的问答营销平台； （2）分别在不同的问答营销搜索自己所在学校问答口碑情况并记录； （3）分析讨论好评和差评的关键词和来源； （4）思考在问答营销的哪些环节可以加入广告； （5）如果你是学校的网络营销人员，你会如何策划学校的问答口碑营销？
活动拓展	如果企业在问答平台中检索自己的名称时候出现检索不到，或者检索信息过于简单，或者检索出的全是负面消息几种情况，那对企业来说就会造成负面的影响，怎样在问答营销中实现企业希望的结果呢？

活动考核单 4-3

班级：　　　　　　　　姓名：　　　　　　　　学号：　　　　　　　　编号：4-3

序号	考核内容	分值	总结与归纳	成绩
（1）	列举当前的问答营销平台	10 分		
（2）	记录学校在不同问答平台上的口碑情况（包括关键词）	20 分		
（3）	总结问答营销中的主要关键词和差评来源	30 分		
（4）	总结问答营销的表现形式及植入广告的位置	20 分		
（5）	总结问答营销的营销思路	20 分		
合计				

* 请学生填写完学习活动考核单后上交。

知识指南

一、问答营销认知

1. 问答营销定义

问答营销是借助于问答社区进行口碑营销的一种网络营销方式。通过遵守问答站点（百度、搜搜、天涯等）的发问或回答规则，巧妙地运用软文，让自己的产品、服务植入问答里面，达到第三方口碑效应。通过问答营销企业既能与潜在消费者产生互动，又能植入商家广告。

2. 问答营销社区

随着这两年来问答营销的火爆，国内的问答营销社区也越来越多，知名的问答营销社区有：百度知道、SOSO 问问、天涯问答、奇虎问答（好搜问答）、谷歌问答、搜狐问答、新浪爱问、知乎问答等。

3. 问答营销特点

（1）互动性。问答类的互动可以充分地补充网站内容的不足，也能让读者完善知识面，这样的互动效果不仅起到了针对性效果，又能起到广泛性的效果。

（2）针对性。问答可以针对某个目标群体，根据群体的特点选择关注的焦点，充分调动这个群体的力量，达到具有针对性的效果，如图 4-4 所示。问答也可以针对话题做讨论，让更多的人来参与，达到人群融合的效果。

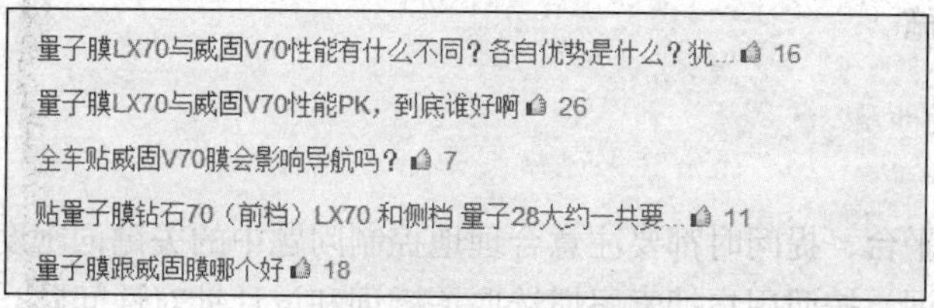

图 4-4　汽车贴膜的针对性问答

（3）广泛性。问答营销的特点本身就决定了问答营销的广泛性。一个问题可以引来不同人群的讨论，一个事件也可以引来不同人群来评论，品牌的建设往往从问答开始。

（4）媒介性。我们可以通过文章或者问题的形式在各大平台发布，只要稿件通过或者是问题通过，那么借助媒介可以达到更好的效果，例如，企业是做发电机的，可以把发电机的技术指标发布到相关的论坛，那里会有很多高级的工程师，他们的评论和回答是可以借鉴的。

（5）可控制性。评论可以通过审核的方式来控制，去除重复的、不符合规定的评论，从而达到对读者有益，内容健康的效果。

4. 问答营销的表现形式

问答营销有以下几种表现形式。

（1）以问和答的方式，达成营销的最终目的。

（2）常见的问答营销方式一般是一问一答，就像人们对话一样。不过现在大多数问答平台都是一问多答，如百度知道、新浪爱问、腾讯搜搜等。

（3）问答营销的最终方式是引起争论，同时可控制地引导争论的方向，最终潜移默化地在争论过程中达到自己的营销目的。

（4）问答营销也包括评论营销等变相问答方式营销。具体如图 4-5 所示的百度知道表现形式。

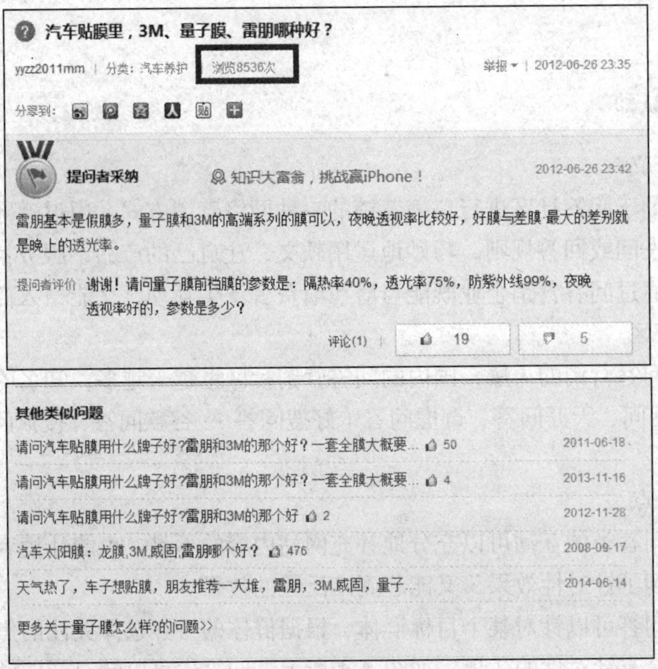

图 4-5　百度知道表现形式

二、问答营销实施

（一）问答营销的步骤

1. 提问

不论在哪个问答平台，提问时都要注意合理地控制问题中的关键词密度和提问的技巧。主要就是：选取核心关键词，按照用户搜索习惯选取关键词和设计针对性问题。

2. 回答

第一种是回答别人的问题，第二种是自问自答。

针对不同的行业，可以采用不同的回答方式，其中主要是指对比回答法、举例回答法、专业回答法。如果为自问自答的形式，账号回答的时间段最好错开，回答的内容也要真实可信，保证答案的质量。

3. 采纳问题

可优先考虑采纳用户的优质答案；如果没有优质答案，要尽可能采纳客观、真实的答案。

4. 问答排名优化

问答排名与问题的搜索和点击量有直接的关系。你可以通过提升问题的搜索量和点击量提升问题中的排名。

（二）问答营销的技巧

1. 提问技巧

做问答营销推广，首先必须明确要推广的关键字。对所处的市场、资源和企业的网站进行整体评估判定之后，选择正确合理和竞争不是特别激烈的关键字，会让问答营销更具有穿透力和目的性。

（1）从客户角度思考选取关键词。假设给一个教育类客户做知识问答营销，目标人群定位高考落榜的高中毕业生。那么在提问题的时候，就必须以一个高考落榜生的角度去提出问题。

（2）根据用户搜索习惯选择关键词。例如，两个等效问题，“培训好还是就业好”和“培训好还是工作好",选择哪一个比较好？这时候可以利用SEO工具或者是利用搜索引擎做一下相关调查，看看关键字"工作"搜索量大还是"就业"搜索量大，应该按照用户的搜索习惯设计问题。

（3）设计针对性问题。例如，在设计问题的时候，就将高中毕业生按心态分为以下几种：一为迷茫型，不知如何是好；第二种类型是想找工作，但是没有头绪；第三种是想找培训机构，不知道该找哪些；第四种是知道出路是工作和培训，但是不知道选择哪种更好……当然在设计问题的时候，可以将再发散一下思维，甚至可以具体到产品或者服务的名称，也可以按照"5W1H"原则对问题进行设计。

2. 注册问答社区账户

在问答营销的时候，分为两个阶段：第一个阶段，企业需要大量的账号，来回地更换，但是有一条，提问账号与问答账号要分开，不要既提问又回答，否则不便于账号的管理；第二个阶段，因为前期做了很多的工作，积累了很多的账号，接下来要将这些账号的积分汇总到几个账号里。这样做的目的就是得到几个高等级的账号，因为高等级的账号可以让问答的权重更高，更有力度，推广的效果更好。

3. 回答技巧

（1）自问自答。

（2）控制回答的内容的比例。

如果自问自答的题目，可以将回答内容比例控制在正面 : 负面 : 不相关 = 2 : 1 : 1。

（3）最佳答案与评价。以互动营销的项目为例，在最佳答案和对问题的评论中，至少含有网络营销培训机构的名称或者是链接。

4. 监控问题

（1）监控问题的删除情况。问答社区的后台编辑人员对问题有一个审核的过程，如果问题的重复性较高，那么就有可能被删除。这时候必须及时对原来的问题做出修改，然后重新提问。

（2）监控竞争对手问答营销情况。一方面监控竞争对手问题有没有直接影响到公司品牌和产品；另一方面监控竞争对手是否恶意传播公司或者产品的负面信息。

（3）消费者的反馈。消费者对品牌和产品的评价和反馈也是重点监控内容，通过监控发现不足后改进，也可以挽回客户。

任务实训

问答营销

1. 实训目的

了解问答营销的特点，熟悉各大问答营销社区，掌握问答营销的技巧，通过自问自答的方式来加深对问答营销的理解和掌握。

2. 实训内容及步骤

（1）在各大问答社区搜索所在学校及周围兄弟院校的情况，并通过表格统计。

（2）整理负面信息数量及一周内的变动情况。

（3）制订问答营销方案，包括问答类型、关键词、好评等。

（4）采用自问答的方式，做出十个问答页面，每个问题下面至少有3个以上答案。

3. 实训成果要求

提交实训周期报告，总结问答营销的营销技巧和方法。

任务四　百 科 营 销

任务引入

活动分析单 4-4

学习情境	小李在百度搜索家乡特产时，发现在百度百科搜索结果中排名非常靠前。小李考虑是否可以在百科中建立自己家乡特产词条，用户能搜索查到家乡及其特产，从而达到产品信息传递的目标。
环境需求	（1）互联网接入。 （2）计算机（每人一台）、智能手机（每人一部）。 （3）学习任务考核单（也可到教学资源包下载电子版）。 （4）将班级分为若干讨论组，每组设组长一名。
活动描述	主题：百科营销初识。 目的：通过任务练习了解主流百科平台，掌握百科词条建立的过程，了解词条中植入广告的方法。 步骤： （1）查找当前的百科营销平台，并在其中一个平台注册账号； （2）熟悉其中一个平台，查找有关家乡或者家乡特产词条，尝试修改其中一个词条； （3）尝试通过词条助手，创建一个词条； （4）查看词条的基本构成元素，并讨论在词条的哪些位置可以植入广告信息； （5）完成百度百科任务。
活动拓展	（1）百度账号等级会不会影响百科词条的通过呢？ （2）百科内容如何巧妙融入广告信息并能通过审核？ （3）如何能顺利加入超链接？

活动考核单 4-4

班级：　　　　姓名：　　　　学号：　　　　编号：4-4

序号	考核内容	分值	总结与归纳	成绩
（1）	列举当前的百科营销平台	10 分		
（2）	记录注册的百科平台及账户	10 分		
（3）	记录修改的词条及修改的内容、通过的情况等内容	20 分		
（4）	记录通过词条助手建立词条的过程	20 分		

续表

序号	考核内容	分值	总结与归纳	成绩
（5）	记录词条的基本构成元素，总结可以植入广告的位置	20分		
（6）	记录整个百科任务的全过程	20分		
合计				

*请学生填写完学习活动考核单后上交。

知识指南

一、百科营销认知

（一）百科营销定义

1. 百科营销

（1）在线百科（WIKI）。百科又被称为开放式在线百科，是由用户共同参与编写的网络百科全书。

为了保持百科词条内容的权威性和中立性，其本不应该以网络推广平台的形式出现，但事实上由于百科词条编写者往往为了某种网络推广的目的才产生了丰富词条的动力，为了保证百科平台内容的丰富，百科平台的管理者允许一定范围内含有网络推广信息，而这些推广对大多数读者来说是隐性的。

在线百科的网络营销价值大致可以归纳为：词条中直接展示企业信息；通过词条的知识分析达到推广的目的；通过正文、参考文献或扩展阅读添加网址链接等。

（2）百科营销。百科营销是借助百科知识传播，将企业所拥有的对用户有价值的信息（包括行业知识、产品信息、专业研究、企业文化以及经营理念等）传递给潜在用户，并逐渐形成对企业品牌和产品的认知，是将潜在用户最终转化为用户的过程和网络营销方法。对于网络营销来说，百科营销可以利用目标受众关注度，精准覆盖有需要的人群，同时基于对百科网站权威性，可有效规避公众的商业防御心理，是一种创新的网络互动营销工具。

2. 主流百科

目前主流的综合型百科有百度百科、互动百科、搜搜百科、360百科等，还有其他的分类百科，如商业百科、军事百科等。其中以百度百科的市场占有率最高，所以本书以百度百科为例进行讲解（http://www.baike.baidu.com）。

（二）百科营销的作用

（1）辅助SEM。在百度中搜索各种名词（包括人名、企业名、产品名、概念术语时）时，搜索引擎结果页第一位都是百科网站中该词条的页面。

（2）提升权威。互联网上的百科网站，源于现实中的百科全书。在传统观念中，能被百科全书收录的内容一定是权威性内容。而这种观念也同样延伸到了互联网中，大部分用户都认为百科收录的内容比较权威。

（3）提升企业形象。随着互联网的普及，许多人在接触到陌生事物时，会先到互联网上进行检索。比如与一家陌生的公司接触洽谈时，会先上网搜索该公司的背景、实力、口碑、信誉等。

（三）百科营销的优势

1. 有效流量高

互动百科类的百科网站用户都是高学历人群，收入高、消费能力强，抱着求知、学习的心态，因此商业防范心理低——目标人群集中。

2. 用户黏性大

相比传统资讯互联网媒体的浅阅读，百科网站的知识内容实现了深（精）阅读，使得用户停留时间长——广告展示时间长。

3. 信任度高

以权威认证的知识为内容，用户对于网站的内容信赖度高——可有效促进销售达成。

4. 精准度高

用户通过搜索主动选择自己感兴趣的内容（按需媒体）——可匹配关联广告，精准锁定目标群。

5. 传播迅速

协作方式使得热点内容迅速广泛的传播——可迅速扩大影响力。

二、百科营销的模式和技巧

（一）百科词条的模式

1. 百科词条正文内容广告

百科词条正文内容广告是在词条的正文内容中添加的具有广告功能的文字信息，如企业名称词条中介绍企业具体产品或服务信息，或在与企业相关的某商品词条中介绍本企业产品信息及公司介绍等。对于企业名称词条而言，详尽的正文内容不仅能为访问者提供有价值的信息，而且有助于提升企业形象。词条正文内容中如果包含详尽的产品或服务介绍信息，可以增加访问者对企业信息的了解，在一定程度上实现企业产品或服务的推广。

2. 百科词条中的网页 URL 链接

URL 链接广告是指在词条的参考资料和扩展阅读中加入企业官方网站或其他关联信息页面的链接。URL 链接广告不仅能为企业的相关平台带来优质的外部链接，而且能直接为企业网站或相关平台带来直接访问量，是有效的外部链接资源之一。

3. 百科词条中的图片广告

在词条的正文中，引入图片对企业及其产品或服务进行描述，实际发挥了图片广告的效果。相对于文字来说，图片更容易让用户形成视觉上的感官认识，丰富了企业百科推广的表现形式。

4. 百科词条中的图片文字注释

百科词条中图片文字注释的表现形式包括底部有加粗的文字说明或者在图片本身具有文字水印宣传信息，这种方式进一步加强了图片广告的营销传播效果。

5. 百科词条中的相册广告

相册广告是互动百科和百度百科的特有功能，是指在百科词条正文内容中出现的图片不是单图，而是组图的形式，除此之外，在词条内容的下方，有专门的组图展示区域。相册广告是图片广告进一步的延伸和发展，能够更充分地发挥百科平台的图片广告推广价值。

6. 百科词条中的名片广告

名片广告是百度百科特有的形式，是指在百度百科词条中出现在词条正文上方的内容，是对整个词条内容的概括和总结。名片广告可以丰富企业的词条内容，提升企业词条的专业性。另外，百度名片属于百度百科的一种关联平台，为企业制作名片可以增加企业推广渠道，增加企业信息的传播机会。

百科推广模式在不同百科平台上的表现有一定的差异，主要原因在于各个平台对词条编辑规则设置的差别。

（二）百科推广的技巧

1. 巧用编辑助手

创建的词条内容越专业，通过的概率就越高。那如何创建高质量的词条呢？百度百科提供了“编辑助手”这个强大的辅助功能。在进入百度百科的创建词条页面后，单击导航中的“编辑助手”按钮，进入“目录模板”，根据我们要编撰的词条找到最合适的分类，然后参考系统给出的目录模板与示例词条进行编辑。

2. 词条内容要有可读性

对于原创词条，一定不能是毫无意义的词汇，且词条的语言文字要具有一定的专业性，充满可读性。要尽量制作一些知识性的内容信息。

3. 编辑后的词条内容要优于原来的版本

若是编辑已有的词条，内容应该是对原有词条的补充，如修改过时的内容、添加新的内容，且要比原内容更专业，更具有可读性。

如果词条中没有明显的错误，通过率会非常高。最容易挑错的有两个：一个是找错别字，这个要细心，需要专心认真地检查词条内容，哪怕只是修改一个标点也能让你通过审核；二是排版问题，对于那些通篇字体一样，甚至不分段落混乱排版的词条，重新合理编辑后通过率几乎是百分之百。

如果词条中没有图片，还可以添加相关图片，一般都会通过。如有美工功底，可以在图片中植入广告。注意，如果修改词条中已有图片，其通过率会降低。

另外，还可以添加词条链接，即在内容中添加指向其他百科词条的网站内部链接，这种通过率也不低。

4. 内容中不能有广告信息

词条内存在明显的广告信息或疑似广告信息，几乎都不会通过。注意，只要是会被管理员误解的信息，都不行，如过分强调公司名、产品名、人名等。

扫一扫——百度百科编辑入门

如需做广告，可以在词条“参考资料”或者“扩展阅读”中加入链接。但是链接的内容必须是与词条高度相关，同时还要注意描述的填写。

5. 培养账号的等级和通过率

对于高质量的词条，只有等级和通过率达到一定指标才可以进行编辑。平时可以多注意培养几个高级账号，多编辑正常的词条来增加等级和通过率。如果一个词条编辑 3 次都不通过，那么最好换账号、换方法来进行编辑。

任务实训

百科营销

1. 实训目的

了解百科营销的特点，熟悉百科营销的技巧，通过创建和修改百科词条的方式来加深对百科营销的理解和掌握。

2. 实训内容及步骤

（1）注册百度百科、互动百科、360 百科等百科账户。

（2）搜索你所在院校/家乡相关的词条信息情况。

（3）查看可以植入广告的位置。

（4）自己创建一个植入广告的词条。

3. 实训成果要求

提交实训周期报告，总结百科营销的营销技巧和方法。

项目小结

本项目主要内容为社会化媒体营销的模式和方法，包括微营销、即时通信营销、问答营销和百科营销 4 个任务。

微营销的学习内容包括微博营销定义、企业微博营销运营、微博营销效果监控、微信营销认知、微信营销方法和微信营销效果量化及评估。

即时通信营销的学习内容包括即时通信工具简介、即时通信营销特点、QQ 营销的 6 种适用范围及 QQ 营销技巧。

问答营销的学习内容主要包括问答营销认知、问答营销步骤及技巧。

百科营销的学习内容主要包括百科营销认知、百科营销的模式和百科推广的技巧。

项目重点：企业微博营销运营、微信营销方法、即时通信营销技巧、问答营销实施及百科营销的模式和技巧。

项目难点：企业微博营销运营、即时通信营销及百科营销的技巧。

思考与练习

一、不定项选择题

1. 下面属于微博营销的有（　　）、属于微信营销的有（　　）。

A. 基于 LBS 的功能插件“查看附件的人”可以使更多陌生人看到这种强制性广告

B. 营销需要内容承载网站，展示你要发布的内容，供粉丝深度阅读，或者借此承载网站和手机用户信息

C. 营销时只需要 140 字，配图，或者加短链接即可

D. 营销重在提供客户服务

E. 营销的重点是转发量和吸引眼球

F. 本质上来说媒体属性还是大于社会化属性，传播模式更接近于单向度传播

G. 曝光率极低，广告信息很容易被淹没

H. 可以实现用户分组、地域控制在内的精准信息推送

I. 在某种程度上可以说是强制了信息的曝光，信息的到达率是 100%

2. 近几年，我国网民各种互联网应用使用率最高的是（　　）。

A. 即时通信　　B. 搜索引擎　　C. 网络新闻　　D. 微博

E. 论坛　　F. 博客

3. 下面可以开展网络口碑营销的工具是（　　）

A. 微博　　B. 微信　　C. 即时通信　　D. 论坛

E. 博客　　F. 问答　　G. 百科

二、简答题

1. 企业如何定位自己的官方微博？企业微博如何开展微博矩阵营销？
2. 微信公众平台的功能是什么？企业如何定位自己的微信公众平台？
3. QQ 营销适合哪些情况？QQ 可以通过哪些渠道传递信息？
4. 问答营销平台有哪些？问答营销分为哪几个步骤？
5. 百科营销的 6 种模式是什么？

项目五 网络视频营销

项目简介

截至 2015 年 6 月，我国网络视频用户规模达 4.61 亿人，移动视频用户的增长依然是网络视频行业用户规模增长的主要推动力量。针对 PGC（Professional Generated Content，专业生产内容）内容的品牌植入、与电商合作边看边买的“屏购”模式、大型线下互动体验活动等多样的营销模式，让企业营销活动与网络视频有了很好的结合。

本项目的核心任务就是网络视频营销。通过本项目的学习使学生了解网络视频的类型、网络视频营销的实施策略。

项目目标

知识目标：了解网络视频、网络视频营销，熟悉网络视频的类型，掌握网络视频营销的过程。

技能目标：能够策划、拍摄并推广微电影类型的网络视频。

素质目标：能与团队人员协作开展网络视频的策划和推广。

引导案例

➢ **项目引导案例：百度《唐伯虎》——我国最早的成功视频营销**

在我国，第一个利用网络视频做营销的案例似乎已经不可考，但百度的“我知道你不知道我知道你不知道我知道你不知道”的《唐伯虎》视频宣传片，则应该属于早期非常有名的视频营销案例之一。

这个视频的完成和开始传播的时间大致是在 2005 年的第三季度，此时 YouTube 也是刚刚成立一年不到，更别说中文的视频网站。但这段视频流传得很广，当时主要的传播渠道是通过 BBS。

《唐伯虎》是一段非常草根的视频短片，主角看上去是一个周星驰版的唐伯虎，利用中国经典断句难题“我知道你不知道我知道你不知道我知道你不知道”，狠狠地嘲弄了那个只晓得“我知道”的老外。最终老外吐血倒地，一行大字打出：百度，更懂中文。

接触过两大搜索引擎的人都可以看出这段视频是针对竞争对手谷歌的。这个通常无法在电视渠道播放，而且画面模糊的短片，它所产生的病毒化效应绝对是传统的电视广告无法做到的事情。百度《唐伯虎》系列没有花费一分钱媒介费，没有发过一篇新闻稿，从一些百度员工发电子邮件给朋友和一些小网站挂出链接开始，只用了一个月，就在网络上产生至少超过 10 万个下载或观赏点。至 2005 年 12 月，已经有近 2 000 万人观看并传播了此片（还不包括邮件及 QQ、MSN 的传播），而且，这种沟通不像传统的电视广告投放那样是夹杂在众多的广告片中的，所有的观看者都是在不受任何其他广告的干扰下观看的。观看次数不受限制，其深度传播程度也远非传统电视广告可比。

思考：

1. 视频营销中的视频有哪几种形式？
2. 请列举你印象最深刻的视频？视频最打动你的是什么？
3. 你看到的视频都是通过哪些网络工具传播的？

任务　网络视频营销

任务引入

活动分析单 5-1

活动情境	网络视频的流行改变了网民传统的阅读方式，也逐渐改变了由文字到视听的网络阅读习惯。小李看到百度《唐伯虎》小视频的影响力，也考虑是不是通过拍摄一段关于家乡特产的视频，宣传特产的基本情况及购物的渠道等信息。
环境需求	（1）互联网接入。 （2）计算机（每人一台）、智能手机（每人一部）/或摄像机（每组一部）。 （3）提前熟悉视频剪辑软件一套（如拍大师、会声会影）。 （4）学习任务考核单（也可到教学资源包下载电子版）。 （5）将班级分为若干讨论组，每组设组长一名。
活动描述	主题：网络视频营销初识。 目的：通过任务练习了解视频营销的作用，熟悉视频营销的过程。 步骤： （1）分别查看京东的《为每一点喜悦》，支付宝的《空付》《老男孩》，百度的《唐伯虎篇》等视频，以及爱奇艺等视频网站的微电影版块； （2）总结上述视频营销的作用； （3）讨论上述视频中对你印象最深刻的一则，并说明原因； （4）思考如果要拍摄一段家乡特产视频，都要准备什么资料，以及如何拍摄和后期处理、平台上传等； （5）总结上述视频拍摄中的要点内容。
活动拓展	（1）思考视频想要得到良好的传播效果，一般都要具备什么特点？ （2）视频推广的工具有哪些？你认为哪些工具推广效果比较好？为什么？ （3）视频营销中的视频一定要用专业设备拍摄吗？为什么？

活动考核单 5-1

班级：　　　　姓名：　　　　学号：　　　　编号：5-1

序号	考核内容	分值	总结与归纳	成绩
（1）	总结视频营销的作用	20 分		
（2）	总结视频可以留下深刻印象的原因	20 分		
（3）	总结视频拍摄的全过程	20 分		
（4）	总结视频拍摄过程中的要点内容	20 分		
（5）	总结视频推广的工具	20 分		
合计				

* 请学生填写完学习活动考核单后上交。

知识指南

一、认知网络视频营销

（一）网络视频

1. 网络视频定义

网络视频是指由网络视频服务商提供的、以流媒体为播放格式的、可以在线直播或点播的声像文件。在网络上以 WMV、RM、RMVB、FLV 以及 MOV 等视频文件格式为主，包括各类影视节目、新闻、广告、Flash 动画、自拍 DV、聊天视频、游戏视频、监控视频等。

2. 网络视频相关术语

（1）网络视频：是指通过互联网，借助浏览器、客户端播放软件等工具，在线观看视频节目的互联网应用。

（2）在线视频播放客户端：安装在用户终端上，提供网络视频服务的软件。

（3）网络视频用户：最近半年内在网上借助浏览器、客户端播放软件等工具收看视频的人群。

（4）UGC：即 User Generate Content，网络视频用户原创的视频内容。

扫一扫——想了解网络视频的最新资讯吗？想获取最新的专家视角吗？

（二）网络视频营销

1. 网络视频营销定义

网络视频营销是通过数码技术将产品营销现场实时视频图像信号和企业形象视频信号传输至 Internet 网上，达到一定宣传目的的营销手段。

网络视频营销结合了网络与电视媒体的特点：传播范围广泛，不受时空的限制，可以全天全球传播；采用了视频流或音频流技术，结合 Flash、Java 等程序，形式多样，具备生动的表现力，具有强烈的视听冲击。视频的交互性可以帮助受众进行网络体验并且自行控制全过程。此外，由于网络监管环境的相对宽松，网络视频拥有的创意空间也更为广阔，兼具电视广告和网络广告的双重优点，网络视频营销有着显著的营销优势。

2. 网络视频营销的趋势

网络视频营销的 3 个趋势，即品牌视频化、视频网络化、广告内容化。

扫一扫——《为每一点喜悦》（京东 2014 年春晚广告片）

（1）品牌视频化。很多广告主将品牌广告通过视频展现出来，这个趋势非常明显。很多广告客户都希望通过视频营销方式，把自己品牌展现出来。如京东 2014 年春晚广告片《为每一点喜悦》在各大视频网站曝光。这部片子力邀著名导演贾樟柯为京东量身打造，通过“回忆”“浪漫”“伟大”“和平”“团聚”等动人场景，累积出一个个“喜悦”的时刻，每一个喜悦时刻都有京东快递员、客服人员的默默付出，每一个喜悦的背后，是京东为每一次点击、为每一个点滴在创造喜悦。京东相信，最美的时刻，就是为他人创造喜悦的一刻，Make Joy Happen。通过多个故事片段和感人瞬间，捕捉对人性的洞察，引发消费者的情感共鸣。无论是故事的选取还是情感的表达，都区别于以往京东的广告风格，主打温情牌，如图 5-1 所示。

图 5-1　京东 2014 年春晚广告片《为每一点喜悦》

（2）视频网络化。视频网络化已经成为一种趋势。“视频”与“互联网”的结合，让这种创新营销形式具备了两者的优点，即它既具有电视短片的种种特征，如感染力强、形式内容多样等，又具有互联网营销的优势。

网络视频通过影视广告、网络视频、宣传片、微电影等多种方式，把产品或品牌信息植入到视频中，产生一种视觉冲击力和表现张力，通过网民的力量实现自传播，达到营销产品或品牌的目的。正因为网络视频营销具有互动性、主动传播性、传播速度快、成本低廉等，实质上是将电视广告与互联网营销两者集于一身。例如，项目开篇案例，百度《唐伯虎》系列没有花费一分钱媒介费，没有发过一篇新闻稿，仅依靠一些百度员工发电子邮件给朋友和一些小网站挂出链接开始，只用了一个月，就在网络上至少超过 10 万个下载或观赏点。

（3）广告内容化。广告内容化已经成为了一种新的营销趋势。视频营销的关键在于视频的内容，内容决定了其传播的广度。好的视频能够不依赖传统媒介渠道，通过自身魅力俘获无数网友作为传播的中转站。

扫一扫——《无奋斗不青春》（新航道英语培训学校故事片）

网友看到一些或经典、或有趣、或惊奇的视频总是愿意主动去传播，自发地帮助推广企业品牌信息，视频就会带着企业的信息在互联网以病毒扩散的方式蔓延。因此，如何找到合适的品牌诉求，并且和视频结合是企业需要重点思考的问题。如 2015 年新航道的《无奋斗不青春》微电影，讲述了一对校园孪生姐妹的奋斗故事，将广告内容植入奋斗的故事中。从她们曾经历的挫折和失败，到重新振作，主持互联网金融论坛，参加一站到底，最后考入复旦大学的一段奋斗故事，传递了新航道的品牌文化。如图 5-2 所示。

图 5-2　2015 年新航道的《无奋斗不青春》微电影

在这段奋斗故事中，影响这对姐妹的则是新航道的英语老师的一段话：“成功的人生如同登高，一步一步地拾级而上，这中间会有一个个关键的转折点。每当我们走了一段路碰壁了，这一个个转折点又把我们带上了一段段崭新的道路。有时候，转折点就存在于不经意的瞬间，而更多的时候，需要我们付出巨大的努力，人生轨迹才会出现转折。”通过这种品牌植入的形式，传递品牌形象，既能打动用户，又能让用户主动传播。

3. 视频分类

视频包含电视广告、网络视频、宣传片、微电影等各种方式。

视频营销归根到底是营销活动，因此成功的视频营销不仅仅要有高水准的视频内容，更要发掘营销内容的亮点。

（1）电视广告。电视广告是一种经由电视传播的广告形式，通常用来宣传商品、服务、组织、概念等。电视广告其长度从数秒至数分钟皆有，还有长达10分钟的广告杂志，以及长达整个节目时段的“资讯型广告”，又称电视购物。

（2）网络视频。网络视频广告的形式类似于电视视频短片，平台却在互联网上。“视频”与“互联网”的结合，让这种创新营销形式具备了两者的优点。

（3）宣传片（propaganda film）。宣传片是制作电视、电影的表现手法，是对企业内部的各个层面有重点、有针对、有秩序地进行策划、拍摄、录音、剪辑、配音、配乐、合成输出制作成片，目的是为了声色并茂地凸显企业独特的风格面貌，彰显企业实力，让社会不同层面的人士对企业产生正面、良好的印象，从而建立对该企业的好感和信任度，并信赖该企业的产品或服务。宣传片从其目的和宣传方式不同的角度来分可以分为企业宣传片、产品宣传片、公益宣传片、电视宣传片、招商宣传片。

（4）微电影（microfilm）。

微电影即微型电影，又称微影，是指专门运用在各种新媒体平台上播放的，适合在移动状态和短时休闲状态下观看的，具有完整策划和系统制作体系支持的具有完整故事情节的“微（超短）时”（30～300秒）放映、“微（超短）周期制作（1～7天或数周）”和“微（超小）规模投资（几千～数千/万元每部）”的视频（“类”电影）短片，内容融合了幽默搞怪、时尚潮流、公益教育、商业定制等主题，可以单独成篇，也可系列成剧。目前许多企业为了塑造品牌形象，纷纷投资拍摄微电影，其中不乏佳作，代表有《老男孩》《66号公路》等，深受网民喜爱。通过这些作品，企业的品牌形象也得到有效提升。

扫一扫——微电影欣赏（随着拍摄工具和智能化视频制作软件的普及，网民自制的网络视频越来越多了，在哪里可以看到比较好的微电影呢？）

二、网络视频营销实施

（一）网络视频策划

1. 设定企业视频营销的目标

视频营销想达到什么样的目的？视频是面向哪些人的？视频是推广产品还是推广品牌？还是以展示解决产品原理、生产基地展示、加工工艺原理讲解？还是为了解决潜在客户对我们的顾虑……。

制作视频的创意可以从以下3个层面思考和入手。

（1）产品层面。即产品有哪些优点、特点。

（2）消费者层面。即消费者在消费这类产品时，有哪些尚未满足的需求（包括生理的、心理的、情感的、社会的），他们所关注所偏爱的是什么，在消费时遇到了什么困惑和问题。

（3）市场层面，也可以称为竞争环境层面。也就是说，市场有哪些空白点，竞争对手在做什么说什么，有什么薄弱点，我们可以做什么。

2. 分析用户的使用习惯

有了明确的目标，则需要分析用户的自然特征、用户喜好、上网习惯、喜欢在什么视频平台观看内容，喜欢在什么渠道获取信息，如在行业网站、论坛，关注的点和内容有哪些，对企业存在什么样的问题或者想了解的内容具体有什么……

通过上述用户分析的结果，企业则可以知道重点推广和传播的平台的渠道，根据用户的问题和困惑组织视频的内容。

3. 分析用户喜欢网络视频的原因

企业的网络视频有没有满足用户好奇心？有没有给目标用户带来价值？会让人愿意分享吗？

对于网络视频来说，视频的内容是用户是否传播的关键之一。那究竟什么样的内容容易被传播呢？

（1）新奇元素。好奇是人类与生俱来的心理品质和思维形式。相对于报刊、电视、电影的“限制性”，互联网的“自由”为人们的好奇心提供了更多的释放与满足的空间，更能满足人们的好奇心。因此，一些网络视频广告因为带有新奇元素，能够满足用户的好奇心，从而被疯狂地传播。如阿里巴巴集团的“空付”产品网络视频、百度集团的“神灯搜索”网络视频等，都是因为新奇元素让用户大量传播，如图 5-3 所示。

图 5-3　空付网络视频

扫一扫——支付宝全新支付方式 KungFu（空付）（KungFu 如何通过新奇元素吸引用户呢？我们来看看吧。）

（2）焦点元素。在网络视频中出现某一个公众的焦点，这个焦点可以是明星，或者知名的公司等。只要公众焦点具有极高的关注度，拥有将公众的目光聚向自己的能力。那么包含这个焦点元素的网络视频就会很快传播。

（3）幽默元素。如今通过便捷的互联网，用户不仅可以看到与电视相同的幽默视频，更能看到网友自己创作上传的搞笑视频，这不仅能够打破用户沉闷的情绪，产生轻松愉悦的心情，而且可以创造出戏剧性、游戏性的视觉沟通效果。

最早开始流行于网络的后舍男生就是以搞怪幽默征服广大的网友的。美国 NBC 电视台曾经这样报道过：“他们流行得比禽流感还快。”他们两个本是来自广州美院的男生。2005 年下午，两个人把在宿舍的即兴之作放进了校园网中，以对口型的方式演绎“后街男孩”的热门歌曲《As long as you love me》，从此一发不可收拾。他们开始假唱流行歌曲，在寝室中用摄像头翻拍成MV，在视频中极尽夸张搞怪之能事，看过的人都笑得人仰马翻。

后来，他们尚未毕业，就签约太合麦田唱片有限公司，接拍了摩托罗的一个广告。广告仍然采取假唱MV的形式，用的是歌手朴树的一首歌。只不过歌曲的伴奏源不再来是电脑，而是出自MOTO的音乐手机。这个广告不仅延续了后舍男生一向夸张幽默的表演，又将产品的特性有效的结合，清晰准确地传递了产品的信息，使得这个视频，以及它的花絮都被网友广泛下载，充分验证幽默搞笑所带来的市场号召力。

（4）情感元素。以情系人、用情动人也是网络视频中的常用方法。该类视频以亲情、爱情等情感为主，主要表现父母与子女之间，或者是情侣、配偶之间的感情故事，而品牌在这些感情中具有重要的意义。情感类型的网络视频是最具有感染力的视频类型，因为每个受众都有自己的情感故事，而在观看网络视频的时候容易产生共鸣，从而达到网络视频营销的最佳效果。《诺亚方舟》《假如爱情》《零元招租》《妈妈的一封信》《摩天轮下的爱》《开包子铺的爸爸》这些都是以情感为话题的视频。

（5）励志元素。该类型的网络视频主题都是奋斗励志，而这一类型的网络视频的人物选择上会偏向奋发向上的年轻人，抓住奋斗的特点来加入情节，而品牌的特性也是偏向励志方面。其表现手法也是以叙事为主，但是网络视频风格上面更为自然真实，以真实、感人的故事引起观众的共鸣。《老男孩》《父亲》《为渴望而创》《逼近》《梦想到底有多远》等都是以奋斗励志为话题。

（6）非常规元素。这类元素会持续地引起人们的注意，因为它往往过于造作、矫饰、突兀、妄自尊大。

典型的例子如恒源祥的电视广告，一分多钟的时间内，广告背景音从“鼠鼠鼠”一直叫到“猪猪猪”，把十二生肖叫了个遍。这个从前以“羊羊羊”为我国广大观众所熟知的成熟品牌，在新年的第一天便投下了一颗重磅广告炸弹。于是，从播出的那天起，网络上便开始掀起一波又一波的争议。在这一波又一波的争议声中，恒源祥“十二生肖版”视频广告在网络中以迅雷不及掩耳之势传递着，在极短的时间内，这支广告便在整个互联网上无人不知吸引了几乎所有媒体和公众的目光。这种要引起人们关注的这个必要的过程，使得它具备了病毒传播与生俱来的潜质。当然，在“病毒”大范围扩散的同时，恒源祥累积已久的品牌形象也受负面影响。所以要在网络广告中加入这类元素来取得大范围“病毒感染”的做法并不值得鼓励和推荐。

（二）网络视频拍摄及处理

1. 拍摄前的准备

视频拍摄之前要对视频脚本、背景音乐、布景方案、演员、演员造型、道具、服装、拍摄地点等有关视频拍摄的所有细节部分进行全面的准备。

2. 视频拍摄

手机、相机、DV等设备均可用来拍摄视频，可以手持拍摄也可以利用三脚架等辅助工具。

3. 视频剪辑

（1）目前的视频剪辑软件众多，主要的剪辑软件如会声会影、爱剪辑、VirtualDub等。

（2）视频剪辑。视频剪辑则是通过视频剪辑软件，对加入的图片、背景音乐、特效、场景等素材与视频进行重混合，对视频源进行切割、合并，通过二次编码，生成具有不同表现力的新视频。如按照视频脚本顺序拼接、加入特效、背景配乐、旁白和对白等。

（三）网络视频推广

中国互联网络信息中心《2013 年中国网民网络视频应用研究报告》显示：1/3 以上的用户在网上分享过视频，博客/个人空间、微博、微信是主要的分享目的地。报告中显示：35.3%的用户有在网站分享视频的经历，由于当前大部分视频网站、SNS 网站以及微博、微信都有方便快捷的分享功能，使得用户对所感兴趣的视频进行分享的积极性较高。在分享视频至其他网站的人群中，63.1%的用户分享至博客或者个人空间，另有 50.4%的用户会分享至微博，46.4%的用户会分享至微信。博客或个人空间、微博仍然是个人最主要的分享目的地。2013 年，微信迅速成长，成为用户分享视频的主要目的地之一，如图 5-4 所示。

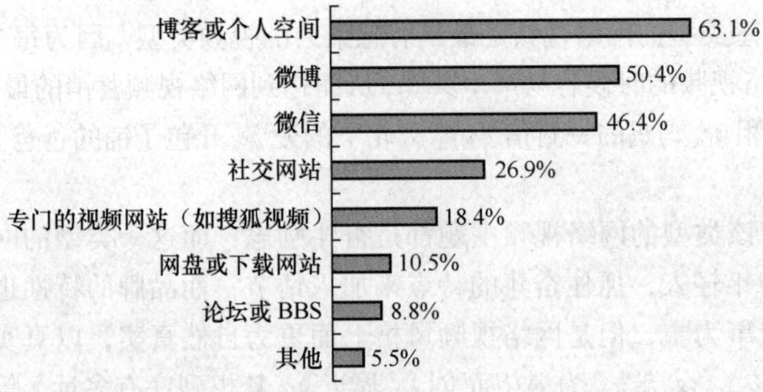

图 5-4　网络视频分享渠道

根据上述的调查报告可以看到，网络视频主要通过博客、微博、微信、社交网站、视频网站等渠道传播给下一级受众。

互联网促成了人际传播的回归，将视频分享网站、博客、论坛/社区、电子邮件、即时通信、社交化网络媒体等渠道与受众的口口相传紧密地结合起来，形成了一个以视频分享网站为中心发散开来的交叉传播系统。人、视频分享网站以及即时通信（如 QQ、微信等）等渠道在这个系统中独立而又整体地发挥着媒介在传播过程中的巨大影响力。具体的视频推广如图 5-5 所示。

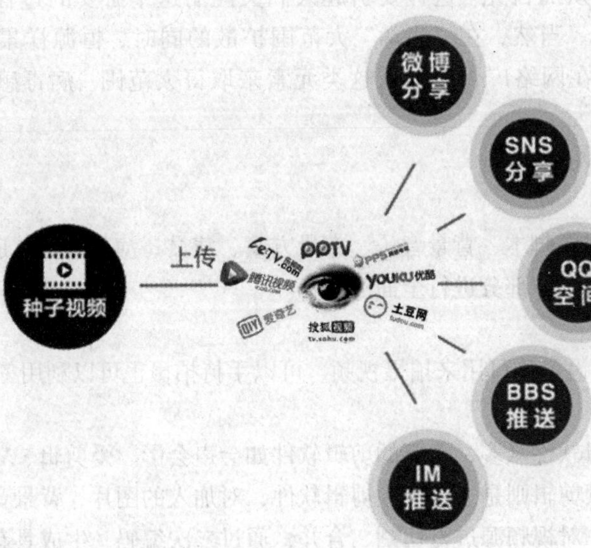

图 5-5　网络视频推广

三、网络视频营销策略

（一）网民自创策略

网民的创造性是无穷的，在视频网站，网民们不再被动接收各类信息，而是能自制短片，并喜欢上传并和别人分享。除浏览和上传之外，网民还可以通过回帖就某个视频发表已见并给它评分。因此，企业完全可以把广告片以及一些有关品牌的元素、新产品信息等放到视频平台上来吸引网民的参与，例如向网友征集视频广告短片，对一些新产品进行评价等，这样不仅可以让网友有参与的机会，同时也是非常好的宣传机会。

（二）病毒营销策略

视频营销的厉害之处在于传播精准。首先用户会产生兴趣并关注视频，用户再由关注用户变为传播分享者，而被传播用户是有着和传播用户有类似兴趣的人，这一系列的过程就是目标用户精准筛选传播的过程。网民看到一些经典的、有趣的、轻松的视频总是愿意主动去传播，通过受众主动自发地传播企业品牌信息，视频就会带着企业的信息像病毒一样在互联网上扩散。病毒营销的关键在于企业需要有好的、有价值的视频内容，然后寻找到一些易感人群或者意见领袖帮助传播。

（三）事件营销策略

事件营销一直是线下活动的热点，国内很多品牌都依靠事件营销取得了成功。策划有影响力的事件，创造一个有意思的故事，将这个事件拍摄成视频，也是一种非常好的方式。而且，有事件内容的视频更容易被网民传播，将事件营销思路放到视频营销上将会开辟出新的营销渠道。

（四）整合传播策略

由于每一个用户的媒介和互联网接触行为习惯不同，这使得单一的视频传播很难有好的效果。因此，视频营销首先需要在公司的网站上开辟专区，吸引目标客户的关注；其次，与主流的门户、视频网站合作，提升视频的影响力。对于互联网的用户来说，线下活动和线下参与是很重要的一部分，因此通过互联网上的视频营销，企业可以整合线下的活动、线下的媒体等进行品牌传播。

四、网络视频营销效果统计

（一）统计网络视频的相关数据

1. 查找播放视频营销片子后的效果数据

（1）播放的次数，即在近一个月里播放多少次数。

（2）网友自发转载播放次数。

（3）各大媒体网站上转载播放的次数。

（4）视频的回帖率。

（5）视频的总播放次数。

2. 统计数据

（1）观看总人数。

（2）观看人层次，包括文化程度、职业、年龄、性别等。

（3）视频被网站转载播放次数。

（4）网友转载播放视频的次数。

（二）评估网络视频质量

对视频营销片子的评估，包括：

（1）持肯定意见的人数；

（2）持反对意见的人数；

（3）持中间意见的人数；

（4）播放后的经济效益，包括销售产品利润、片子制作成本等，可以从网站上查找；

（5）企业或产品的排位，前后进行比较。

任务实训

家乡特产网络视频营销策划及实施

1. 实训目的

通过本次实训，使学生掌握网络视频营销的过程及网络视频营销策略。

2. 实训内容

（1）策划家乡特产网络视频：设计家乡特产视频营销目标，分析营销目标用户并策划视频内容。

（2）视频拍摄及处理：根据家乡特产情况选择拍摄方案及视频后期处理工具。

（3）视频推广：上传视频到不同的视频平台，并通过社会化营销媒体进行传播。

（4）视频营销效果：通过统计网络视频的相关数据。

3. 实训成果要求

完成家乡特产视频设计方案，拍摄家乡特产视频、上传并推广，统计家乡特产视频营销的效果，并将上述内容形成一个网络视频营销方案。

项目小结

本项目的任务为网络视频营销。网络视频营销任务中包括认知网络视频营销、网络视频营销实施、网络视频营销策略和网络视频营销效果统计四方面内容。

网络视频营销实施从网络视频的策划、网络视频的拍摄和处理、网络视频的推广三个过程着手。

网络视频营销策略包括通过网民自创策略、病毒营销策略、事件营销策略和整合传播策略这四个策略。

项目重点：网络视频营销实施、网络视频营销效果统计。

项目难点：网络视频营销策略。

思考与练习

一、不定项选择题

1. 下面（　　）不属于网络视频营销的趋势。

   A. 品牌视频化　　B. 视频网络化　　C. 视频互动化　　D. 广告内容化

2. 下面（　　）不属于网络视频营销策略。

   A. 网络公关　　B. 病毒营销　　C. 事件营销　　D. 整合传播营销

3. 下面属于视频类型的是（　　）。

A. 电视广告　　B. 网络视频　　C. 宣传片　　D. 微电影

4. 具有（　　）的网络视频属于网民喜欢传播的类型。

A. 新奇元素　　B. 焦点元素　　C. 情感元素　　D. 励志元素

E. 幽默元素　　F. 非常规元素

5. 下面属于视频推广渠道的是（　　）。

A. 优酷网　　B. 新浪博客　　C. 微信　　D. QQ

E. 微博　　F. 知乎

二、简答题

1. 网络视频营销的实施过程是什么？
2. 请列出你印象最深的 3 个网络视频，分析它们给你留下深印象的原因。
3. 网络视频推广的方法有哪些？

项目六
网络广告营销

项目简介

网络广告作为一个全新的广告媒体，具有覆盖面广、广告效果持久、互动性强、广告费用相对较低等得天独厚的优势，是企业发展壮大、实施现代营销媒体战略的重要手段。艾媒咨询发布的《2014—2015 年中国 DSP 行业发展研究报告》显示，2015 年中国网络广告市场规模将达到 2123.4 亿元。预计未来三年中国网络广告市场规模的增速将趋于平稳，到 2018 年将达到 4125 亿元。

本项目主要由认知网络广告、网络广告策划、网络广告效果监测三个任务组成。通过本项目学习，使学生对网络广告营销产生兴趣，从而掌握网络广告的策划和效果监测知识。

项目目标

知识目标：了解网络广告的概念和特点，掌握网络广告的基本表现形式，了解网络广告策划的概念和原则，掌握网络广告策划的内容，熟悉网络广告效果的内容，掌握网络广告效果监测和评估标准。

技能目标：能够区分不同类型的网络广告表现形式，能够进行网络广告策划并制定广告方案，能够对网络广告进行监测和评估。

素质目标：能够在互联网搜集素材，实现与团队成员的良好合作，并能够形成对某一广告的设计思路，再用简练的文字表达出来。

引导案例

➢ **项目引导案例：东风标致 207 两厢网络广告**

1. 案例背景

东风标致 207 上市之际，为了更好地提升品牌竞争力、增强与目标受众的互动性，携手艾德无线广告平台，定位高端用户群体，对其进行持续的品牌辐射，增加东风标致 207 产品的曝光度，同时配合其市场活动，为预约试驾宣传造势，使得此次新车上市取得了较好的宣传效果。

2. 品牌分析

（1）品牌个性：时尚、大气、优雅、灵动。

（2）品牌文化：品位、舞动生活。

（3）品牌情感：纷繁复杂的规则制度充斥着人们的生活，但也因此激发了人们对自由的渴望；物质享受与生活方式日益丰富多样，逐渐唤醒了人们对品位与个性的追求。东风标致 207 两厢与充满活力的年轻一族共同塑造出新的审美主义和价值观，不断超越梦想，达到人生的新高度。

3. 目标人群

在大量媒体群的覆盖下，通过追踪上网用户的 Cookies，再根据时间、地域、场景等多种定向功能对用户的上网行为进行分析，从而得出目标人群基本信息。

（1）用户年龄：19～35 岁。

（2）用户特征：男性居多，多为中高消费购买力人群，月收入 3 000 元以上的占 26.75%。

（3）地域分布：主要集中于北京、上海、广州、深圳等沿海发达城市。

（4）用户生活形态分析：多为都市精英，追求高品质生活，享受驾车快感。

4. 宣传策略

采用 CPM 的广告投放方式进行投放。

通过扩展视频的广告形式声色并茂地将品牌形象和内容投放在各个媒体圈。针对目标人群特点，按消费能力、地域、兴趣几条主线选择了时尚媒体圈、女性媒体圈、财经媒体圈、体育媒体圈、汽车媒体圈及生活媒体圈，分门别类地进行投放和实时的效果分析。

在四个多月的推广期中，其遵循了追踪受众、锁定受众、高效传播的理念，除了完成广告投放目标之外，还为客户采集了大量受众数据资料。数据分析显示在此次活动推广中，总体的受众点击率高达 2%。

5. 案例分析

上海传漾网络科技有限公司旗下 SamMax 品牌广告网络平台，以追踪受众、锁定受众、高效传播为理念。此次东风标致的网络推广充分发挥 SamMax 的优势，短时间内令东风标致 207 在各个细分受众的品牌广告网络平台得到高效的曝光，再结合线下活动，更进一步提升了品牌的知名度，达到宣传品牌、促进销售的目的。

资料来源：网易（http://www.163.com）

思考：

1. 你知道网络广告有哪些形式吗？
2. 有没有印象深刻的网络广告？该广告是如何策划设计的？
3. 网络广告效果如何评价呢？

任务一　认知网络广告

任务引入

活动分析单 6-1

活动情境	小李发现在使用网络服务时会看到很多网络广告。这些广告丰富多彩、形式各样，而且有些广告设计精美、创意新颖，经常会吸引小李点击关注。那么网络广告常见的形式有哪些呢？不同形式的广告有什么特点？
环境需求	（1）互联网接入。 （2）计算机（每人一台）、智能手机（每人一部）。 （3）学习任务考核单（也可到教学资源包下载电子版）。 （4）将班级分为若干讨论组，每组设组长一名。
活动描述	主题：认识网络广告。 目的：通过任务练习了解网络广告的含义、特点，掌握常见的网络广告形式。 步骤： （1）打开浏览器，登录新浪（或网易、搜狐）门户网站； （2）查找一些网络广告，用截图方式将不同类型的网络广告分别记录一个； （3）分析每种类型网络广告表现形式； （4）选择一个感兴趣的网络广告，分析其优缺点； （5）针对该广告存在的不足，提出改进意见。
活动拓展	企业投放网络广告，需要根据营销活动规模、传递信息特点、资金预算等来选择合适的网络广告形式。根据活动描述中选定的网络广告，请思考以下问题：企业为什么要选择这种形式的网络广告？该广告是如何传递企业的营销信息的？

活动考核单 6-1

班级：　　　　　　姓名：　　　　　　学号：　　　　　　编号：6-1

序号	考核内容	分值	总结与归纳	成绩
（1）	用截图方式记录不同类型的网络广告（可附页）	30 分		
（2）	分析每种类型的网络广告表现形式	30 分		
（3）	选定一个网络广告，分析其优缺点	20 分		
（4）	针对该广告存在的不足，提出改进意见	20 分		
			合计	

* 请学生填写完学习活动考核单后上交。

知识指南

一、网络广告定义

广告是商品经济发展的产物，是一种以推销商品、获得盈利为最终目标的商业行为。广告向目标消费者展示商品的性质、质量、功用、优点，进而打动和说服消费者，影响和改变消费者的观念和行为，最后达到商品被推销出去的目的。

网络广告是指以数字代码为载体，采用多媒体技术设计制作，通过互联网传播，具有交互功能的广告形式。2001 年 4 月北京市工商局颁布的《北京市网络广告管理暂行办法》规定“本办法所称网络广告，是指互联网信息服务提供者通过互联网在网站或网页上以旗帜、按钮、文字链接、电子邮件等形式发布的广告”。

小资料：国内外最早的网络广告

网络广告最早出现在美国。1994 年 10 月 14 日，美国著名的 Wired 杂志推出网络版 Hotwired，其主页上开始有 AT&T 等 14 个客户的广告 Banner。这标志着一种面向新世纪的广告新形式的正式诞生。1997 年 3 月 Chinabyte 网站上出现了我国第一个商业性的网络广告，广告主是 Intel，广告表现方式是 468×60 像素的动画旗帜广告。

二、网络广告形式

网络广告采用先进的多媒体技术，拥有灵活多样的广告投放形式。目前网络广告投放形式主要有以下几种。

（一）横幅广告

横幅广告又称“旗帜广告”，是最常用的广告形式。它通常以 Flash、GIF、JPG 等格式定位在网页中，同时还可使用 Java 等语言使其产生交互性，用 Shockwave 等插件工具增强表现力。横幅广告开始是静态的广告，用户可以点击进入广告主的网站，后来逐渐发展为互动广告。如图 6-1 所示，中心图片为横幅广告。

图 6-1　横幅广告

（二）按钮广告

按钮广告又名“图标广告”，是标语式广告的一种特殊形式，其制作方法、付费方式、自身属性与横幅广告没有区别，仅在形状和大小上有所不同。其由于尺寸偏小，表现手法较简单，一般只由一个标志性的图案构成，通常是商标或厂徽等，它的信息量非常有限，吸引力也相对差一些，只能起到一定的提示作用。LG 公司的按钮广告如图 6-2 所示。

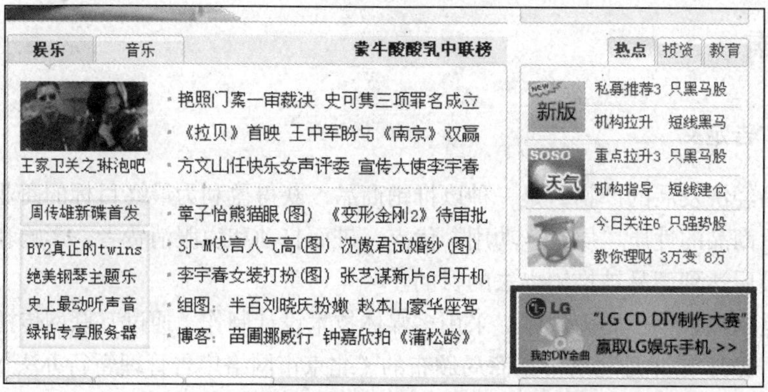

图 6-2　按钮广告

（三）文本链接广告

文本链接广告是以一排文字作为一个广告，点击之后可以进入相应的广告页面。这是一种对浏览者干扰最少，却较为有效的网络广告形式。有时候，最简单的广告形式效果却最好。

（四）电子邮件广告

电子邮件广告具有针对性强、费用低廉的特点，而且广告内容不受限制。它可以针对具体某一个人发送特定的广告，为其他网上广告方式所不及，如图 6-3 所示。

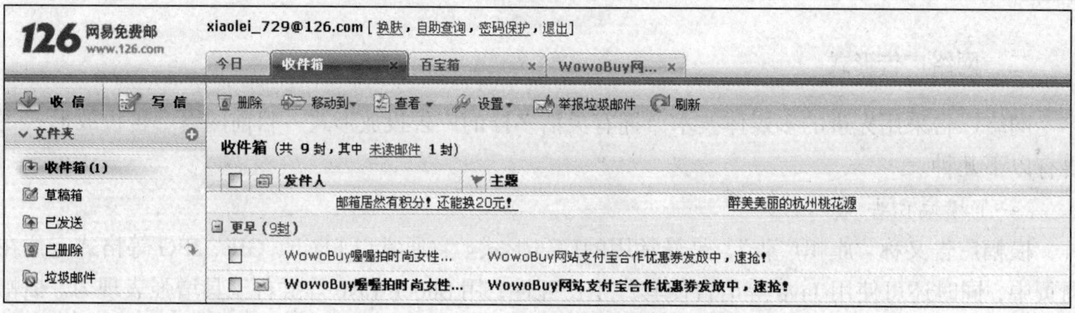

图 6-3　电子邮件广告

（五）竞赛和推广式广告

竞赛和推广式广告又名“赞助式广告”，广告主可以与网站一起合办认为公众感兴趣的网上竞赛或网上推广活动。赞助式广告的形式多样，在传统的网络广告之外，给予了广告主更多的选择空间。如 TeL 赞助搜狐世界杯频道。

（六）软性广告

广告与内容的结合可以说是软性广告的显著特征，从表面上看它们更像网页上的内容而并非广告。在传统的印刷媒体上，这类广告一般都会有明显的标示，而在网页上通常没有清楚的界限。

（七）插播式广告

插播式广告又名“弹出式广告”，在访客请求登录网页时强制插入一则广告页面或弹出广告窗口，类似电视广告，都是打断正常节目的播放形式，强迫公众观看。插播式广告有各种尺寸，有全屏的也有小窗口的，而且互动的程度不同，从静态广告到全部动态广告都有。浏览者可以通过关闭窗口不看广告（当然电视广告是无法做到的），但是它们的出现没有任何征兆，肯定会被浏览者看到，如图 6-4 所示。

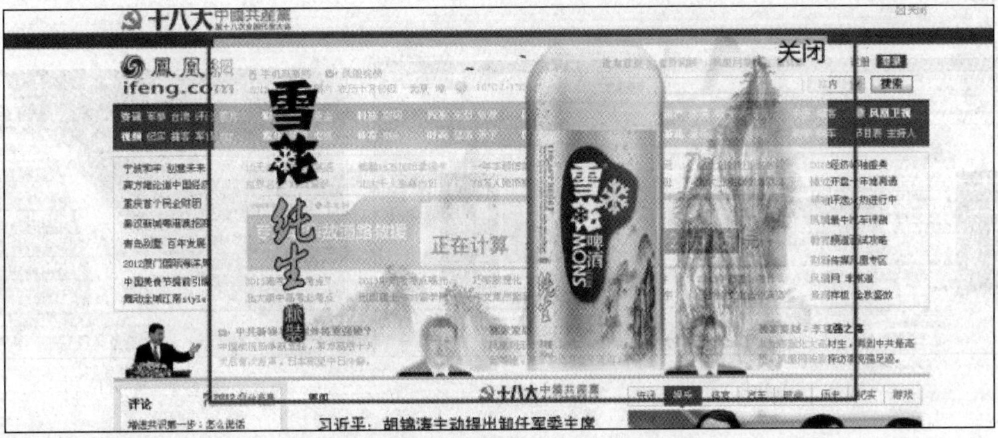

图 6-4 弹出式广告

（八）富媒体广告

富媒体广告是一种不需要受众安装任何插件就可以播放的整合视频、音频、动画图像、具有双向信息通信和用户交互功能的新一代网络广告形式。它具有大容量、交互性的特性，拥有更大的创意空间，可以更好地展现品牌形象，而其带来的高浏览率、高点击率、高转化率，更使其成为网络营销不可错过的广告形式。

（九）其他类型广告

其他类型广告主要包括分类广告、视频广告、巨幅连播广告（见图 6-5）、对联广告（见图 6-6）、撕页广告（见图 6-7）等。

图 6-5　巨幅广告

图 6-6　对联广告

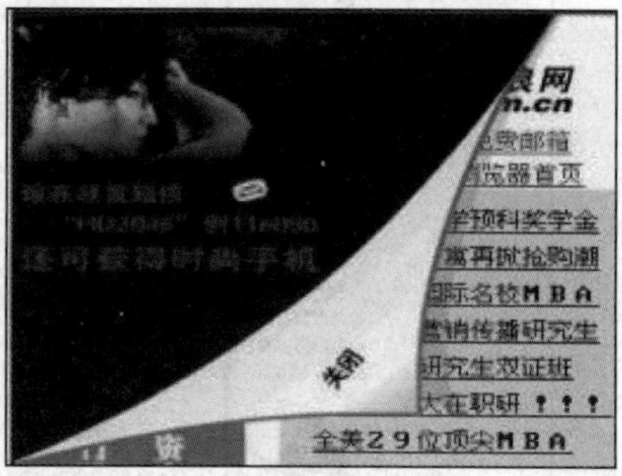

图 6-7　撕页广告

三、网络广告的独特优势

与传统媒体（报纸、杂志、电视、广播）广告及户外广告相比，网络广告的独特优势主要表现在以下几个方面。

（一）传播范围极大

网络广告可以通过国际互联网，把广告信息全天候地传播到世界各地，不受时间、空间的限制。截至 2014 年 12 月，我国网民已达到 6.49 亿。这些网民一般具有较高文化和消费水平，是网络广告的目标群。只要具备上网条件，他们可以在任何地方随时浏览网络广告信息，而且具有一定的消费能力。这种效果，是传统媒体无法企及的。

（二）非强迫性传播咨询

网络广告属于按需广告，不会将广告信息强行灌输到用户的大脑中，它具有分类广告的特点，可以由用户自由查询，并将用户所需的咨询集中传送给用户，这样不仅大大节省了用户的时间，而且还可避免无效的、被动的注意力，因而容易为用户所接受。

（三）受众数量可以准确统计

利用传统媒体做广告，很难准确地知道究竟有多少人看到了广告信息，而网络广告则可以在互联网上通过权威公正的访问者统计系统，精确地统计出每个商家的广告被多少个用户浏览过，以及这些用户的基本信息、查阅的时间和地域分布，从而有利于商家正确评估广告效果，审定广告投放策略。

（四）灵活的实时性、低成本

在传统媒体上发布广告后很难随意更改，即使可以改动也往往需要付出很大的资金投入。而在网上则可以按照需要及时变更广告的内容和形式，这样一来，商家的经营决策也可以及时得以变更实施和推广。

（五）强烈的交互性和感观性

由于网络广告的载体基本上是多媒体、超文本格式文件，访问者可以随时对某些感兴趣的商品进行浏览、加强了解，只要一按鼠标就可以得到更详细的信息，从而使消费者能亲身“体验”商品的基本功能，以及商家的相关服务和品牌知名度。如果能将虚拟现实等新技术应用到网络广告上，以图、文、声、像的形式传送多感观性商品信息，让消费者身临其境地感受商品的特性和服务，并能实现网上预订、支付与结算，将大大增强网络广告的实效。

（六）针对性强。

不同类型的网站有不同类型的用户群体，而网络广告的受众通常又是该用户群中最有活力、受教育程度高、消费水平最高的群体，网络广告可以帮助商家直接命中最有可能的潜在用户。

任务实训

网络广告初体验——认识网络广告

1. 实训目的

熟悉网络广告形式，通过搜索并记录各种不同类型的网络广告，深入分析不同类型广告传递信息方式，分析其优缺点。

2. 实训内容及步骤

（1）打开新浪网，找出各种网络广告，截图后对该种网络广告进行优缺点分析。

（2）除了我们教材中讲的几种网络广告，你还知道哪些网络广告？请你在网上寻找以下网络广告：视频植入广告、软文广告、游戏植入广告、搜索引擎广告（关键词广告）、电子杂志广告。

（3）了解百度竞价排名广告定价，试查找鲜花的点击价格。

操作提示：

① 打开百度推广后台 http://cas.baidu.com/?tpl=www2&fromu=http%3A%2F%2Fwww2.baidu.com%2F；

② 注册成为百度推广用户；

③ 登录选择搜索推广；

④ 选择估算工具进行估算。

（4）了解新浪广告的定价。

（5）打开阿里妈妈的网站，了解阿里妈妈的运作模式。

3. 实训成果要求

完成网络广告类型分析的实训报告。

任务二　网络广告策划

任务引入

活动分析单 6-2

活动情境	小李对网络广告产生了浓厚的兴趣，也想试试身手制作一则网络广告。制作网络广告前需要先根据企业背景、营销目标全面策划设计。那网络广告需要设计策划哪些方面？如何策划呢？
环境需求	（1）互联网接入。 （2）计算机（每人一台）、智能手机（每人一部）。 （3）学习任务考核单（也可到教学资源包下载电子版）。 （4）将班级分为若干讨论组，每组设组长一名。

续表

活动描述	主题：网络广告策划。 目的：通过任务掌握网络营销广告的策划内容。 步骤： （1）登录门户网站或行业平台网站，选定一个当前正在投放的广告； （2）了解广告是哪个企业投放的、企业营销背景、产品名称等基本信息； （3）分析广告受众、目标； （4）分析广告内容，包括企业或品牌名称、产品、营销内容； （5）分析广告主题、色调、形式。
活动拓展	网络广告策划是根据互联网的特征及消费者人群的特征，从全局的角度所展开的一种运筹和规划。除了广告内容和形式，广告投放的载体和广告预算也是重要的因素。请登录相关网站，了解各类型广告的价格。

活动考核单 6-2

班级：　　　　　　姓名：　　　　　　学号：　　　　　　编号：6-2

序号	考核内容	分值	总结与归纳	成绩
（1）	选定一个当前正在投放的广告	10 分		
（2）	了解投放该广告的企业的营销背景、产品名称等基本信息	30 分		
（3）	分析广告受众、目标	20 分		
（4）	分析广告内容，包括企业或品牌名称、营销的内容	20 分		
（5）	分析广告主题、色调、形式	20 分		
合计				

* 请学生填写完学习活动考核单后上交。

知识指南

一、网络广告策划的概念

网络广告策划是指根据广告主的网络营销计划和广告目的，在市场调查的基础上对广告活动进行整体的规划或战略策略。它是根据互联网的特征及网络人群的特征，从全局角度所展开的一种运筹和规划。在有限的广告信息体上，制作者对整个网络广告活动加以协调安排。对广告设计、广告投入、广告时间、广告空间安排等各个具体环节做到充分考虑并精益求精。广告商对广告检测，不断改进，胸有成竹地执行各个环节。

二、网络广告策划的内容

通过网络营销广告要达到什么目的？谁是广告的目标受众？应该使用怎样的广告创意？应该使用哪种广告形式？选择什么网站媒体发布？准备投入多少资金？怎样评价广告效果？回答这些问题的过程，就是网络广告策划的过程。所以，网络广告策划方案包括以下几步。

（一）确立网络广告目标和受众

网络广告是企业营销策划的一个组成部分，企业根据自身的发展及市场竞争的需要，不同时期有不同的广告目标。在产品开发阶段，广告目标可细分为提供信息、说服购买和提醒使用等。在市场开发的不同阶段，广告目标还可以细分为市场渗透、市场扩展、市场保持 3 种类型。

另外，为使网络广告的创意、制作、发布更有针对性，必须回答广告的目标顾客是社会的哪个群体，哪个阶层，在哪个区域，用户感兴趣的内容，用户接收信息的渠道和最容易被接受的时间等。在这里需要分析目标用户的特点与行为，如年龄、性别、文化程度、职业特征，用户的生活习惯、消费习惯、网络行为等；用户主要聚集的网站，或者通过哪些网站找信息或者互相交流，如论坛社区、SNS、博客、网站、搜索引擎等；了解用户喜欢的内容等，有助于网络广告内容的策划。在这些基础上，将上述具体的网站和用户喜欢的内容列出来，用户首选的网站和内容，即是我们首选的媒体和策划的方向。

> 扫一扫——2014 年“去哪儿和去啊”广告创意欣赏

（二）选择网络广告媒体

网络广告需要选择合适的网络广告媒体进行投放，才能达到更好的效果。要选择热门的网络广告媒体，如新浪、网易等，但媒体的选择不能只考虑网络媒体的流量与知名度，还要考虑网络媒体的用户群和企业目标群的重合度、产品特性、成本及相关服务等因素。如肯德基的富媒体广告的受众面很广，特别是年轻用户基数多，就决定选择流量大门户网站网易作为媒体投放，效果良好。

> **小练习：加入广告互换网**
>
> 广告互换网类似于交换链接，以一种互惠互利的方式为你和所有加入的人进行广告位的互换，实现资源共享。国内有名的广告互换网有网盟（http: //www.webunion.com）、联盟（http: //www.linkunion.com）等

> **小资料：国内外最早的网络广告**
>
> 阿里妈妈是阿里巴巴公司旗下的一个全新的互联网广告交易平台，主要是针对网站广告的发布和购买的平台。
>
> 阿里妈妈作为一个广告交易平台，延续了淘宝的 C2C 路线，淘宝交易的是各种商品，而阿里妈妈交易的是广告，因此，可以定位为一个“C2C 式广告”平台。

（三）选择网络广告形式

确定了网络广告媒体后，就策划以何种形式向目标受众传播广告要表达的信息。广告商通常选择横幅广告这种主要形式来播放。

（四）确定进度安排

主要是确定广告在不同的投放媒体中展现的进度安排，包括广告在不同媒体出现的连续性、周期性、间接性和密度等。这里一定要考虑客户的需求和产品竞争的特点，如在“双十一”“双十二”期间投放广告，可在前一个月开始投放，维持一个半月到两个月，就能达到预期的效果。

三、网络广告策划的原则

（1）指导性。广告策划是对整体活动的指导性方案，策划的结果就成为广告活动的蓝图。

（2）整体性。广告策划应该从全局和长远着眼，让局部为全局服务，让眼前利益为长远利益服务。

（3）差异性。创造性思维是广告策划生命力的源泉，贯穿于广告策划过程的始终。

（4）灵活性。广告策划的中心要随着市场和消费者的变化而变化。

（5）效益性。广告活动要讲究投入产出，要用最少的钱取得最大的效果。

（6）合作性。广告策划应以集体策划为主，集思广益。

（7）数量化。广告策划要对预算、时间、对象、预期销售额等有明确严格的数量上的规定。

（8）可行性。广告策划中要注意策划目标及整体方案的现实性和可行性。

（9）保密性。商场如战场，必须认真做好企业内部资料保密工作。

任务实训

网络广告策划——手机广告

1. 实训目的

掌握网络广告策划的内容；会针对企业营销活动做简单的广告策划；了解网络广告的具体形式和报价；会做网络广告的预算。

2. 实训内容及步骤

某国内手机生产企业准备在第四季度（10~12 月）在搜狐网、新浪网、新华网等著名网站上做广告，广告费预算为 30 万元（不包括广告制作预算）。假设你为广告代理商，请你为该手机生产企业做一个简单的网络广告策划，说明广告受众、目标、广告内容、广告形式、发布媒体、价格等。广告价格以网站的报价为准。请简要说明该策划的理由。

（1）进行产品分析和市场分析。

（2）网络广告策划。

（3）设计网络广告作品（草稿）。

（4）决定广告投放方向（需要写明原因）。

（5）费用预算。

策划例子：

广告形式说明	发布地点	价格	发布时间	合计费用
80 × 80 按钮广告	搜狐网主页	8 000/天	37.5 天	30 万元

3. 实训成果要求

完成实训报告：撰写网络广告策划书，主要内容包括方案概述、投放方案、费用预算。

考核以策划结果为评分依据。

至少包括 3 个备选方案，且以如下表格形式表示。

方案：×××方案

广告形式	发布地点	价格	发布时间	合计费用

任务三　网络广告效果监测

任务引入

活动分析单 6-3

活动情境	小李的网络广告制作完成了，那到底这则广告的效果如何呢？小李决定把网络广告发布出去，监测效果。网络广告效果如何监测评估呢？有哪些指标呢？
环境需求	（1）互联网接入。 （2）计算机（每人一台）、智能手机（每人一部）。 （3）学习任务考核单（也可到教学资源包下载电子版）。 （4）将班级分为若干讨论组，每组设组长一名。
活动描述	主题：网络广告效果监测。 目的：通过任务练习掌握网络广告效果监测的标准。 步骤： （1）登录 PHPStat（易分析）网络广告效果监测系统的网站； （2）记录 PHPStat 业务介绍； （3）浏览器网站，记录一个成功案例； （4）进行业务功能演示； （5）申请试用。
活动拓展	目前，国内提供网络广告效果监测系统的企业有很多。请大家登录 99click 商助科技公司网站，了解其业务，并将其和 PHPStat（易分析）进行比较。

活动考核单 6-3

班级：　　　　　　姓名：　　　　　　学号：　　　　　　编号：6-3

序号	考核内容	分值	总结与归纳	成绩
（1）	登录PHPStat网络广告效果监测系统的网站，记录其业务介绍范围	30 分		
（2）	浏览器公司网站，记录一个成功案例	30 分		
（3）	业务功能演示，并简要记录	20 分		

续表

序号	考核内容	分值	总结与归纳	成绩
（4）	申请试用	20分		
合计				

* 请学生填写完学习活动考核单后上交。

知识指南

一、网络广告效果

网络广告效果是指广告作品通过网络媒体发布后所产生的实际作用和影响。网络广告效果同传统广告效果一样具有复合性，包括经济效果和传播效果。

（一）网络广告经济效果

网络广告经济效果是指网络广告活动在促进产品、服务以及增加企业利润等方面的作用，广告主利用各种网络广告形式传播产品或服务信息，开展各种网络广告活动。其根本目的是刺激消费者购买网络广告产品或服务，扩大销售，给广告主带来利润。因此，网络广告经济效果是广告活动最基本、最重要的效果。

（二）网络广告传播效果

网络广告传播效果是指网络广告活动在消费者心理上引起反应的作用。网络广告通过对产品、服务和品牌的宣传，客观上强化或改变着人们的认知、态度和行为，从而对人们的心理上产生一定的影响。网络广告活动可以激发消费者的心理需要和购买动机，培养消费者对产品或服务的认同、信任和好感，从而树立良好的品牌形象和企业形象。所以，网络广告传播效果是一种内在的具有长远影响的效果。

二、网络广告效果监测

（一）网络广告效果监测的定义

网络广告效果监测是利用一定的指标、方法和技术对网络广告效果进行综合衡量和评定的活动。

网络广告监测是通过对互联网发布广告的统计分析，了解广告投放的状况、广告投放策略的分析、广告的效果评估；是广告主了解广告市场动态、媒介构成、竞争品牌的广告投放量多少最直接有效、客观的手段。网络广告效果监测不仅对企业目前的广告做出客观的评价，而且对企业今后的广告活动起到了有效的指导作用。

（二）网络广告效果评估的标准

由于传统广告效果很难用直接的方法加以评测，所以传统广告效果评估难以制定出具体的标准，而网络广告的数字化特征决定了其精确性和可统计性。因此，同传统广告相比，网络广告效果评估具有其独到之处。

1. 网络广告经济效果评估标准

网络广告的最终目的是促成产品或服务的销售，广告主最关心的是由于网络广告而得到的收益。收益是广告收入与广告成本两者之差，网络广告经济效果评估的内容及指标主要包括网络广告收入和网络广告计费形式。

（1）网络广告收入。网络广告收入是指消费者受网络广告的影响产生购买而给广告主带来的销售收入。其计算公式为

$$网络广告收入=P\times N_i$$

其中，P 表示网络广告所宣传的产品或服务的价格，N_i 表示消费者 i 在网络广告的影响下购买该产品的数量。这一结果要得到准确的统计数字，还有相当大的难度。

（2）网络广告计费形式。网络广告计费形式主要有 CPC、CPM、CPT、CPA 4 种。

① 千人印象成本（Cost Per Mille，CPM）。千人印象成本是指网络广告所产生 1 000 个广告印象的成本，通常以广告所在页面的曝光次数为依据。其计算公式为

$$CPM=总成本\div广告曝光次数\times1000$$

② 每点击成本（Cost Per Action，CPA）。CPA 是一种按广告投放实际效果计价方式的广告，即按回应的有效问卷或订单来计费，而不限广告投放量。CPA 的计价方式对于网站而言虽然有一定的风险，但广告若投放成功，其收益也比 CPM 的计价方式要大得多。其计算公式为

$$CPA=总成本\div转化次数$$

③ 每千人点击成本（Cost Per Click，CPC）。CPC 是一种点击付费广告形式，是网络广告最早的计费方式。通过 CPC 的广告点击数及点击率，广告主可以很清楚地了解自己投放的网络广告到底带来了多大的宣传效果，大大满足了广告主对广告效果评估的需求。

④ 按时长付费（Cost Per Time，CPT）。CPT 是一种以时间来计费的网络广告计费方式，国内很多网站都是按照“一个月多少钱”这种固定收费模式来收费的。CPT 是目前国内网络广告主要计费形式。CPT 是传统媒体广告购买模式的延续，它使得网络广告的计费模式更趋近于传统媒体的购买模式。广告主可以根据自身需求在特定时间段选取特定广告位进行有针对性的宣传。

2. 网络广告传播效果评估标准

（1）广告曝光次数。网络广告所在的网页被访问的次数，这一数字通常用 Counter（计数器）来进行统计。网络广告刊登在网页的固定位置，那么在刊登期间获得的曝光次数越高，表示该广告被看到的次数越多，获得的注意力也就越多。

（2）点击次数与点击率。网民点击网络广告的次数就称为点击次数。点击次数可以客观准确地反映广告的效果。而点击次数除以广告曝光次数，即可得到点击率（CTR），这项指标也可以用来评估网络广告的效果，是广告吸引力的一个指标。如果刊登这则广告的网页的曝光次数是 5 000，而网页上的广告的点击次数为 500，那么点击率是 10。点击率是网络广告最基本的评价指标，也是反映网络广告最直接、最有说服力的量化指标，因为一旦浏览者点击了某个网络广告，就说明他已经对广告中的产品产生了兴趣，与曝光次数相比这个指标对广告主的意义更大。不过，随着人们对网络广告的深入了解，点击率已越来越低。因此，在某种程度上，单纯的点击率已经不能充分反映网络广告的真正效果。

（3）网页阅读次数。浏览者在对广告中的产品产生了一定的兴趣之后便会点击进入广告主的网站，在了解产品的详细信息后，可能就产生购买的欲望。当浏览者点击网络广告之后即进入了介绍产品信息的主页或者广告主的网站，浏览者对该页面的一次浏览阅读称为一次网页阅读。而所有浏览者对这一页面的总的阅读次数就称为网页阅读次数。这个指标也可以用来衡量网络广告效果，它从一个侧面反映了网络广告的吸引力。广告主的网页阅读次数与网络广告的点击次数实

际上是存在差异的，这种差异是由于浏览者点击了网络广告而没有去浏览阅读点击这则广告所打开的网页所造成的。

（4）转化次数与转化率。网络广告的最终目的是促进产品的销售，而点击次数与点击率指标并不能真正反映网络广告对产品销售情况产生的影响，于是，转化次数与转化率指标被引入。

“转化”被定义为受网络广告影响而形成的购买、注册或者信息需求。那么，我们推断转化次数就是由于受网络广告影响所产生的购买、注册或者信息需求行为的次数，而转化次数除以广告曝光次数，即得到转化率。网络广告的转化次数一般包括两部分：一部分是浏览并且点击了网络广告所产生的转化行为的次数；另一部分是仅仅浏览而没有点击网络广告所产生的转化行为的次数。由此可见，转化次数与转化率可以反映那些浏览而没有点击广告所产生的效果，同时，点击率与转化率不存在明显的线性关系，所以出现转化率高于点击率的情况是不足为奇的。但是，如何来监测转化次数与转化率，在目前的实际操作中还有一定的难度。通常情况下，将受网络广告的影响所产生的购买行为的次数看作转化次数。

小资料：转化率的提出

转化率最早是由美国的网络调查公司 AdKnowledge 在《2000 年第二季度网络广告调查报告》中提出的。

（三）网络广告效果监测方法

1. 通过网络软件统计

网络广告可以统计广告被浏览的总次数、每个广告被单击的次数，还可以详细、具体地统计出每个访问者的访问时间、IP 地址等数据。这些数据可以帮助广告主分析市场与受众，有针对性地投放广告，并根据用户特点来做定点投放和跟踪分析，对广告效果做出客观准确的评估。

扫一扫——网络软件统计广告数据的方法

2. 通过查看客户反馈量

一般来说，如果广告投放后广告对象的反应比较强烈，反馈量大大增加，则说明所投放的广告比较成功，反之，则说明所投放的广告不太成功。

3. 通过广告评估机构

网络广告效果评估是一个全新的领域，广告客户一旦选择了网络广告这一方式，就将质询广告访问量的真实性和准确性，以评估效果。无论是站点流量审计，还是广告服务审计，都是非常严谨的商业行为。如果没有准确、全面的统计结果，广告客户无所适从，那么很可能断送网络广告这一新兴产业。专业的评估应包括两个方面：首先是量的评估，比较计划和执行在量上的区别；其次是研究广告的衰竭过程，方法是将同一广告的每天的点击率在坐标轴上连成线，研究每个创意衰竭的时间，为设定更换广告创意间隔提供依据。

4. 通过网络广告效果评估软件

目前，已经出现多种把网络广告报价和广告效果评估集成起来的网络广告管理软件，常用的有“CMM”“康赛广告监测系统”中国媒体指标（SAC Nielsen）等。广告主可以向有关软件研究公司购买。在投入广告之前，广告主可以根据它提供的媒体各方面的情况制订计划。在投入广告之后，提供软件的公司将把广告效果的各种数据通过软件分类汇总，从而使广告主了解到广告的效果。

任务实训

网络广告效果监测

1. 实训目的

学习网络广告监测的方法，如广告的曝光量、点击量和转化率，以此评估广告的效果。

2. 实训内容及步骤

（1）根据学校情况，为学校或专业招生设计制作广告（画图工具或 P 软件）。

（2）在个人主页、博客或学校网站投放广告。

（3）选择一个熟悉网络广告监测系统。

（4）根据所学习的广告监测方法，通过广告站点的访问量、广告的点击率和转化次数对广告效果进行评估，然后适时做出相应修改。

3. 实训成果要求

完成实训报告：网络广告效果监测报告。

项目小结

本项目主要由认知网络广告、网络广告策划、网络广告效果监测 3 个任务组成。

认知网络广告包括认知网络广告定义、网络广告形式、网络广告的独特优势。

网络广告策划的学习内容主要包括网络广告策划的概念、网络广告策划的内容、网络广告策划的原则。

网络广告效果监测的学习内容包括网络广告效果的概念和内容、网络广告效果监测概念和意义、网络广告效果监测的标准及网络广告效果监测的方法。

项目重点：网络广告形式、网络广告策划的内容、网络广告效果监测的标准及网络广告效果监测的方法。

项目难点：网络广告策划的内容、网络广告效果监测的标准。

思考与练习

一、不定项选择题

1. 中国第一个商业性的网络广告出现在（　　）年。

A. 1995　　B. 1997　　C. 2001　　D. 2002

2. （　　）又称为旗帜广告，是最常用的广告形式。

A. 横幅广告　　B. 按钮广告

C. 图标广告　　D. 巨幅广告

3. 在网络广告中，只有确定了（　　）行为的有针对性的广告。

A. 一级代理商　　B. 二级代理商

C. 广告对象　　D. 生产商

4. Cost Per Click 是广告图形被点击并连接到相关网站或详细内容页面（　　）次为基准的网络广告收费模式。

A. 10　　B. 100　　C. 1 000　　D. 10 000

二、简答题

1. 网络广告的形式有哪些？
2. 网络广告时间策划的内容有哪些？
3. 网络广告效果评估的原则有哪些？
4. 网络广告效果监测的标准？

项目七 软文营销

项目简介

语言可以温暖人心，穿透一个人的灵魂。自古至今，流传下来的好文章让一代代喜好文字的国人具有了“腹有诗书气自华”的美好气质。战争年代，文章是随时可以向敌人发起进攻，或者反击的有力武器；和平年代，在日益激烈的市场竞争中，软文持续不断地植入各媒体，发挥它的宣传价值，也成为保证企业经营和发展的必要支撑之一。软文是“软”，犹如太极，柔中带刚，刚柔并济，此谓软文营销的力量。

本项目主要由认知软文营销和软文营销策划两个任务组成。通过本项目学习使学生对软文营销产生兴趣，从而掌握软文营销方法和技巧。

项目目标

知识目标：了解软文以及软文营销的概念和定义、种类和特点，掌握常见软文营销策划的方法与技巧，熟悉新闻软文营销策划的技巧，掌握对软文营销效果进行监测和评估的方法。

技能目标：能够策划新闻软文营销方案，能够诊断软文营销现状并提出解决方案，能够对软文营销效果进行监测和评估。

素质目标：提升网络文字表达能力和网络文案传播能力。

引导案例

➢ **项目引导案例：3D 版《泰坦尼克号》破票房纪录**

十多年前，《泰坦尼克号》成为了电影票房的一个里程碑；十多年后，3D 版《泰坦尼克号》再次席卷全球，创造了新的奇迹。而在这巨大成功的背后充满的不是偶然，而是必然。第一周 3D 版《泰坦尼克号》的票房数据应该是超过了 5 亿元，或者在 5 亿元上下略微浮动。这个数字，创造了中国电影市场历史中的一个新纪录，曾经的中国票房冠亚军的《阿凡达》《变形金刚 3》的首周票房数据分别只有 3.94 亿元和 2.7 亿元。并且当时就有专业人士预计 3D 版《泰坦尼克号》在中国的票房将突破十亿。如果仅以十亿票房来计算，这部花费 1 800 万美元重新进行 3D 制作的 3D 版《泰坦尼克号》，仅仅在中国市场就获得了 900%的溢价收益！

3D版《泰坦尼克号》票房的成功少不了软文营销：早在2011年开始用3D技术翻新旧版《泰坦尼克号》的时候，各大网站、博客、社区、论坛就涌出许多相关新闻，其中最常见的就是微博以及人人网、QQ空间中疯狂转载的“2012在世界末日来临之前你将和谁牵手踏上《泰坦尼克号》”以及在电影上映时又出现大批“15年前陪你看泰坦尼克号的人现在在哪？”这些文字无疑打着怀旧温情的牌，让人们将3D版《泰坦尼克号》不只看做一部电影，更是一种回忆，走进电影院中观看的人很大一部分是抱着回忆去观看的。还有一部分热恋中的青年或许没看过旧版的《泰坦尼克号》，但是仅仅靠着这些铺天盖地的文字，就会让人觉得恋爱中的人不去看就是一大损失。

思考：

1. 当前有哪几种软文营销？你常使用哪几个？
2. 请举例说明你所知道的软文营销方法。
3. 举例说明一种新闻类软文营销。

任务一　认知软文营销

任务分析单7-1

学习情境	小李是某个地方性小论坛的管理者。论坛由于受制于地方性的局限，不够活跃，发帖和回帖数量都十分有限。因此，小李想通过软文来给自己所在的论坛进行营销，以此来提高论坛的活跃度和知名度。那么，他应该找一些什么样的软文呢？适合论坛营销的软文又具备什么样的特征呢？
环境需求	（1）互联网接入。 （2）计算机（每人一台）、智能手机（每人一部）。 （3）学习任务考核单（也可到教学资源包下载电子版）。 （4）将班级分为若干讨论组，每组设组长一名。

续表

活动描述	主题：学习论坛营销软文经典案例。 目的：通过任务练习了解不同类型的软文营销，了解软文营销的基本内容。 步骤： （1）借助百度、搜狗、好搜、谷歌等搜索若干篇论坛营销的软文，分析其价值，进行学习借鉴； （2）讨论不同软文的特点； （3）小组讨论如何发帖、回帖才能吸引更多网友的目光； （4）思考这对我们毕业求职有什么启发。
任务拓展	请选择几个不同的论坛，如天涯、百度、猫扑、凤凰、搜狐、网易等，分别在上面注册账号，在论坛里进行发帖，并且选择性地进行回帖，关注你的跟帖率和关注度。请思考以下几个问题： （1）为什么发帖会没有人跟帖？ （2）什么样的话题能够吸引别人的关注？ （3）帖子的标题应该怎么去写？ （4）帖子的内容、文章的结构要如何去设计？

任务考核单 7-1

班级： 姓名： 学号： 编号：7-1

序号	任务	分值	总结与归纳	成绩
（1）	寻找 5 个大型论坛，浏览其帖子	30 分		
（2）	找出你所浏览帖子中最热门的帖子	20 分		
（3）	分析软文营销在论坛营销中的应用	30 分		
（4）	总结网友接受软文营销的特征，如网友都偏好浏览什么样的帖子，以及跟帖的行为受什么因素影响	20 分		
			合计	

* 请学生填写完学习任务考核单后上交。

知识指南

一、软文认知

（一）软文的定义

“软文”本是公关和广告实践领域的一个模糊统称，理论界还未有统一而明确的称呼，对其的定义也只能从一些实践领域流行的观点中去探究。在国内，软文主要有两个层面的解释：狭义的软文是指企业花钱在报纸或杂志等宣传载体上刊登的纯文字性的广告。这种定义是早期的一种定义，也就是所谓的付费文字广告。广义的软文则指企业通过策划在报纸、杂志、DM、网络等宣传载体上刊登的可以提升企业品牌形象和知名度，可以促进企业销售的一些宣传性、解释性文章，包括特定的新闻报道、深度文章、付费短文广告、案例分析等，有的电视节目会以访谈、座谈方式进行宣传，这也归为软文。

扫一扫——网络软文的特点

（二）软文的类型

软文虽然千变万化，但是万变不离其宗，主要有以下几种方式。

1. 悬念式

悬念式也可以叫设问式，核心是提出一个问题，然后围绕这个问题自问自答。如“人类可以长生不老？”“什么使她重获新生？”“牛皮癣，真的可以治愈吗？”等，通过设问引起话题和关注是这种方式的优势。但是必须掌握火候，首先提出的问题要有吸引力，答案要符合常识，不能作茧自缚漏洞百出。

2. 故事式

通过讲一个完整的故事带出产品，使产品的“光环效应”和“神秘性”给消费者心理造成强暗示，使销售成为必然。如“1.2 亿买不走的秘方”“神奇的植物胰岛素”“印第安人的秘密”等。讲故事不是目的，故事背后的产品线索是文章的关键。听故事是人类最古老的知识接受方式，所以故事的知识性、趣味性、合理性是软文成功的关键。

3. 情感式

情感一直是广告的一个重要媒介，软文的情感表达由于信息传达量大、针对性强，当然更可以叫人心灵相通。“老公，烟戒不了，洗洗肺吧”“女人，你的名字是天使”“写给那些战‘痘’的青春”等，情感最大的特色就是容易打动人，容易走进消费者的内心，所以“情感营销”一直是营销百试不爽的灵丹妙药。

4. 恐吓式

恐吓式软文属于反情感式诉求，情感诉说美好，恐吓直击软肋——“高血脂，瘫痪的前兆！”“天啊，骨质增生害死人！”“洗血洗出一桶油”。实际上恐吓形成的效果要比赞美和爱更具备记忆力，但是也往往会遭人诟病，所以一定要把握分寸和尺度，不要过火。

5. 促销式

促销式软文常常跟进在上述几种软文见效时——“上海人抢购 ×××”“×××，在北京卖疯了”“一天断货三次，西单某厂家告急”“中瑞推广免费制作网站了”诸如这样的软文或者是直接配合促销使用，或者就是使用“买托”造成产品的供不应求，通过“攀比心理”“影响力效应”多种因素来勾起人们产生购买欲。

6. 新闻式

所谓事件新闻体，就是为宣传寻找一个由头，以新闻事件的手法去写，让读者认为就仿佛是昨天刚刚发生的事件。这样的文体有对企业本身技术力量的体现，但是，告诫文案要结合企业的自身条件，多与策划沟通，不要天马行空地写，否则，多数会造成负面影响。

7. 诱惑式

实用性、能受益、占便宜这 3 种属于诱惑式，这 3 种软文的写作手法是为了能够吸引读者。让访问者觉得对自己有好处，所以主动地点击这篇软文或者直接寻找相关的内容。因为它能给访问者解答一些问题，或者告诉访问者一些对他有帮助的东西。这里面当然也包括一些打折的信息等，这就是抓住了消费者爱占便宜的一个心理。

上述七类软文绝对不是孤立使用的，是企业根据战略整体推进过程的重要工具，关键在于如何布局使用。

二、软文营销认知

（一）软文营销的定义

软文营销，就是指通过特定的概念诉求，以摆事实讲道理的方式使消费者走进企业设定的“思维圈”，以强有力的针对性心理攻击迅速实现产品销售的文字模式和口头传播。如新闻、第三方评论、访谈、采访、口碑。

> 扫一扫——软文营销的特点（软文营销的特点与软文的特点是否相同呢？）

（二）软文营销的成功原则

对于与互联网息息相关的企业而言，软文营销则是重中之重。成功的软文营销应该遵循如下原则。

（1）优内容：有了一个引人注目的标题后，文章内容就是进一步影响读者购买意愿的重要因素了，一定不能大意。因此，行业类的软文需要语言简洁、逻辑通顺、主题清晰。软文营销文字可以不要华丽，可以无需震撼，但一定要推心置腹说家常话，因为最能打动人心的还是家常话。绵绵道来，一字一句都是为消费者的利益着想。

（2）巧营销：软文营销是一种很好的营销方式，成功软文的重要特征在于一个“巧”字。突出自然巧妙的文章，就是一篇合格的软文。

营销推广方式多种多样，软文就是如今正在盛行的方式之一，软文除了要有创意外，还要具有持续性。

（3）精定位：针对消费者的定位，找准软文目标对象的切入点，软文的目标定位才会准确，才会做到针对性营销和精准营销，软文的发放也才会有方向。

（4）热标题：专家认为在写软文时候，一定要注重标题党，标题成功，就是三分之一的软文成功。所谓热标题是软文的标题对软文的营销力度影响是很大的，只有通过标题将读者吸引过来点进去，软文才会发挥自己的优势。

任务实训

软文营销初体验——论坛关注度排名分析

1. 实训目的

了解软文营销对网络营销信息传递的影响，通过对部分选定论坛进行网友关注排名分析，深入研究软文营销对于论坛推广的作用，对于发现的问题，提出相应的改进建议。

2. 实训内容及步骤

（1）论坛：天涯、百度、搜狐、网易、猫扑、凤凰、腾讯、新浪……

（2）浏览该论坛并确认该论坛的发帖数量和用户数量；

（3）关注各个论坛的活跃度，统计并计算每日的新增用户以及增速；

（4）根据有关信息分析被调查论坛的关注度排名。

3. 实训成果要求

提交实训报告，实训报告采用书面形式。

任务二　软文营销策划

任务分析单 7-2

学习情境	小李最近在推广自己的网店，通过学习认识到软文营销能给自己网店的推广有所帮助，于是想给自己的网店写一篇软文，打算运用软文营销推广自己的网店。那么如何写软文、优化软文，并策划一次成功的软文营销呢？
环境需求	（1）互联网接入。 （2）计算机（每人一台）、智能手机（每人一部）。 （3）学习任务考核单（也可到教学资源包下载电子版）。 （4）将班级分为若干讨论组，每组设组长一名。
活动描述	主题：对自己的网店进行软文营销推广。 目的：通过任务练习软文的撰写，掌握软文营销策划的具体流程和方法，完成一次软文策划工作。 步骤： （1）浏览不同类型的网店，分析其营销推广的方法，借鉴其成功经验； （2）分析同类网店的软文推广模式； （3）选择确定网店需要的软文类型； （4）小组讨论，确定软文标题，进行软文的撰写工作； （5）选择合适的软文发布渠道； （6）监测网店的软文营销效果。
任务拓展	请思考下面几个基本问题： （1）软文营销后你的网店流量有增加吗？ （2）如果没有，是哪里出了问题？ （3）如何才能使你的软文营销吸引人？ （4）软文营销标题的作用有多大？ （5）如何根据需要优化软文？

任务考核单 7-2

班级：　　　　　　　　姓名：　　　　　　　　学号：　　　　　　　　编号：7-2

序号	任务	分值	总结与归纳	成绩
（1）	浏览不同的网店，分析其软文的类型和特点	30 分		
（2）	分析与你同类型网店的软文应用情况	20 分		
（3）	总结自己网店软文营销创作、发布的全过程，并分析软文营销营销的过程	30 分		

续表

序号	考核内容	分值	总结与归纳	成绩
（4）	总结你的网店顾客所接受软文营销的特征，分析影响软文营销效果的因素	20 分		
合计				

* 请学生填写完学习任务考核单后上交。

知识指南

一、软文营销策划技巧

（一）撰写技巧

1. 标题

标题必须生动，能紧贴主题，要突出核心内容和表达意图，并且简洁干练，具有杀伤力。一个好的软文标题就已经使软文成功了 60%，换而言之，这篇软文已经及格了，具备了推广功能。一个成功的标题才能让网民在浩若烟海的信息世界中，有点击和阅读的兴趣。

> 例如，减肥产品满天飞，今年减肥用什么？
> 一小时瘦身魔法
> 互联网惊现“神话”，“星期八”点石成金

通过诱惑性和引导性的夸张评论，直接表述出品牌的功用和优势，但却避免了泛泛的夸奖和直白的称赞。

切忌：过度庸俗、过度创意，标题上的词语太过眼熟，或者表达的意思让人摸不着头脑。

2. 内容

内容清晰、一目了然，文章段落要紧扣标题进行讲述。像论文一样，有论点、论证和论据，层级一定要分明，段落要清晰。要符合网站的自身特点和方向，不能生编硬套。前后要连贯，就像写作文一样，要统一思路，有可读性。

> 例如，标题：中国电商突现“黑马”，自动化商品 B2C 成趋势
> 第一，打破暗箱操作规则，实现阳光采购。
> 第二，打破多次询价烦恼，实现高效采购。
> 第三，打破售后服务顾虑，实现放心采购。

通过层层递进的段落内容，将主题完全彻底地阐述清楚，并用充分的例子来证明主题的正确。

切忌：不知所云、不知所谓。有许多软文登出后，让人始终不明白文章究竟要表达什么，更有甚者，照搬别人的创意。例如，《3G 时代，如何开展精准营销》一文，竟然被两家公司进行了抄袭发布，除了产品名称换了，标点符号竟然都没有更改。不禁让人疑惑，这篇软文真的符合所

有同类产品的宣传需求吗？

3. 传播

传播媒体精准、高效。门户、新闻、地方、行业类网站的新闻、财经、博客、娱乐、时尚、汽车、体育、女性、生活等频道，都具备传播大多数 B2C 品牌的价值。也只有形成连续、持续、全面的覆盖宣传，软文营销才会有意义。

例如，针对一篇时尚 B2C 宣传的软文，选择门户、新闻、财经、时尚共 30 家知名媒体的传播，而并非只在门户网站进行投放。

切忌：画地为牢、自我束缚，并非同行业的网站或者同行业的频道才具有软文品牌传播价值。相反的，越是同行业的网站，越不会为你进行品牌推广，有谁愿意为竞争对手做嫁衣呢？不要为了节约一点点费用，就使软文失去了应有的传播作用。

（二）营销技巧

（1）软文内容一定要尽量避免商业色彩，虽然是用来宣传公司的公关软文，也尽量以第三方的身份去叙述，夸奖之词要点到即止。这是软文被各大媒体接受并发布的基本条件，否则过于像广告的软文，许多大媒体都是拒绝发布的。

（2）软文的发布媒体不可太少，否则完全不具宣传意义和公关效果。至少一次宣传应该在 20 家媒体以上。

（3）如果所撰写的软文具有一定的评论性和新闻性，那就有可能被转载。收集这些转载的网站信息，可以分析出什么角度的软文更易被煤体所接受。

（4）软文的传播周期，尽量以周为单位，也就是每周发布一期软文，也就是在上文反复强调的，一定要形成持续性和持久性。

二、软文营销策划的具体操作

本内容以电商软文营销策划的操作为例。

（一）电商不同阶段的营销角度

（1）初创期。适合讲述网站的新模式、团队、优势、人性化的服务、精准的产品线、专业的平台等偏重于品牌内涵的介绍。

（2）扩张期。适合讲述网站的大事件、与知名合作伙伴的相关举措、大型活动、促销等偏重于市场外延的介绍。

（3）成熟期。适合讲述网站的良好运营情况、会员数量、会员的感受、产品销售量、业界的评价等偏重于网站运营的介绍。

（二）软文营销策划三个步骤

第一步，一定要有专业的策划来完成整个品牌的软文营销布局，要有阶段性目标、针对性的标题、符合公司品牌推广进程的内容。通常这一步都被企业忽略了。

第二步，选择媒体，确定发布时间，分析覆盖范围。

第三步，是将软文写的商业色彩淡，新闻色彩重；吹捧色彩淡，公正色彩重；回顾性色彩淡，即时性色彩重；第一人称色彩淡，第三人称色彩重。让它更像一篇新闻而不是一篇软文，让它更具备客观公正性。

三、软文营销效果监测

软文营销效果监测的几种常见有效方法如下。

1. 文章流量分析

进行软文的点击量、IP 等数据分析，让客户有机会直接在门户网上相关频道看到关于企业产品的新闻；产生直接的点击或者评论，带来直接客户。

2. 文章置顶、置首率分析

简单地说就是有多少篇文章被媒体推荐了。当潜在客户运用百度等搜索引擎搜索企业的公司名或者产品的关键词，那么就会在比较显眼的地方，连续看到发布在各大网站的相关新闻报道。客户看到有这么多网络媒体在显要位置报道了企业，会加速客户的成交。

3. 文章的转载率

软文写好之后有没有人转载，有多少人转载，转载率说明这篇文章的受欢迎程度。把所有各大网站发表过的关于企业的报道按照原网站网页的形式收集起来，链接在本企业网站上，供客户阅览，使其迅速产生信任度。网络新闻软文具有二次传播特性，就是一个网站首先发布出来之后，别的地方和专业网站会转载这篇新闻。这样的事情屡见不鲜。但是，我们绝对看不到这样的情况：一个广告因为设计得好，被别的媒体转载了。

4. 软文的收录情况

搜索引擎有没有收录这篇文章，或者说这篇文章在不同的平台上被搜索引擎收录了多少，搜索文章的关键字是否可以找到此文章，都是评价该软文作用大小的重要指标。

任务实训

软文营销再体验——撰写一篇软文进行发布

1. 实训目的

了解软文的撰写技巧，清楚软文策划的过程，通过对软文的撰写和发布，深入研究软文营销在网络营销中的重要意义，提高学生的实际应用能力。

2. 实训内容及步骤

（1）小组讨论确定软文标题，选取一个具有冲击力的标题。

（2）设计文章结构，把握整体方向，控制文章走势。

（3）完善整体文字，按框架丰富内容，最后要反复沟通和完善。

（4）选择发布渠道，确定发布时间，分析覆盖范围。

（5）对软文效果进行评估。

3. 实训成果要求

提交实训报告，实训报告采用书面形式。

任务三　新闻软文营销策划

任务分析单 7-3

学习情境	小李最近在推广自己的微店，通过学习认识到新闻软文营销能给自己微店的推广有所帮助。于是小李想给自己的微店写一篇新闻软文，打算运用新闻软文营销推广自己的微店。那么如何写新闻软文，优化新闻软文，策划一次成功的新闻软文营销呢？

续表

环境需求	（1）互联网接入。 （2）计算机（每人一台）、智能手机（每人一部）。 （3）学习任务考核单（也可到教学资源包下载电子版）。 （4）将班级分为若干讨论组，每组设组长一名。
活动描述	主题：新闻软文营销推广。 目的：通过任务练习了解新闻软文营销，掌握新闻软文营销的策划方法，了解新闻软文营销的技巧及推广。 步骤： （1）通过百度、搜狗、好搜、谷歌等搜索几篇经典的新闻软文，分析其价值，进行学习借鉴； （2）小组讨论，确定一个强有力的标题； （3）撰写新闻软文，对自己的微店和店里的产品进行宣传； （4）发布新闻软文，进行监测，看微店的浏览数量是否有增加； （5）总结经验，分析如何能更好地推广微店，软文的撰写应该在哪方面提高； （6）这对我们毕业求职有什么启发？ 以上任务建议 2 学时完成。
任务拓展	请思考下面几个基本问题： （1）新闻软文营销后你的微店关注情况是否有改善？ （2）如果没有，是哪里出了问题？ （3）如何才能使你的新闻软文营销吸引顾客的关注？ （4）好的新闻软文营销标题，它对营销效果的影响有多大？ （5）如何才能优化新闻软文？

任务考核单 7-3

班级：　　　　　　　　姓名：　　　　　　　　学号：　　　　　　　　编号：7-3

序号	任务	分值	总结与归纳	成绩
（1）	搜索 5 个新闻软文营销经典案例，分析其优劣，并借鉴	30 分		
（2）	讨论你的微店适合什么类型的新闻软文营销	20 分		
（3）	总结新闻软文营销的过程	30 分		
（4）	总结顾客乐于接受的新闻软文的特点，提高新闻软文的写作技巧	20 分		
合计				

* 请学生填写完学习任务考核单后上交。

知识指南

一、新闻软文认识

（一）新闻软文的定义

新闻软文是介于新闻和广告之间的一个中间产物，是企业在销售过程中利用或者创造新闻，以求达到宣传企业或产品的特殊广告表现形式，其操作动机主要是追求商业利益。新闻软文的刊登位置不在广告版内，而往往占用新闻或专版版面，比广告的可信度高。所以，新闻软文被专家誉为事件营销的“核心”。

新闻软文在电视媒体上的形式叫“专题片”，也称“电视软文”。与报纸软文分为新闻性和功效性相对应，电视软文也分“准新闻”片和科普性功效片。

（二）新闻软文的特点

（1）具有完整阐释功能。广告本身所具有的属性，决定了它不可以采取说理或陈述的方式来表现。但是，新闻就不一样了，它可以用文字把一件事说得明明白白，因此，新闻报道可以把企业要传达的目标信息传播得更准确、详尽。

（2）具有高性价比优势。一般来说，同样版面的企业新闻传播，成本只有广告的1/5，甚至更低，对于那些广告预算紧张的企业，当然是非常划算的。

（3）具有及时传播特性。一个企业发生了具有对外宣传价值的重大事件，就必须在第一时间把信息传播出去，否则就失去了新闻价值。此时，只有启动新闻传播才能实现这个目的。

（4）具备危机公关职能。为什么许多企业发生危机事件后，第一时间想起的就是启动新闻传播？因为新闻传播具有危机公关的职能而广告不具备此功能。

（5）具有二次传播特性。所谓“二次传播”，就是一个媒体首先发布出来之后，别的媒体纷纷转载，这样的事情屡见不鲜。

二、新闻软文营销策划具体操作

新闻类型的软文的主要表现形式是新闻，通过新闻报道或新闻评论分析的形式把广告自然地穿插在软文中，以期达到“随风潜入夜，润物细无声”的效果。由于新闻类软文在形式上的隐蔽性和表达上的悬念性、完整性与可看性，抓住了消费者的心理，为企业的宣传起到非常重要的口碑传播作用，所以说新闻软文营销是一种非常不错的营销形式。

（一）新闻软文营销技巧

1. 提前做好新闻软文营销的广告计划

做任何事情都是需要先规划好，结合企业自身的情况来设定发软文的目标，如新闻软文宣传的目标：提升公司品牌形象，公司活动宣传，产品上市宣传等。不同的宣传目标，新闻软文撰写及投放的周期就有所不同。

广告是品牌目标和销售目标广告化的产物，最终要达到的是建设形象与获取利润的目的，因此，新闻软文也应遵循计划、组织、实施、修正的操作规律。

2. 结合实际取一个好的新闻标题

新闻软文广告是表达企业的需求，要达到品牌宣传目标或产品销售目标，但撰写新闻软文时首先要考虑读者的需求。就整篇新闻软文而言，标题就像“脸面”一样，能否吸引读者的目光就全靠它了。当然，仅仅吸引目光是不够的，标题还应该让读者动心，并产生“让我瞧瞧”的欲望。

例如：《一个被99%的人忽视的卫生习惯》是非典时期的“洗之朗”（电器产品）软文标题，它的发表时机为当时各媒体大篇幅教育人们要“勤洗手”“科学洗手”之际。因为洗之朗是“智能化便后清洗器”，这一篇1131字的软文，完成了原计划用10篇约8000字才能实现的市场教育和观念引导宣传，这也体现了软文操作过程中对计划修正的及时性和策略性。

又如：《重要提示：便后清洁方式得改改》是非典后期全国上下声讨卫生陋习时，继《华商报》“审视生活陋习，倡导文明生活”热点专题新闻《入厕陋习得改改》《家庭生活陋习应该改改》之后，良治电器“洗之朗”的又一巧借东风之作。至此，“洗之朗”在软文操作方面的快速反应、精明策划开始显山露水，广告界、策划界和部分企业开始密切关注并纷纷仿效，最终形成了2003年西安的“洗之朗软文模式”。

3. 用新闻体组织正文结构

有了好的软文标题，只能算成功了一半，要让读者更多地吸纳软文信息，软文结构至关重要。主要包括如下几个方面。

（1）标题。

（2）导语（副标题）：是一句话或一段话，是新闻当中最有价值最核心的事实概括。

（3）主体：是对导语的展开补充。

（4）背景：是新闻的历史情况和环境条件。

（5）结语：是最后一句话或一段话，具有启发与激励性的语言。

4. 善于运用新闻惯用词汇

在软文的写作过程中，要善于运用新闻惯用的一些词汇，来增强正文的“新闻性”，如何才能运用好新闻词汇？

时间、地点词汇：如“近日”“昨天”“正当××的时候”“×月×日”和“在我市”“××商场”“家住××街的××”等。这些时间以及地点的概念可以引导读者产生与该时间、该地点的相关联想，加深印象，淡化广告信息。

新闻源由词汇：如“据调查”“据了解”“笔者还了解到”“在采访中了解到”“据××说”“笔者亲眼看到”等。这些词汇让读者更能感到信息的真实与有据可查。当然，信息本身首先必须是真实的。

身份词汇：一般而言，大多数企业在软文写作时喜欢用“××公司”“××产品”等，让人感觉不出写作者的身份，这就让读者在阅读的时候没办法把自己融到文章的角色中。读者阅读习惯上自我角色的“找不着北”，将会导致读者无法在阅读中判定自己的立足点和视觉点，就会产生“第三只眼”看热闹的感觉。如果用“笔者”“记者（有的媒体软文禁用）”“我”等身份词汇，会让读者与作者“合而为一”，读者的视角、观点也会“跟着作者的感觉走”。

5. 广告信息要巧妙地融合

软文广告在创作过程中，“说什么”和“怎么说”是创作人员首先要考虑的两个重要因素。

首先是“说什么”。这也是充分整合信息资源的重要环节。但我们所看到的大多数软文广告，求大求全，有一种使最重要的信息淹没在了“长篇小说”之中的感觉，反而得不偿失。

例如，《海信：“变频专家”是怎样炼成的——江湖篇一》《海信：“变频专家”是怎样炼成的——江湖篇二》《海信：“变频专家”是怎样炼成的——江湖篇三》……每篇均为大报半个版，从1982年世界上第一台变频空调研制成功写到2003年6月海信推出能效比高达5.0以上的变频空调产品，洋洋洒洒上万字。试想，在媒体上发这样的软文广告，企业究竟想说明什么？作者有写作的耐心，读者有阅读的耐心吗？这就是什么都说等于什么都没说的广告创作基本思想。

其次是“怎么说”。俗话说：话有三说，巧说为妙，更何况是广告。对于一篇软文而言，如果能把最重要的信息巧妙地融入文章结构，就会成为点睛之笔。

将公司名称、品牌名称、产品名称等信息巧妙地安排在文章中，使读者在不知不觉中很自然地就获得了这些重要信息，这也是企业所追求的最佳表述方式。

6. 注重新闻稿件的排版

软文广告的编排设计也是有学问的，重点注意以下内容。

（1）字体：标题（包括引题和小标题）、正文的字体均应和发布媒体惯用的新闻字体一致。对字体的装饰（加粗等）也要和新闻的设计风格保持一致。

（2）字号：除字体的设计与新闻保持一致之外，字号也要和新闻稿件惯用的字号一样，这样才会从整体上让读者感到“像新闻”。

（3）分栏：对较长的软文稿件（一般800字以上），在设计时就要进行分栏处理。分栏时，要参考发布媒体的分栏方式，严格把握每栏的栏宽。

7. 新闻软文发布的时机选择

如果说成就某件事情需要“天时”“地利”“人和”的话，软文广告的成功发布也需要如此。笔者以为，软文广告发布时要和新闻黏在一起，主要是发布时的“天时”和“地利”，至于“人和”，将在下一节中阐述。

“天时”：主要表现在企业发布软文广告时对发布契机的把握与对当时新闻热点的巧妙利用。当新闻媒体在连续“炒”某个重要话题时，企业要快速做出应变，撰写与此话题相近的软文进行“跟风”，这样才会“把豆腐炒成肉”。

例如，王老吉在《舌尖上的中国 2》的《三餐》结尾处巧妙上镜，王老吉之后又迅速出手联合《舌尖 2》原创班底推出微纪录片《平衡》。经过短暂的拍摄和制作，《平衡》很快就走上了荧屏，在爱奇艺的专区上播放短短几天，点击率就已超过241万次，战绩斐然。

从以上两点不难看出，企业发布软文广告不是照着计划按部就班，既有计划性又有策略性，更有对计划和策略及时修正和创新的应变能力，这是大多数企业应该学习和思考的。

8. 媒体公关工作必不可少

企业媒体公关是一项长期的工作，注重宣传的企业都是善于利用媒体资源的。企业需要不间断地与媒体接触。

媒体公关工作的重点包括两个方面，首先是人际关系方面，其次是业务合作方面。人际关系的公关，能为企业笼络一批经常关注自己的记者、编辑，媒体从业者可以随时将企业发生的、需要宣传的信息毫无障碍地通过他们实现发布。

在人际关系方面，企业都应该有一批媒体界的朋友，即使不是纯粹为了发布新闻或者广告，经常交流对企业正确、合理、有效了解媒体信息和运用媒体资源也是有好处的。有的企业也非常善于和媒体界朋友一起探讨更广泛的内容。

以上两种业务合作方式不但企业喜欢，读者的反应也是很不错的。这也需要企业密切关注媒体的报道动态和报道形式，及时做好沟通与交流，不要错过有利的宣传时机。

（二）新闻软文营销策划推广

1. 新闻稿件策划

新闻稿的策划与写作在整个新闻稿发布流程中占首要位置，绝对不能伪原创，文章内容也一定要软，让目标客户更加容易接受，新闻稿件内容是后期能否实现最佳推广效果的关键，所以一定要找专业的人士来写。

2. 新闻稿发布媒体选择

媒体选择也是至关重要的，发布到门户网站和个人站群所带来的推广效果肯定是大不相同的，所以新闻稿发布一定要以大型网络门户为主，这样才能给企业带来更好的推广效果。

3. 新闻稿发布平台选择

发布新闻的平台主要分为两种。

（1）自己联络媒体编辑发稿，流程相对比较麻烦，尤其是广告味浓的就更难发布了。

（2）找软文代发平台。通过软文代发平台，一方面可以节省中间环节，另一方面可以扩大发布渠道，使软文发布的范围更广泛。

任务实训

软文营销深体验——撰写一篇新闻软文进行发布

1. 实训目的

了解新闻软文的特点以及撰写技巧，掌握新闻软文的营销策划推广，通过对新闻软文的撰写和发布，提高学生的操作能力。

2. 实训内容及步骤

（1）小组讨论确定新闻软文的标题，选取一个具有冲击力的标题。

（2）设计文章结构，把握整体方向，控制文章走势。

（3）完善整体文字，按框架丰富内容，最后要反复沟通和完善。

（4）选择发布渠道，确定发布时间，分析覆盖范围。

（5）对新闻软文效果进行评估。

3. 实训成果要求

提交实训报告，实训报告以书面形式。

项目小结

本项目主要内容为认知软文营销、软文营销策划和新闻软文营销策划三个任务。

认知软文营销包括软文认知和软文营销认知等内容。

软文营销策划包括软文营销策划技巧、软文营销策划的具体操作和软文营销效果监控等内容，涉及软文策划、写作及实施整个过程。

新闻软文营销策划包括新闻软文认知和具体策划等内容。

项目重点：软文类型、软文的撰写技巧、软文营销策划的具体操作、软文营销效果监控、新闻软文营销技巧、新闻软文营销策划推广。

项目难点：软文营销策划的具体操作、新闻软文营销策划的具体操作。

思考与练习

一、不定项选择题

1. 1999 年第一个借助软文火爆的品牌是（　　）。

A. 巨人　　B. 三株　　C. 脑白金　　D. 红桃 K

2. 软文创作最忌讳的是（ ）。

A. 无病呻吟（缺乏趣味和销售力）
B. 论文式软文（理性太强，没有吸引力）
C. 缺乏真实性
D. 没有一个核心的卖点

3. 未来软文的发展方向是（ ）。

A. 公告专栏性质
B. 平面软文广告
C. 潜藏式广告的软性营销
D. 软文专业化

4. 软文营销常用的方式是（ ）。

A. 卖点或危机的制造
B. 消费环境制造及消费榜样树立
C. 产品深度介绍及企业文化展示
D. 征文、促销、活动等

5. 下面不是写软文的“由头”（炒作点）的是（ ）。

A. 新产品上市
B. 公司或产品等获得奖项
C. 大项目的成功中标
D. 与其他知名企业建立合作关系
E. 员工拿好处损害公司利益
F. 本行业突发事件及本公司的有效应对措施

二、简答题

1. 软文的种类有哪些？请举例说明。
2. 软文营销应把握哪些原则？其策划的技巧有哪些？
3. 新闻软文营销如何进行具体操作与推广？
4. 如何对软文营销效果进行检测？通常有哪几种监测方法？试述之。

项目八 事件营销

项目简介

互联网上诸多火爆事件让互联网营销人越来越意识到“事件”的力量。如果可以制造一个事件让许多人关注，或者借助一个本身就已经有很多人关注的事件，并在这个事件中“恰当”地植入企业、品牌、产品等诸多信息，那么不仅保证了高关注度，更保证了营销信息的正确传达，可谓是“一箭双雕”。通过网络，一个事件或者一个话题可以更轻松地进行传播和引起关注，成功的事件营销案例开始大量出现。

本项目主要由认知事件营销、事件营销策划和事件营销效果监测 3 个任务组成。通过本项目的学习使学生对事件营销产生兴趣，从而掌握事件营销的方法和技巧。

项目目标

知识目标：了解事件营销运作的定义、原理，熟悉事件营销的特点，掌握事件营销策划的基本方法、内容、技巧，掌握对事件营销效果进行监测和评估的工具和方法。

技能目标：能够设计策划事件营销方案，能够诊断网络事件营销优化现状并提出解决方案，能够对事件营销效果进行监测和评估。

素质目标：培养随机应变的能力，提高对企业品牌的维护意识，加强团队协作能力。

引导案例

➢ **项目引导案例:《后会无期》——韩寒的事件营销**

韩寒的导演处女作《后会无期》在零点首映场取得 410 万票房，首映日票房为 7 650 万元，最终票房超过 6 亿元。

制造大事件：2014 年 1 月 31 日，韩寒在微博上发布了一张其女儿小野的照片，有网友在回复中称韩寒为“岳父大人”，韩寒将该条回复转发到微博上，“国民岳父”的美名自此迅速传开。阿信、冯绍峰等明星也竞相在微博上称韩寒为岳父，有人还开辟了“国民岳父韩寒”的微博话题，该话题的讨论量也超过 10 万，阅读量则达到 121 万。

依仗高人气：《后会无期》的三支 MV 中，《平凡之路》最为成功，它的发布同时宣告了朴树的复出。朴树和韩寒联手复活了千万“80 后”关于青春的记忆。这两位青年领袖成为引发热烈讨论的网络事件，该 MV 转发量最终突破 40 万次，而这首歌也登上了当天虾米、腾讯网的音乐排行榜榜首。

思考：

1. 如何策划事件营销？
2. 请举例说明你所知道的事件营销方法。

任务一　认知事件营销

任务分析单 8-1

学习情境	小李学习了事件营销经典案例——“笨 NANA”的聪明营销，他对事件营销很好奇，雀巢推出的“史上第一支可以剥开吃的冰淇淋”为什么能够迅速走红？
环境需求	（1）互联网接入。 （2）计算机（每人一台）、智能手机（每人一部）。 （3）学习任务考核单（也可到教学资源包下载电子版）。 （4）将班级分为若干讨论组，每组设组长一名。
活动描述	主题：认知事件营销。 目的：通过对事件营销经典案例——“笨 NANA”的聪明营销的学习，了解事件营销的原理，把握事件营销的不同特点，分析雀巢公司取得成功的原因。 步骤： （1）通过百度搜索出事件营销经典案例——“笨 NANA”的聪明营销，了解其整个事件的过程； （2）小组讨论分析该事件营销的原理； （3）分析该事件营销的特点； （4）分析该事件营销帮助雀巢公司取得巨大成功的原因； （5）思考这对我们毕业求职有什么启发。 以上任务建议 2 学时完成。
任务拓展	“像香蕉一样可以剥开吃的冰淇淋”引起了众多微博博友的好奇，新奇的吃法，可爱的外表，网友的好奇，加上雀巢精心的引导的微博事件营销，微博上关于这款冰淇淋的相关信息迅速超过 38 万，就此捧红了“笨 NANA”。 请思考下面几个问题： （1）你认为该事件营销取得成功最重要的原因是什么？ （2）假设该事件营销没有取得成功，“笨 NANA”没有走红，那么可能出现问题的地方在哪里？ （3）这样的成功案例能复制吗？如果你觉得可以，应当怎么做？

任务考核单 8-1

班级：　　　　　　姓名：　　　　　　学号：　　　　　　编号：8-1

序号	任务	分值	总结与归纳	成绩
（1）	仔细学习事件营销经典案例——“笨 NANA”的聪明营销	15 分		

续表

序号	任务	分值	总结与归纳	成绩
（2）	讨论该事件营销的原理及特点	30分		
（3）	分析该事件营销取得成功的原因	40分		
（4）	总结事件营销应具备何种条件	15分		
合计				

*请学生填写完学习任务考核单后上交。

知识指南

一、事件营销的定义

事件营销（Event Marketing）是企业通过策划、组织和利用具有名人效应、新闻价值以及社会影响的人物或事件，引起事件营销的媒体、社会团体和消费者的兴趣与关注，以求提高企业或产品的知名度、美誉度，树立良好品牌形象，并最终促成产品或服务的销售目的的手段和方式。简单地说，事件营销就是通过把握新闻的规律，制造具有新闻价值的事件，并通过具体的操作，让这一新闻事件得以传播，从而达到广告的效果。

当前事件营销已成为网络营销传播过程中的一把利器，也是企业低成本营销的最佳方法之一。事件营销集新闻效应、广告效应、公共关系、形象传播、客户关系于一体，并为新产品推介、品牌展示创造机会，建立品牌识别和品牌定位，形成一种快速提升品牌知名度与美誉度的营销手段。

二、事件营销的原理

1. 事件营销的原始动机——注意力的稀缺

“注意力是指人的心理活动指向和集中于某种事物的能力。当各种信息进入人体的意识范围，人将关注其中特定的一条信息，然后决定是否采取行动。”注意力对于企业来说，是一种可以转化为经济效应的资源，把握住大众的注意力，也就有了事件营销的动力。

2. 事件营销的实现桥梁——大众媒介议程设置

所谓的大众媒介议程设置，简单来说，就是大众传播媒介具有一种为公众设置议事日程的功能，传媒的新闻报道和信息传达活动以赋予各种议题不同程度的显著性的方式，影响着人们对周围世界的“大事”及其重要性的判断。因此，如果企业想成功地实施一次事件营销，必须善于利用大众媒介，只有凭借传媒开展的新闻传播、广告传播等大众传播活动，营造出有利于企业的社会舆论环境，才能帮助企业达到借势或造势的目的，引起大范围的公众重视。所以，大众媒介议程设置是事件营销的实现桥梁。

3. 事件营销的必要途径——整合营销资源

营销大师菲利普·科特勒认为整合营销就是企业所有部门为服务于顾客利益而共同工作。它有两层含义，其一是不同营销手段共同工作，其二是营销部门与其他部门共同工作。企业整合的资源表现在整合多种媒体发布渠道、整合多种媒体渠道传播的信息、整合多种营销工具。

任务实训

事件营销初体验——“团购男友”的彩云通 C 卡事件认知

1. 实训目的

了解事件营销的概念和原理，掌握事件营销的特点，对“团购男友”的彩云通 C 卡事件有个正确的认知，分析其营销的过程。

2. 实训内容及步骤

（1）搜索并学习“团购男友”的彩云通 C 卡营销事件。

（2）结合该营销事件的背景，分析该营销事件的前因后果。

（3）分析该事件的炒作过程，从悬念引发到悬念揭晓，该事件都是怎么去营销的？

（4）通过案例，谈谈你对事件营销的认识。

3. 实训成果要求

提交实训报告，实训报告采用书面形式。

任务二　事件营销策划

任务分析单 8-2

学习情境	小李想让自己的网店“火”起来，苦于没有办法。听说很多产品或企业靠一个事件出了名，因此他也想通过策划一起事件营销来使网店生意好起来。
环境需求	（1）互联网接入。 （2）计算机（每人一台）、智能手机（每人一部）。 （3）学习任务考核单（也可到教学资源包下载电子版）。 （4）将班级分为若干讨论组，每组设组长一名。
活动描述	主题：事件营销策划。 目的：通过任务练习事件营销的策划过程，掌握事件营销的原理，了解事件营销的基本内容与策略。 步骤： （1）分别用百度、搜狗、好搜、谷歌搜索自己的事件营销的案例； （2）结合网店选择事件营销的主题； （3）讨论事件营销的各种方法，选择合适的方法进行布局； （4）按照步骤与流程，针对性地选择事件营销策略，进行传播、宣传，达到营销网店的目的； （5）思考这对我们毕业求职有什么启发。 以上任务建议 2 学时完成。
任务拓展	事件营销策划特别要注意，策划过度可能引起负面效应，请思考下面几个基本问题： （1）事件营销的原理是什么？ （2）怎样准备事件营销？ （3）如何才能使事件营销达到预期效果？ （4）如果事件营销产生负面影响，该如何应对？

任务考核单 8-2

班级：　　　　　　　姓名：　　　　　　　学号：　　　　　　　编号：8-2

序号	任务	分值	总结与归纳	成绩
（1）	事件营销案例寻找分析	15 分		
（2）	讨论明确事件营销主题	30 分		
（3）	讨论选择事件营销策划的方法、策略，进行策划	40 分		
（4）	总结事件营销的因素，总结事件营销任务	15 分		
合计				

* 请学生填写完学习任务考核单后上交。

知识指南

一、事件营销策划步骤及流程

事件营销如何策划和运作是大家都比较感兴趣的话题，也是当今网络环境下最热门的话题。那么我们如何来策划事件营销呢？我们可以把事件营销理解为是通过把握新闻的规律来实现营销目的。事件营销的策划一定要围绕公众利益，创新策划思路，构筑传播议题，及时掌控、引导传播方向。

网络事件的分类，总共可以归纳为两种类型：自发性和操作性。自发性的网络事件有：百变小胖；贾君鹏，你妈叫你回家吃饭；犀利哥等。这都是网络舆论自发形成的事件。而操作性的网络事件有联想红本女、奥巴马女郎、凤姐等，这些都是人为操作形成的。这就是两者本质的区别。

1. 制造网络事件的步骤

（1）确定传播目标。

（2）分析当下网络舆论环境。

（3）制定话题传播方案。

（4）组织话题实施步骤。

2. 明确的事件操作流程

（1）根据被炒作对象特点做出策划方案。

（2）准备事件营销推广平台账号体系，选择适合的网络平台，如微博、论坛等。

（3）掌握相应营销平台的营销规划和技巧，尽量将营销信息置顶或者推荐。

（4）策划易于传播的营销文案。

（5）通过事件营销推广平台账号体系，制造舆论氛围。

（6）引入媒体等报道事件引导用户关注。

（7）舆情监控及反馈。

网络媒体传播速度快、互动性强，可以更好地开展企业营销，使其产生更大的价值，这就是事件营销的价值所在。事件营销讲究的是方法和创新，一旦成功，带来的效益是巨大的。在事件营销过程中，想要达到共鸣的效果，需要的是产品的特性和媒介活动的结合。

二、事件营销策划方法

1. 情绪感染法

民生类、情感类、励志类等话题最容易引起网民共鸣。网络平台自身的优势在于传播话题的多样性，一段视频、一篇微博，甚至几个字，均能够在互联网上引起轩然大波。

利用“美伊战争”赚足眼球的统一润滑油不仅进入了公众的视野，而且还在众多的消费者心目中有了一个清晰的定位：为减少摩擦而努力！它是怎么做到的呢？原来统一润滑油在报道“美伊战争”的节目中打出了“多一点润滑，少一点摩擦”宣传语，并在互联网就该话题进行了大量传播，没有多余的解说和图景，和中央电视台“反战”宣传的语调高度一致，充分利用网民的“反战”情绪，吸引网民参与话题讨论，使其形象迅速深入人心。

2. “超女营销法”

“超女营销法”是指在线上活动传播过程中，对参与活动的网民进行主动包装或者事先预埋参与选手，有针对性地进行话题炒作，从而达到提升整个活动效果的方法。在早期超女比赛中，事先参赛选手的预埋、活动进程的话题炒作，使得超级（快乐）女生成为人人梦想出名的大舞台。

2007年年底，淘宝网开展了一场声势浩大的“淘斯卡”创意大赛，淘宝用户根据活动主题自行创作形式多样的文字、图片、视频等作品上传至专区论坛，然后经过评比，最终获胜者获取丰厚的奖品。拥有强大用户群的淘宝吸引了上万人参赛。在此次活动中，一个被网友称之为“淘宝第一美女”的淘宝卖家“水煮鱼皇后”脱颖而出。而“水煮鱼皇后”更是成为当时网络甚至平面媒体竞相报道的对象。原来，该参赛选手一开始就预埋参赛，并对其参赛作品、话题传播进行了精心的设计，最终不仅达到了推动此次赛事的目的，同时淘宝卖家的健康性格也广为人知，淘宝通过此次活动可谓是一箭双雕。

3. 草船借箭法

草船借箭法是指在事件传播过程中，要善于学会在适当的时机借助其他热点事件达到产品传播的效果。很多经典的案例，都是借助了别人的力量，达到了良好的传播效果。如借助当前热点事件、借助名人参与、借助专家点评、借助传统媒体引导等。

例如，2014年的索契冬运会五环变四环，很多企业都借助热点营销企业，如图8-1和图8-2所示。

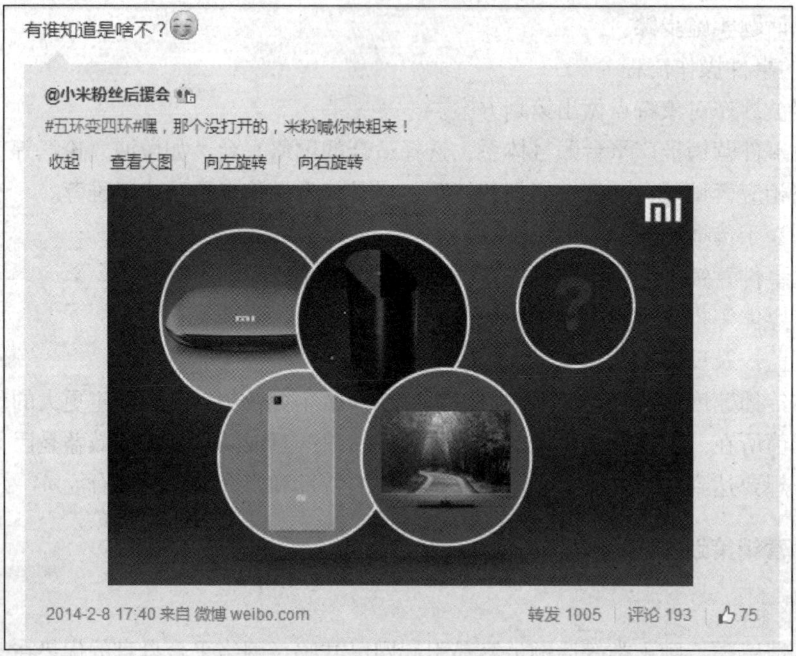

图 8-1　小米公司营销图片

图 8-2　北京联通营销图片

4. 概念带动法

企业在传播一个产品的时候，都希望一夜走红，但网络的不可预见性使得众多企业组织者对事件营销望而止步。但一种新的传播方式正在被越来越多的企业所尝试，它们开始为自己的产品或服务创造一种“新理念”“新潮流”。就像全世界都知道第一个造出飞机的是莱特兄弟一样。理论市场和产品市场同时启动，先推广一种观念，有了观念，市场慢慢就会做好。互联网无疑提供了一个良好的平台，从早期的农夫山泉的天然水，到联想的小 Y 笔记本，以及“蚂蚁族”“奔奔族”都是先概念、后产品或者概念产品同步推广的经典案例。

三、事件营销策划策略

事件营销“四两拨千斤”的传播效果也历来为许多企业所青睐。只有从消费者关心的事情入手，营销策略才能打动消费者，实现营销目标。这同样是事件营销的前提条件。事件营销运作策略如下所述。

（一）借势篇

所谓借势，是指企业及时地抓住广受关注的社会新闻、事件以及人物的明星效应等，结合企业或产品在传播上欲达到之目的而展开的一系列相关活动。

1. 明星策略

明星是社会发展的需要与大众主观愿望相交合而产生的客观存在。根据马斯洛分析的人的心理需求学说：当购买者不再把价格、质量当做购买顾虑时，利用明星的知名度去加重产品的附加值，可以借此培养消费者对该产品的感情、联想，来赢得消费者对产品的追捧。

2. 体育策略

体育策略主要就是借助赞助、冠名等手段，通过所赞助的体育活动来推广自己的品牌。体育活动已被越来越多的人所关注和参与，体育赛事是品牌最好的广告载体，体育背后蕴藏着无限商机，已被很多企业意识到并投入其间。

体育营销作为一种软广告，具有沟通对象量大、传播面广和针对性强等特点。例如，多年来，金六福与中国体育紧密合作，通过体育营销不断提升名牌的知名度和美誉度，与中国奥委会建立了长期战略合作伙伴关系，不仅支持中国体育的奥运项目，还积极支持各种非奥运项目和群众体育项目。

3. 新闻策略

企业利用社会上有价值、影响面广的新闻，不失时机地将其与自己的品牌联系在一起，来达到借力发力的传播效果。在这一点上，海尔做法堪称典范。在“7・13”申奥成功的第一时间，海尔在中央台投入 5 000 万元的祝贺广告随后播出，据说当夜，海尔集团的热线电话被消费者打爆，相信国人在多年后再回味这一历史喜悦时，肯定会同时想起曾经与他们一同分享成功的民族品牌的就是海尔。

（二）造势篇

所谓造势，是指企业通过策划、组织和制造具有新闻价值的事件，吸引媒体、社会团体和消费者的兴趣与关注。

1. 舆论策略

企业通过与相关媒体合作，发表大量介绍和宣传企业的产品或服务的软性文章，以理性的手段传播自己。关于这一点，国内很多企业都已见识了它的威力，此类软性宣传文章现如今已经大范围，甚至大版面地出现在各种相应的媒体上。

2. 活动策略

企业为推广自己的产品而组织策划的一系列宣传活动，吸引消费者和媒体的眼球以达到传播自己产品的目的。

从 20 世纪 80 年代中期的迈克尔・杰克逊，到 90 年代的珍妮・杰克逊，以及拉丁王子瑞奇・马丁，再到郭富城、王菲，到如今的罗志祥、蔡依林，百事可乐采用巡回音乐演唱会这种输送通道与目标消费群进行对话，用音乐而不是广告来传达百事文化和百事营销理念。

3. 概念策略

企业为自己产品或服务创造一种“新理念”“新潮流”是十分重要的。国内就曾有一位企业家提出过：理论市场和产品市场同时启动，先推广一种观念，有了观念，市场慢慢就会做好。如农夫山泉宣布停止生产纯净水，只出品天然水，大玩“水营养”概念，从而引发的一场天然水与纯净水在全国范围之内的“口水战”，招致同行们的同仇敌忾，但农夫山泉正是借此树立了自己倡导健康的专业品牌形象。商务通当年也是通过引领掌上电脑消费新潮流，而一举创造了销售神话。

> 扫一扫——作为事件营销的策划者，具备哪些知识和技能才能策划出好的事件营销呢？

任务实训

事件营销再体验——做一个事件营销策划方案

1. 实训目的

了解事件营销策划的步骤及流程，运用合适的策划方法和策划策略，完成一个事件营销方案的策划工作。

2. 实训内容及步骤

（1）在淘宝平台选取一个自己感兴趣的网店，作为策划事件营销方案的对象。

（2）浏览并熟悉你所选取的网店的经营状况，进行小组讨论，确定传播目标浏览。

（3）分析网络舆论环境，制定话题传播方案。

（4）小组讨论，选择合适的事件营销策划策略。

（5）选择合适的渠道（论坛、博客、微博、微信、视频网站）发帖。

3. 实训成果要求

提交实训报告，实训报告采用书面形式。

任务三　事件营销效果监测

任务分析单 8-3

学习情境	小李看到加多宝的“对不起”营销流传很广，他想对该营销事件效果进行评估，分析其成功经验及原因，那么该怎么分析呢？
环境需求	（1）互联网接入。 （2）计算机（每人一台）、智能手机（每人一部）。 （3）学习任务考核单（也可到教学资源包下载电子版）。 （4）将班级分为若干讨论组，每组设组长一名。
活动描述	主题：事件营销效果监测。 目的：通过任务练习事件营销的效果监测工作，对加多宝的“对不起”事件营销进行分析，对其效果做一个评估分析。 步骤： （1）搜索并学习加多宝的“对不起”事件营销案例； （2）结合该事件发生的背景，分析该事件迅速引起关注的原因； （3）小组讨论该事件营销采用的方法策略； （4）思考该事件对加多宝品牌的影响。 以上任务建议 2 学时完成。

续表

任务拓展	请思考下面几个问题： （1）加多宝的“对不起”事件整个营销过程是如何实施的？ （2）加多宝从落败到反败为胜是如何完成的？最重要的原因是什么？ （3）如何才能使事件营销达到预期效果？ （4）如果加多宝事件营销未获得成功，又应当如何应对？

任务考核单 8-3

班级：　　　　　　　　姓名：　　　　　　　　　　学号：　　　　　　　　　　　　　　编号：8-3

序号	任务	分值	总结与归纳	成绩
（1）	搜索并熟悉加多宝的“对不起”事件营销案例	15 分		
（2）	分析该事件取得成功的原因	30 分		
（3）	讨论该事件营销策划选择的方法、策略	40 分		
（4）	总结该事件营销的过程	15 分		
合计				

* 请学生填写完学习任务考核单后上交。

知识指南

一、事件营销效果的评估体系

事件营销效果的评估，主要分为两个阶段：第一阶段是对事件本身的评估，第二阶段是对品牌影响的评估。对事件本身的评估可以从事件的知晓率、认知渠道分布和对具体内容的评价等指标来衡量；对品牌形象的评估可以从认知、情感和意愿 3 个方面来反映，具体指标有品牌认知率、品牌认同感、品牌推荐等。

对于评估的时间，应遵循迅速、及时、有效的原则，一般来讲最佳的评估时间通常是在活动结束的一周内进行。

（一）第一阶段：事件本身的评估

第一阶段的评估主要侧重于事件本身，从事件的知晓率到具体内容的评价，都是较为具体的指标。

1. 事件知晓率

事件的知晓率是指对于此次事件营销有多少人知道，也就是此次事件本身的影响力。对于一个事件来讲，知晓率是非常重要的，因为它是衡量各品牌知晓率的基础。除此之外，可以对事件中的具体内容进行知晓率的调查，进一步来反映受访者对事件的了解程度。

2. 信息准确性

信息的准确性是指企业通过事件营销希望传达的信息与受访者真正接收到的信息两者之间的差异。信息在传播的过程中，由于新闻法规、传播者限制、媒介损失等原因，不可避免地会产生一定的偏差，这是无法避免的。

常言道：失之毫厘，谬以千里。准确性是一个无法量化的指标，但对于准确性的评估，却是一个不可缺少的环节，为此我们可以采取定性的方法来评估这个指标。

3. 获取渠道

信息的获取途径主要是用来了解受访者获取信息的主要方式，以及企业对各个主要传播渠道的覆盖情况。另外，企业可以充分了解受访者的背景资料，了解到各类受访者获取信息的主要渠道，进而便于企业针对目标群体进行更加有效的传播。

4. 报道/转载次数

在网络科技迅猛发展的今天，绝大多数的报纸、杂志都能在网络上找到电子版，我们可以通过“关键词＋搜索引擎”的方式来获得事件营销被报道/转载次数，从而作为衡量事件营销效果的一部分。

最后，分析受访者对于事件营销的总体评价以及各具体内容的评价，可以通过重要性因素模型，推导出事件营销中的薄弱环节，从而有针对性地予以调整，避免在今后出现同样的问题。

（二）第二阶段：品牌影响的评估

第二阶段的评估主要侧重于对品牌的影响，按照对公众影响的深度和流程来看，品牌影响的评估主要包括认知、态度和行为三个层面的效果，如图 8-3 所示。公众最终的购买行为，很大程度上决定于他对于企业营销行为的认知和情感。

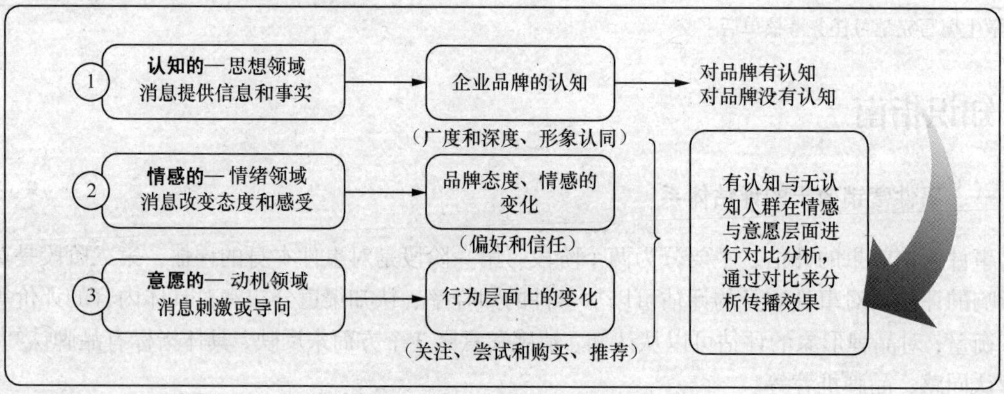

图 8-3 事件营销对品牌的影响

1. 认知层面

品牌认知是评估品牌影响的第一个环节，这里面的认知包括几层含义，一是认知的广度，二是认知的深度，三是品牌形象的认同——通过这 3 个指标，一方面可以衡量经过此次事件后相关品牌的知晓率，另一方面可以了相关品牌在认知方面的深刻程度。

认知的广度可以通过事件后品牌的知晓率来衡量，也就是在事件营销中涉及的相关品牌有多少人知道，通过这两个指标来反映认知的广度。

认知的深度可以通过相关品牌在无提示下的第一提及率来反映——也就是在没有任何提示的情况下，询问受访者知道哪个相关的品牌，此时受访者第一个提到的，往往就是经过此次事件，对受访者影响最大、印象最深的品牌。除此之外，其可以衡量受访者对于事件具体内容的知晓程度，进一步来反映事件营销对受访者的影响程度。

品牌形象认同，受访者对于企业对外树立的品牌形象的认可程度，可以通过静态和动态两个角度来衡量，判断经过此次事件后对相关品牌形象的认同程度以及变化幅度。

2. 情感层面

情感层面是指经过此次事件营销的影响，公众对于相关品牌在感情上的变化情况。这里通过两个指标来测量：① 品牌偏好，即通过此次事件是不是更加喜欢某个品牌了，喜欢的变化幅度如何；② 品牌信任，即通过此次事件是不是更加信任某个品牌了，信任的变化幅度如何。这两个指标的变化程度，能够较为准确地反映出事件营销对于受访者情感方面的影响。

3. 意愿层面

意愿层面也可称为行为层面，认知是基础，情感是过程，而意愿才是真正的结果，是指受访者经过此次事件营销的影响，对于相关品牌在最终行为上的变化程度。这里通过3个指标来测量：① 品牌关注，即通过此次事件受访者是不是对某品牌更加关注了，可以通过官方网站日浏览量的变化来衡量；② 尝试和购买，即通过此次事件受访者是不是更加愿意尝试和购买某个品牌了，尝试和购买的变化幅度如何；③ 品牌推荐，即通过此次事件今后在家人或朋友要购买相关产品时，受访者是不是会优先推荐某品牌，变化的幅度如何。

另外，根据事件营销的不同目的，企业可以有选择性地进行交叉分析，例如，那些对品牌有认知的与品牌没有认知的受访者在意愿方面的评价有无显著的差异，这些差异说明什么问题等。

二、事件营销效果监测跟踪

1. 内容监测

发布内容需要严格监控，即分析所有的策划点落实到具体的执行策略上的时候，是否发布到了想要发布的论坛？图片都发上了吗？图片的大小尺寸在论坛的表现力怎么样？文案发布以后的内容维护是否按要求、按节奏、按数量灵活去维护了吗？

2. 媒体监测

媒体对发布内容的推荐和转载程度。即发布的内容，网站喜欢吗？版主喜欢吗？编辑喜欢吗？他们有没有自发进行推荐？推荐位置都在哪里？是否及时做了监测截屏？除了发布的网站，是否有其他网站的内容出现？哪些内容是网民的自发转载？哪些是编辑的转载？对媒体的监测能够很大程度上成为事件营销是否成功的风向标。

3. 舆情监测

网民的反馈和关注点是什么？他们对文案中哪部分内容最感兴趣？他们的关注热点是什么？是否按企业期待的方向去讨论了呢？如果没有怎么办？针对他们的关注热点，是否需要及时调整传播计划？

任务实训

事件营销终体验——做一次事件营销的效果评估

1. 实训目的

了解事件营销效果的评估体系，完成一件事件营销的效果监测跟踪工作。

2. 实训内容及步骤

（1）上网选取一个你感兴趣的事件营销案例作为你要评估的对象。

（2）小组讨论，对该事件的背景及策划原因进行分析。

（3）对事件本身的策划过程和结果进行评估。

（4）如果该事件涉及某品牌，请对该事件对于品牌的影响进行评估。

（5）得出结论，总结该事件的全过程。

3. 实训报告

提交实训报告，实训报告以书面形式。

项目小结

本项目介绍了事件营销的基本理论，阐述了事件营销的具体策划方法、策划步骤及流程、策划策略和效果监测。

通过对认知事件营销、事件营销策划和事件营销效果监测等三大任务的分析，加之事件营销初体验、事件营销再体验和事件营销终体验等实训操作，使学生充分理解事件营销的内涵，掌握事件营销的操作方法，最终完成事件营销的策划工作。

项目重点：事件营销的原理、事件营销策划的步骤及方法，事件营销的评估体系。

项目难点：事件营销策划的方法、策略和评估体系。

思考与练习

一、选择题：

1. 事件营销的特点有（　　）。

A. 目标的阶段性　B. 高度参与性　C. 风险性　D. 效果衡量性

2. 制造网络事件的步骤包括（　　）。

A. 确定传播目标　B. 分析当下网络舆论环境

C. 制定话题传播方案　D. 组织话题实施步骤

3. 常见的事件营销策划方法有（　　）。

A. 情绪感染法　B. 超女营销法　C. 草船借箭法　D. 概念带动法

4. 对事件本身的评估可以从以下哪几方面进行评估（　　）。

A. 事件知晓率　B. 信息准确性　C. 获取渠道　D. 报道/转载次数

5. 对品牌影响的评估主要包括（　　）。

A. 认知层面　B. 情感层面　C. 意愿层面　D. 心理层面

二、简答题

1. 什么是事件营销，事件的营销的原理是什么？
2. 事件营销的具体方法有哪些？
3. 事件营销策划的步骤及流程是怎么样的？
4. 如何进行事件营销的监测与评估？

项目九 病毒营销

项目简介

病毒营销是一种常用的网络营销方法，常用于进行网站推广、品牌推广等。病毒营销利用的是用户口碑传播的原理，在互联网上，这种“口碑传播”更为方便，可以像病毒一样迅速蔓延，因此病毒营销成为一种高效的信息传播方式。而且，由于这种传播是用户之间自发进行的，因此几乎是不需要费用的网络营销手段。

本项目主要由认知病毒营销、病毒营销策划和病毒营销效果监测三个任务组成。通过本项目的学习，使学生对病毒营销产生兴趣，从而掌握病毒营销方法和技巧。

项目目标

知识目标：了解病毒营销运作的定义、原理，熟悉病毒营销的特点，掌握病毒营销策划的基本方法、内容、技巧，掌握对病毒营销效果进行监测和评估的工具和方法。

技能目标：能够设计策划病毒营销方案，能够诊断网络病毒营销优化现状并提出解决方案，能够对病毒营销效果进行监测和评估。

素质目标：与团队成员进行良好的合作，能够清晰明确地进行文字表达，加强信息传播意识。

引导案例

➢ **项目引导案例：ALS 冰桶挑战赛——席卷全球的病毒营销**

ALS 冰桶挑战赛可以说是 2014 年夏天的全球性活动，它由国外传入，并经国内最大的社交平台——微博不断发酵。率先接受挑战的，是科技界类似于雷军、李彦宏这样的重量级人物。而后，娱乐圈的各路明星也纷纷加入活动，使冰桶挑战的热度持续升温。围观的群众们表示虽然自己被点到名的可能性非常之小，但看着平日里遥不可及的名人们发如此亲民又好玩的视频实乃一大乐趣。

ALS 中文全称是“肌萎缩侧索硬化症”，患有此病的波士顿学院的著名棒球运动员 Pete Frates 希望更多人能够关注到这一疾病，于是发起冰桶挑战。活动规则如下，被点名的人要么在 24 小时内完成冰桶挑战，并将相应视频传上至社交网站；要么为对抗 ALS 的人捐出 100 美元。因挑战的规则比较简单，此活动得到了病毒般的传播，并在短短一个月内募集了 2.57 亿元的捐款。

ALS 冰桶挑战赛是公益与营销紧密结合，可能 Pete Frates 在发起这项活动时都没有料想到此活动会得到如此大范围的传播，这也算是“无心插柳柳成荫”。不少品牌也纷纷依靠此活动借势营销，较有名的就是三星公司向苹果公司发起了冰桶挑战赛。

思考：

1. 什么是病毒营销？
2. 如何策划病毒营销活动？怎样监测病毒营销的效果如何？
3. 请举例说明你所知道的病毒营销方法。

任务一　认知病毒营销

任务分析单 9-1

学习情境	小李看到互联网上有一段时间“凡客体”很流行——“凡客：让所有人都为我代言”。他很想了解这是一种什么营销？它是如何进行营销的呢？
环境需求	（1）互联网接入。 （2）计算机（每人一台）、智能手机（每人一部）。 （3）学习任务考核单（也可到教学资源包下载电子版）。 （4）将班级分为若干讨论组，每组设组长一名。
活动描述	主题：认知病毒营销。 目的：通过任务练习了解病毒营销的概念，掌握病毒营销的传播机理和战略要素。 步骤： （1）搜索病毒营销经典案例——凡客：让所有人都为我代言； （2）学习凡客的病毒营销过程； （3）思考凡客是如何通过病毒营销取得成功的； （4）你认为凡客的成功是偶然还是必然？凡客的成功可以复制吗？
任务拓展	请思考下面几个基本问题： （1）列出你生活中所见的病毒营销事件。 （2）病毒营销的传播原理你明白了吗？ （3）什么情况运用病毒营销能够取得好的效果？

任务考核单 9-1

班级：　　　　　　　　　姓名：　　　　　　　　　学号：　　　　　　　　　编号：9-1

序号	任务	分值	总结与归纳	成绩
（1）	学习凡客的经典案例，谈谈你的感受	30 分		
（2）	思考凡客的病毒营销传播机理	30 分		
（3）	总结病毒营销在实际推广中的问题	10 分		
（4）	总结病毒营销的应用领域有哪些	30 分		
合计				

* 请学生填写完学习任务考核单后上交。

知识指南

一、病毒营销的定义

病毒营销（Viral Marketing，又称病毒式营销、病毒性营销、基因行销或核爆式行销），是一种常用的网络营销方法，常用于进行网站推广、品牌推广等。具体是指那些鼓励目标受众，把想要推广的信息，像病毒一样传递给周围的人，让每一个受众都成为传播者，让推广信息在曝光率和营销上，产生几何级增长速度的一种营销推广策略。

病毒营销可通过电子邮件、微博、微信、QQ、社交网络、论坛、视频网站、电子书等多渠道发布消息。病毒营销通过自我复制的病毒式传播过程，将信息传向数以万计的受众。

二、病毒营销的传播机理

提起病毒，人们往往会心生畏惧。病毒之所以可怕，其本身的毒性只是一方面，它那独特的扩散方式才是真正的“杀手锏”。病原体捕获易感人群中的个体使其成为最初的病毒携带者，病毒随着携带者的交往活动，传染给下一级的易感人群。如此“滚雪球”般地循环往复，病毒在很短时间内就会以几何倍数迅速扩散。

病毒式营销的传播方式与病毒的传播方式十分类似，只不过病毒传播的是其自身，依赖的是其自身的特性，而病毒式营销传播的是“种子”，依赖的是“种子”的价值。“种子”的传播过程也可分为 5 个阶段，即吸引、参与、增值、满意、传递。当含有物质诱惑或娱乐吸引的“种子”被上传到网络上时，对此“种子”有兴趣的消费者就会被这个“种子”所吸引，并对该“种子”所提供的信息进行确认，即所谓参与。当消费者发现信息属实，并确实为消费者带来了价值时（增值），消费者就会感到满意或有趣 ，并把这一信息传递给自己的朋友以便共享。如此，“种子”就被复制，不停地在易感人群中进行“滚动式”的传播，达到营销的效果。

三、病毒营销的战略要素

网络病毒营销有着极富吸引力的“病原体”，其第一传播者传递给目标群的信息不是赤裸裸的广告信息，而是经过加工的、具有很大吸引力的产品和品牌信息，而正是这一披在广告信息外面的漂亮外衣，突破了消费者戒备心理的“防火墙”，促使其完成从纯粹受众到积极传播者的变化，成效倍增。因此，我们有必要分析其传播成功的战略要素。

（一）提供有价值的产品或服务

在市场营销人员的词汇中，“免费”一直是最有效的，大多数病毒式营销战略以提供免费产品或服务来引起人们的注意。例如，免费的 E-mail 服务、免费信息、具有强大功能的免费软件等。病毒式营销往往意味着报酬滞后，用户可能短期内不能盈利，但是如果其能从一些免费服务中刺激高涨的需求或兴趣，获利将是很快的事情。

（二）提供无需努力便可向他人传递信息的方式

病毒只在易于传染的情况下才会传播，因此，携带营销信息的“种子”必须易于传递和复制，如 E-mail、视频、图表、软件等。病毒式营销在互联网上得以极好地发挥作用是因为通信变得容易而且廉价，数字格式使得复制更加简单。从营销的观点来看，必须把营销信息简单化，使信息容易传输，越简短越好。

（三）信息传递范围很容易向大规模扩散

为了满足病毒所带来的巨大需求，服务必须适应从小到大的迅速改变。Hotmail 模式的弱点在于免费 E-mail 服务需要有自己的邮件服务器，如果要想这种战略获得成功，就必须迅速增加邮件服务器，否则将抑制需求的快速增加。只有提前对增加服务器做好计划，病毒式营销战略的实施才有可能。

（四）利用公众的积极性和行为

巧妙的病毒式营销战略是利用公众的积极性。是什么导致在网络的早期“Netscape Now”按钮需求数目激增？是由于人们渴望酷的感觉，渴望体验新的信息获取方式。正是在这种信息需求的驱动下产生了数以百万计的网站和数以亿计的 E-mail 信息，而且有越来越多的人加入进来。因此，建立在公众积极性和行为基础之上的营销战略将会取得成功。

（五）利用现有的通信网络

大多数人都是社会性的，每个人都生活在一个包含有 8 ~ 12 人的亲密关系网络之中，这个网络中包括了你的朋友、家人和同事。而由于每个人所处的社会地位不同，部分宽阔的人际网络可能包含几百乃至数千人。现在互联网上的人们也同样在发展着网上关系网络，他们收集社交网络、微博、微信、即时通信账号、电子邮件地址以及喜爱的论坛。通过这些网络，人们可以迅速地把各种信息扩散出去。

（六）利用别人的资源

最具创造性的病毒式营销战略是利用别人的资源来达到自己的目的。例如，百度的“唐伯虎”系列广告视频，最初只是通过百度员工的邮件进行小范围传播，当网络上兴起了视频共享平台以后，只是通过简单的上传，便有更多的人可以通过这个平台下载观看，在极短的时间内获得了比以往多许多倍的受众。而这正是利用公共资源完成病毒式营销目的的典型案例。

任务实训

病毒营销初体验——大学生热门讨论话题排名分析

1. 实训目的

了解病毒营销对网络营销的影响，掌握病毒营销的传播机理，通过对大学生讨论话题排名的分析，深入研究病毒营销的作用。

2. 实训内容及步骤

（1）网站：百度、搜狗、新浪、凤凰……

（2）浏览各大媒体网站，搜索大学生热门讨论话题。

（3）对大学生热门讨论话题进行统计分析。

（4）根据热门话题排名分析背后的病毒营销事件在其中的影响和作用。

3. 实训成果要求

提交实训报告，实训报告采用书面形式。

任务二 病毒营销策划

任务分析单 9-2

学习情境	小李一直想宣传自己的网店，正在策划一个校园病毒营销案例，希望能吸引目标客户的眼球，从而通过别人给他做宣传。但是，小李不了解病毒营销策划的流程。
环境需求	（1）互联网接入。 （2）计算机（每人一台）、智能手机（每人一部）。 （3）学习任务考核单（也可到教学资源包下载电子版）。 （4）将班级分为若干讨论组，每组设组长一名。
活动描述	主题：病毒营销策划。 目的：通过案例解读了解病毒营销的策划流程，掌握病毒营销的传播策略。 备选案例：“对不起，我只过 1%的生活”、《小苹果》歌曲火遍全球。 步骤： （1）分析这两则病毒营销案例成功的原因； （2）通过网络收集这两则病毒营销案例的营销流程； （3）通过案例总结成功实施病毒营销的策略。
任务拓展	请思考： 如何通过病毒营销促进用户自主地推广企业的产品？

任务考核单 9-2

班级： 姓名： 学号： 编号：9-2

序号	任务	分值	总结与归纳	成绩
（1）	浏览上述两则经典病毒营销案例，学习并借鉴其成功经验	30 分		

续表

序号	任务	分值	总结与归纳	成绩
（2）	总结病毒营销的流程	30分		
（3）	总结成功实施病毒营销的策略	10分		
（4）	总结通过病毒营销促进用户自主地去推广企业产品的技巧	30分		
合计				

*请学生填写完学习任务考核单后上交。

知识指南

一、病毒营销的一般策划流程

（一）设定目标

这是要求在开始策划前，一定要明确你的目的。是想宣传品牌，还是吸引客户购买，还是为了增加某个网站的流量？这将是后面几个要素的根本。

（二）分清楚用户是谁

病毒式营销的通路决定了其人群覆盖力度是很强的。但它更要求策划者必须进行人群细分。知道最有价值的人是谁，他们有什么特征和共性。

（三）挖掘兴趣点

要认真地分析这些用户群体的兴趣焦点。显然，老一辈企业家和“80后”的兴趣点是不一样的。你用百度的恶搞视频去推送给企业管理者，肯定达不到扩散的效果。所以，研究你的用户的兴趣点，是“营销创意”的真正开始。

（四）推广渠道

选择覆盖到目标用户的渠道，而非覆盖所有的网络渠道。

二、成功实施病毒营销的步骤

在实施病毒式营销的过程中，一般都需要经过方案的规划和设计、信息源和传递渠道的设计、原始信息发布、效果跟踪管理等基本步骤，认真对待每个步骤，病毒式营销才能最终取得成功。

（一）进行病毒式营销方案的整体规划

确认病毒式营销方案符合病毒式营销的基本思路，即传播的信息和服务对用户是有价值的，并且这种信息易于被用户自行传播。

（二）精心设计病毒式营销方案

病毒式营销之所以吸引人就在于其创新性。最有效的病毒式营销往往是独创的。因此，在方案设计时，特别需要注意如何将信息传播与营销目的结合起来？如果仅仅是为用户带来了娱乐价值或者实用功能、优惠服务，而没有达到营销的目的，这样的病毒式营销计划对企业的价值就不大了，反之，如果广告气息太重，又会引起用户反感而影响信息传播。

一个好病毒的前提是传播力要足够强，而如何才能造出传播力强劲的病毒呢？可以从以下几方面入手。

1. 免费和利诱

对于免费的好东西或是可以给我们带来利益的东西，谁都无法拒绝，也最容易形成病毒营销。例如，第一个开辟了病毒营销的先河——Hotmail，走的就是免费路线。再如 2010 年轰动一时的“KFC 事件”，就是因为肯德基的秒杀活动给了很大的优惠，通过下载其提供的电子优惠券，就可以以一半的价格购买原价为 64 元的全家桶。这么实惠的好事，用户奔走相告，结果这张优惠券像病毒一样被传播了出去。

2. 娱乐功用

用户上网最重要的目的之一就是娱乐，所以娱乐类的内容是很容易引发病毒效应的。最典型的就是各种搞笑的图片、视频，这类内容是用户最愿意主动传播的内容之一。如百度的宣传广告《孟姜女篇》《唐伯虎篇》和《刀客篇》，分别对应“中文流量第一”“更懂中文”“快速搜索”3 个关键概念。这 3 个视频短片帮助百度超越了谷歌，使百度从占据中国搜索引擎市场 45%上升到了 62%。而“江南 style”“小苹果”等歌曲的火爆也是病毒营销的效果。

3. 情感效果

通过情感层面引导用户进行病毒传播是良策。

（1）感动。每个人都有灵魂深处最柔软的地方。例如，安妮的“1%的生活”在微博首发之后，又继续在微信中转载，让更多的人知道了安妮和“快看漫画”APP 应用并下载。

（2）愤怒。如“我爸是李刚”之所以成为网络流行语，也是因为这句话容易让人气愤和发指。

（3）虚荣。如在微信朋友圈中存在大量喜欢晒出自己照片的人，美颜相机就抓住了这些人的心理，快速传播起来，曾连续 12 天蝉联 Apple Store（由苹果公司经营的连锁零售商店）总榜冠军。

（4）贪婪。利用部分用户贪图小便宜的心理，例如，转发送 iPhone 手机等活动就是抓住这些人的心理。

（三）信息传播渠道的设计

虽然说病毒式营销信息是用户自行传播的，但是这些信息传递渠道需要进行精心设计。例如，要发布一个节日祝福的 Flash，首先要对这个 Flash 进行精心策划和设计，使其看起来更加吸引人，并且让人们更愿意自愿传播。仅仅做到这一步还是不够的，还需要考虑这种信息的传递渠道，是在某个网站下载、还是用户之间直接传递文件，或者是这两种形式的结合？这就需要对信息源进行相应的配置。在这里就有几个技巧需要注意。

1. 找准“低免疫力易感”人群

如同现实中感冒病毒一样，病毒营销想要传播得快，也要像感冒病毒一样找到那些低免疫力易感人群，通过他们才能更好将病毒扩散出去。一般来说，低端用户、低年龄用户、感性用户都是比较易感的人群。

2. 选好病毒发布渠道

在传播病毒时，应该选择低免疫力易感人群集中、互动性强、传播迅速的平台。通常微博、微信、IM、论坛、邮箱等都是常用的渠道。

（四）原始信息的发布和推广

如果希望病毒式营销方法可以很快传播，那么对于原始信息的发布也需要经过认真筹划，原始信息应该发布在用户容易发现，并且用户乐于传递这些信息的地方。如果必要，还可以在较大的范围内去主动传播这些信息，等到自参与传播的用户数量比较大之后，才让其自然传播。

（五）对病毒式营销的效果也需要进行跟踪和管理

当病毒式营销方案设计完成并开始实施之后，对于病毒式营销的最终效果实际上自己是无法控制的，但并不是说就不需要进行这种营销效果的跟踪和管理。实际上，对于病毒式营销的效果分析是非常重要的，不仅可以及时掌握营销信息传播所带来的反应（如对于网站访问量的增长），也可以从中发现这项病毒式营销计划可能存在的问题，以及可能的改进思路，将这些经验积累为下一次病毒式营销计划提供参考。

小资料：即时通信工具知多少

即时通信（Instant Messaging，简称 IM）是目前 Internet 上最为流行的通信方式，各种各样的即时通信软件也层出不穷；服务提供商也提供了越来越丰富的通信服务功能。即时通信是一个终端服务，允许两人或多人使用网路即时地传递文字讯息、档案、语音与视频交流。即时通信按用途分为企业即时通信和网站即时通信，根据装载的对象又可分为手机即时通信和 PC 即时通信，手机即时通信的代表是短信、网站、视频即时通信。

在网络上颇受用户欢迎的即时通信服务包含信鸽、Anychat、人人桌面、Gleasy 一说、AOL Instant Messenger、Yahoo! Messenger、NET Messenger Service、Jabber、YY 语音、微信、阿里旺旺、ICQ、QQ、Gmail Talk、FastMsg 等。

任务实训

病毒营销再体验——为你的网店做一个病毒营销策划

1. 实训目的

了解病毒营销的策划流程，掌握病毒营销的传播策略，能为自己的网店成功策划一次病毒营销。

2. 实训内容及步骤

（1）确定病毒营销主题。

（2）分析病毒营销的传播策略，选取最合适的一种或几种传播策略。

（3）对目标人群进行定位，挖掘目标人群的兴趣点。

（4）实施病毒营销，对网站的用户体验进行分析对比，看看实施前后有何变化。

3. 实训成果要求

提交实训报告，实训报告采用书面形式。

任务三 病毒营销效果监测

任务分析单 9-3

学习情境	小李正在经营农特产店，最近采用了病毒营销模式在推广一项他的家乡特产，你想知道推广的效果如何，那么问题就来了，你必须对病毒营销的实施进行监测分析，看看效果是否明显，怎么做才能取得更好的效果。
环境需求	（1）互联网接入。 （2）计算机（每人一台）、智能手机（每人一部）。 （3）学习任务考核单（也可到教学资源包下载电子版）。 （4）将班级分为若干讨论组，每组设组长一名。
活动描述	主题：病毒营销效果监测。 目的：通过任务练习了解病毒营销的管理监测方法，掌握病毒营销效果的评估手段。 步骤： （1）对买家评论进行追踪，分析产生好评和差评的原因； （2）监测浏览量的变化，讨论原因； （3）及时调整病毒营销策略，强化“病毒”，形成正口碑； （4）评估自己的病毒营销效果，看销售利润是否增加； （5）总结经验、启发与不足。
任务拓展	请思考下面几个基本问题： （1）病毒营销效果监测应注意哪几方面的内容？ （2）病毒营销效果评估主要体现在哪几个方面？ （3）通过对自己网店的监测，谈谈自己对病毒营销的想法。

任务考核单 9-3

班级： 姓名： 学号： 编号：9-3

序号	任务	分值	总结与归纳	成绩
（1）	浏览自己的网店，统计分析网店的浏览量并分析原因	30 分		
（2）	对网店的差评进行回复处理，从中吸取经验教训	30 分		
（3）	总结病毒营销的实施，取得何种效果？为什么？	10 分		
（4）	进一步强化“病毒”的实施，提出改进方案	30 分		
合计				

* 请学生填写完学习任务考核单后上交。

知识指南

一、病毒营销的管理监测

当病毒营销实施之后，对于病毒营销的管理检测和效果分析是非常重要的，这不仅可以及时掌握营销信息传播所带来的反应，也可以从中发现这项病毒营销计划可能存在的问题，以及可能的改进思路，从而及时主动地改善营销进程，促进病毒营销的成功。

病毒营销离不开管理，离不开实施过程中的引导和控制，主要包括有效追踪反馈信息，及时调整病毒营销策略，有效控制“病毒”的负面效应等。

（一）有效追踪反馈信息

病毒营销实施之后，是否能在目标消费群体中形成口碑、口碑是好是坏、是否能够达到预期的目的，都应该引起足够的重视，这就必须对病毒营销进行跟踪反馈。从这些反馈信息中，可以了解到消费者接触到的途径，对“病毒”的意见的重要信息，可以对病毒营销方案及时做出相应调整。怎样才能追踪到“病毒”的反馈信息呢？有以下7种方法。

（1）定期进行问卷调查。可以用多种方式公布调查问卷，如发布在公司网站、电子刊物、新闻媒体、直邮资料中，以及放置在产品包装箱内等，也可以张贴在网上信息公告板上或电子邮件讨论列表中。

（2）为消费者创建在线社区。包括建立官方微博、QQ、微信群、留言板、讨论区等，定期了解消费者对“病毒营销”的看法。

（3）创建消费者服务中心小组。邀请10～12个最忠诚的消费者定期会面，让他们提供改进服务的意见。

（4）定期与消费者保持联系。可以通过邮件、电话、信件等形式询问他们对“病毒”信息的看法。

（5）通过百度舆情监控，监控网民对公司、品牌、产品的看法。

（6）在消费者的生日或假日定期表达祝福。

（7）邀请消费者出席公司会议、宴会，参观公司或参加讨论会。

企业通过合适的方法收集到反馈信息，就可以了解病毒营销的状况，同时也更进一步了解消费者的需求和市场的变化，这样就能有的放矢地去开展后续工作。

（二）及时调整病毒营销策略

跟踪反馈信息的目的就是发现问题，及时解决问题。在病毒营销中，根据反馈信息了解要解决的问题，及时地对病毒营销的策略进行调整，确保其成功。如果在反馈信息中发现很多用户不了解或者根本不知道该“病毒”，这说明传播渠道不通畅。针对这样的情况，必须对病毒营销策略中的渠道与途径因素进行细致的分析，找到问题的症结所在，然后再具体地对营销策略进行调整。如果发现有人开始厌烦此“病毒”了，这说明自己的“病毒”失去新鲜感，就要及时给“病毒”注入新元素，如升级换代、改善服务、提升价值等。如果发现“病毒”在传播过程被无意或恶意改变了，就要强化“病毒”包含的营销信息，及时纠正偏差，以免造成负面口碑。如果发现“病毒”成为真正的病毒，就要认真审视自己的产品或服务是否存在问题，改进质量，改善服务，否则形成负面口碑，得不偿失。

（三）有效控制“病毒”的负面效应

消除或者控制负面信息的传播在病毒营销中就显得尤为重要。第一，充分利用反馈信息，及时发现并修正产品或服务的失误，并获取创新的信息，尽量将负面口碑扼杀在摇篮中。第二，妥善处理顾客的投诉和抱怨。首先应当做到鼓励顾客投诉，采用各种奖励和补偿方式让对产品或服务不满的顾客主动将心中的不满反映给公司，同时要建立便捷的顾客投诉渠道，使顾客能很方便地将投诉反映到公司；要建立有效投诉处理小组，能在最快的时间内对顾客的投诉进行处理，并将投诉处理结果反馈给顾客。经过灵活处理，使“负面口碑”转变为“正面口碑”。第三，诚信为本。如果自己的病毒营销确实已经形成“负面口碑”，就要诚心处理。自己存在的不足，要妥善改正，进而提高企业的名气和诚信，扭转病毒营销的影响。

二、病毒营销的效果评估

目前，病毒营销的应用规模还不算大，往往会和其他营销手段综合运用，对其效果进行测量和评估有一定难度。一般认为主要从产品销售利润、口碑影响力和口碑美誉度 3 个方面来对病毒营销的效果进行评估。

（一）产品销售利润

作为一种营销手段，病毒营销最直接的目的就是销售企业的产品或服务，获得利润。从 Hotmail 的传奇开始，病毒营销就以“低成本、高投入产出比”而备受营销人员的喜爱。因此病毒营销能否为企业带来销售额或利润的提升，或提高企业的美誉度，是最直接也是最可行的评估方法，同时可以量化，说服力强。

（二）口碑影响力

口碑影响力是用于衡量企业在病毒营销过程中，对用户、媒体及广告主等产生的影响力。其主要包括以下四个基本指标。

（1）用户关注度，反映社区网民及企业网站网民对企业的关注程度，主要包括社区用户关注度、用户覆盖人数和用户点击次数 3 个基本数值。

（2）用户参与度，指社区用户对相关帖子的回复率，反映用户参与相关话题的积极程度。

（3）媒体关注度，反映媒体对企业的关注程度，通过百度新闻和谷歌新闻搜索获得。

（4）广告关注度，主要针对网络媒体，反映网络媒体作为广告投放平台的价值，主要包括广告投放量、广告主数量和广告投放金额 3 个基本数据。

口碑影响力计算公式为

口碑影响力=用户关注度×30%+用户参与度×30%+媒体关注度×20%+广告关注度×20%

在实际操作中，并非全部包括上述四个指标。在非网站类型的病毒营销中，例如，在“封杀王老吉”的病毒营销中，口碑影响力就只需采纳用户关注度、用户参与度和媒体关注度，其权重可以相应调整为 40%、40%、20%。另外，在某些病毒营销中，口碑影响力只涉及用户关注度和用户参与度，权重各占一半。

（三）口碑美誉度

口碑美誉度是用户衡量社区网民和媒体对企业的评价，主要包括社区相关帖子的正负面和媒体新闻的正、负面两个基本数据。口碑美誉度计算公式为

口碑美誉度=口碑美誉度社区用户评价×80%+媒体评价×20%

同样在实际操作中，病毒营销未必会引起网络媒体的关注而对其进行报道，这样就只要考虑社区用户评价（企业、品牌和产品等在网络社区中被谈及的帖子和博文数量）即可。

病毒营销重在口碑效应，不是一个短期的营销行为，而是一个长期的战略，其效果要较长时间之后才能体现出来。同时，病毒营销的效果由于基于网络环境，难以量化，定性的评估缺乏足够的说服力。因此，建立病毒营销的效果评估体系，是促使其发展的重要动力。

病毒营销在国外已经比较成熟，已有相当规范的行为准则，而在国内处于刚起步的阶段，其实施、管理、评估都不完善，因此加强对病毒营销的管理监测和建立效果评估体系是确保其成功

和促进其发展的重要方面。

任务实训

病毒营销终体验——网店口碑探析

1. 实训目的

了解病毒营销效果监测的流程及方法，学会运用病毒营销的监测来分析自己网店的顾客满意度，对自己网店的口碑做一个分析研究。

2. 实训内容及步骤

（1）浏览自己网店，对买家的评论进行统计分析。

（2）小组讨论差评应该如何避免，如何与买家进行良好的沟通。

（3）统计分析实施病毒营销后网店的销售利润，如果增加了，总结成功经验，如果没有效果，分析其原因并提出改进对策。

（4）分析影响网店口碑的主要因素，找出不足之处进行改进。

（5）不时追踪反馈买家信息，为进一步强化“病毒”实施做好准备。

3. 实训成果要求

提交实训报告，实训报告以书面形式。

项目小结

本项目主要阐述了病毒营销理论的基本内容，对病毒营销的传播机理和策划流程、传播策略进行详细介绍，并提出了病毒营销效果的管理监测和效果评估方法。通过实训任务、思考练习等使学生巩固和加强病毒营销基础知识的运用，提高应用和分析能力。

项目重点：病毒营销定义、传播机理、策划流程和传播策略。

项目难点：病毒营销策划流程、病毒营销的管理监测和效果评估。

思考与练习

一、不定项选择题

1. 病毒营销的一般策划流程包括：（　　）。

A. 决定自己要干什么　　B. 分清楚用户是谁

C. 挖掘兴趣点　　D. 选择推广途径

2. 病毒营销离不开管理，离不开实施过程中的引导和控制，主要包括：（　　）。

A. 有效追踪反馈信息　　B. 及时调整病毒营销策略

C. 有效控制“病毒”的负面效应　　D. 完成评估报告

3. 下列对病毒性营销的一般规律说法错误的是（　　）。

A. 病毒性营销的基本思想只是借鉴病毒传播的方式，本身并不是病毒，不具任何破坏性

B. 病毒性营销并不是随便可以做好的，需要遵照一定的步骤和流程

C. 病毒性营销方案设计是需要成本的，并且实施过程通常也是要付费的

D. 网络营销信息不会自动传播，需要进行一定的推广

4. 病毒性营销是利用（　　）进行促销。

A. 生产企业　　B. 原材料供应商

C. 消费者　　D. 销售企业工作人员

5. 病毒营销的效果评估主要从哪几方面进行：（　　）。

A. 产品销售利润　　B. 口碑影响力

C. 口碑美誉度　　D. 品牌影响力

二、简答题

1. 病毒营销的传播机理是怎么样的？
2. 病毒营销有哪些战略要素？其传播策略有哪些？
3. 病毒营销的策划流程是怎么样的？
4. 如何对病毒营销效果进行监测？

第三篇

策划篇

项目十
网络营销策划认知

项目简介

"兵马未动，粮草先行"。好的策划将为网络营销的成功奠定良好的基础。网络营销的效果有多种，如网络营销对网站的推广、对产品在线销售、对公司品牌拓展的帮助等。网络营销策划就是为了达成特定的网络营销目标而进行的策略思考和方案规划的过程。

本项目主要由网络营销策划的认知和网络营销策划书撰写两个任务组成。通过本项目的学习，使学生对网络整合营销策划产生兴趣，从而掌握网络营销策划的步骤、网络营销创意来源和网络营销策划书的撰写。

项目目标

知识目标：了解策划的历史、网络营销策划的层次，掌握网络营销策划的概念、内涵、网络营销策划的步骤、网络营销策划书的撰写，熟悉网络营销策划的要素。

技能目标：能够针对企业目标，策划企业网络营销方案，并撰写网络营销策划书。

素质目标：能持续关注互联网热点，培养对新鲜事物、新闻、娱乐事件等的较高敏感度和较强洞察力，树立网络营销创新、创意意识。

引导案例

➤ **项目引导案例：某品牌奶粉的国内推广策划策略**

一、核心内容

第一阶段：即某品牌奶粉尚未正式在国内上市之前的品牌预热期。

推广模式：以网络推广为主，辅之以一定的线下推广。一些主体信息铺垫式推广，均以周为单位进行，务求在单位时间内做到精确和细致，后期重在维护而不在于重复。

推广要求：（1）网上搜索相关词汇能够看到该品牌；（2）树立该品牌是"新西兰""原产""优质""品质与营养俱佳"的"进口""奶粉"这一品牌形象；（3）线上招商广告铺设能够吸引经销商加盟。

二、推广手段

1. 整理资料（第一周）

工作要求：整理出一套最详尽的产品资料，该资料须覆盖所有能够想到的可以公开的产品信息，包括产品配方；品质特点；分类详解；育婴百问；招商资料。

达到效果：该套资料为后期推广的核心资料库，要做到：（1）一周的整理期内，要实现基本完善；（2）在推广的过程中，不断地对该套资料库进行补充完善。

2. 百科创建和维护（第二周）

工作要求：根据之前的资料，创建相关的百科，并对能够检索到的相关百科进行品牌植入，包含如下内容。

（1）创建百科。在百度、维基、搜搜、互动等百科站点创建专属词条。

（2）植入百科。在各个百科站点的相关词条如奶粉、配方奶粉、奶粉伴侣、育婴、哺乳期、乳头皲裂等相关词条进行百科植入，切忌千篇一律，可适当选择资料库中的内容进行植入。

（3）后期维护。创立百科数据库，每隔一周对所有创建和植入的百科进行维护，避免恶意篡改。

3. 问答植入和维护（第三周）

工作要求：根据之前的资料，在创建百科后，继续创建一系列必要的回答，并对目前已有的各种相关问答进行补充回答，包含如下内容。

（1）创建问答。主阵地为百度问答、搜搜问问等，问答内容贵精不贵多，保证消费者搜索时能够看到即可。

（2）植入问答。针对已有的相关问答，进行密切性植入和补充回答，在回答中，要针对不同的问答内容进行个性化的回答，贵在诚恳，切忌直接进行广告宣传。

（3）定期维护。一周工作完成后，明确专人每日定期在问答网站检索一次，并及时回复相关问答。

（4）其他植入。专门针对 SEO 进行一系列的文档、图片、视频和新闻植入。

4. 微博创立及维护（从第二周开始）

时间：贯穿推广过程始终。

工作要求：分别创立两个微博，一个是品牌官方认证微博，一个是品牌首席营养师个人认证微博。效法其他奶粉品牌的官方微博和个人微博进行运营，在微博上吸引白领阶层的人士认识该品牌，培养潜在消费者。

微博定位：（1）官方认证微博以充满童趣的很可爱的婴儿口吻进行维护，重点突出科学育婴内容，适时植入品牌的内容；（2）首席营养师认证微博以国外女性形象，针对来自官方认证微博上的相关内容，进行转发和科普化补充，同时针对网民的提问进行回答，可以适当地用不标准的文字表达方式“卖萌”。

微博搜索：每日对各种有育儿话题讨论的微博，以首席营养师认证微博的身份，进行渗入式回答，积累相关粉丝。

微博活动：每隔半个月在微博上开展一个提升品牌知名度的互动活动，如晒出宝宝照片、线下召集婴儿爬行比赛等，奖励可以是奶粉。

5. 奶粉测评报告（第四周开始）

时间：贯穿推广过程始终。

发布渠道：通过百度文库、育婴网站等多种渠道，使用软文进行发布。可分成一段、二段、三段三种不同类别的奶粉进行测评，讲求图文并茂。可推出多个风格不一样的测试报告，持续发布，形成常量，可参考数码产品的测评报告。

6. 必要的论坛推广（第五周）

在基本信息铺垫完成后，从第五周开始，尝试逐步在论坛发帖来提升口碑。

时间：贯穿推广过程始终。

发帖方向：分为产品使用心情故事类直播帖（我的育婴生活）、产品代理指南、产品相关新闻和测试报告的论坛发帖、产品问答的论坛版等。

发帖目标：（1）自发帖，覆盖天涯、猫扑、主流育婴网站和海淘论坛；（2）跟发帖，检索最新的相关疑问或寻求奶粉品牌代理的帖子，进行跟发。

发帖频率：不提倡瞬间海量发布，多以有关注度的主题帖或直播贴的形式，在核心论坛上形成关注度。按照一周维护一帖的方式进行，即一周只发一个重点帖子，并进行相应的维护。

思考：

① 寻找一些让你印象深刻的广告，讨论为什么这些广告能够让人有深刻的印象。

② 寻找 2014 年让你印象深刻的网络文案，探讨这些文案好在哪里。

任务一　认知网络营销策划

任务引入

活动分析单 10-1

活动情境	小李通过前段时间家乡特产网络营销尝试，发现营销效果并没有达到预期的目标。看到案例中奶粉的国内推广策划后，他发现自己做的网络营销推广还存在很多问题，小李就想知道该如何做一个比较系统的家乡特产整合营销方案。
环境需求	（1）互联网接入。 （2）计算机（每人一台）、智能手机（每人一部）。 （3）学习任务考核单（也可到教学资源包下载电子版）。 （4）将班级分为若干讨论组，每组设组长一名。
活动描述	主题：网络营销策划初识。 目的：通过任务练习了解网络营销策划的要素和网络营销策划的步骤。 步骤： （1）分别查看“学挖掘机哪家强？”“维达湿巾病毒视频营销推广方案”的网络营销策划方案； （2）总结上述网络营销策划中的要素； （3）探讨上述网络营销策划案例，总结网络营销策划都有哪些步骤？每一步的具体工作是什么？
活动拓展	讨论营销中定位的作用及重要意义，网络营销策划中定位有什么作用？

活动考核单 10-1

班级：　　　　　　　姓名：　　　　　　　学号：　　　　　　　编号：10-1

序号	考核内容	分值	总结与归纳	成绩
（1）	总结网络营销策划的要素	30 分		
（2）	总结网络营销策划的步骤及具体工作	30 分		
（3）	定位的作用及重要意义	20 分		
（4）	总结网络营销策划中定位的作用及定位的具体内容	20 分		
合计				

* 请学生填写完学习活动考核单后上交。

知识指南

一、网络营销策划概述

（一）网络营销策划的概念

1. 策划概念

“凡事预则立，不预则废”，这就是策划。简单来说，策划也就是指为了达成特定目标，而构思、设计、规划的过程。

“策划”一词最早出现在《后汉书》。“策”最主要的意思是指计谋、谋略，“划”指设计，筹划、谋划。

《孙子兵法》：曰“以正合，以奇胜。”菜根谭网络营销策划机构理解这句话为：所谓正，就是指策略和系统；所谓奇，可理解为创意。策划就是进行策略思考、布局规划、谋划制胜创意的过程，并形成可安排执行的方案。

扫一扫——网络营销策划层次（企业开展网络营销活动之前，可以根据企业的营销目标，领导层的重视程度，资金、技术、竞争程度等来分层次实施。）

2. 网络营销策划的概念

顾名思义，网络营销策划就是为了达成企业的网络营销目标而进行的策略思考和方案规划的过程。网络营销策划首先要做好的是营销策划，网络营销知识属于方法篇的范围。

网络营销策划可分为网络营销盈利模式策划、网络营销项目策划、网络营销平台策划、网络推广策划、网络营销运营系统策划五种类型，本书中网络营销策划主要特指网络推广策划。

（二）网络营销策划要素

企业做好网络营销的核心是什么？推广、网站、转化率、销售、文案、产品、SEO……？在企业具体的网络营销工作中，根本原因在于没有系统地看待网络营销，没有一种策略去统率全局，没有创造性地解决问题，更没有培养成运营系统。简言之，做网络营销时没有进行网络营销策划。

“策略为纲，创意为王，系统制胜”，网络营销策划的最核心的要素就是网络营销策略、网络营销创意和网络营销运营系统。

1. 网络营销策略

（1）正确策略来源。策略从市场分析中来，只有深入分析行业、竞争对手、目标消费者和自身，得出自己的优势、劣势、机会和威胁，才能扬长避短、抓住机会，找到适合自己的正确策略。如图 10-1 所示。

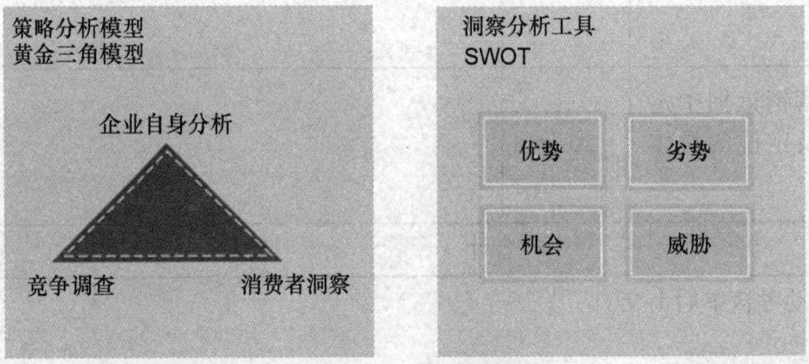

图 10-1 策略分析

（2）网络营销的策略方法。不同行业、不同企业、不同阶段的企业均有不同的策略，企业需要根据自身的实际资源来发挥自己的优势，理清自己的策略。

（1）确定企业的网络营销模式。企业是做淘宝还是自建 B2C 商城，是利用网站推广在线下成交订单还是做品牌推广，不同的行业不同的企业适合不同模式。

（2）用户定位。对于企业来说用户在哪里，用户关心什么，企业的核心优势是什么，用户选择企业没有选择竞争对手的主要原因是什么等问题，需要弄清楚。

（3）定位推广并执行。确定怎么能找到用户；怎么告知用户；是否要建设网站；如果建设网站，怎么展示企业的卖点和核心优势等，上述其中就包含了产品品牌策略、网站策划策略和网站推广策略。至于网站结构、视觉表现、体验流程、网站布局、网站规划等因素和网站功能技术等都是网站具体布局执行。

接下来就是怎么找到用户。在网络推广策略中，不论做搜索引擎营销、社会化媒体营销、视频营销还是其他方法，都需要先找到推广目标用户，之后开展针对性推广。但现实中，很多企业忽略这一策略，没有明确找到目标用户，却一直乐于尝试各种手段，到处张贴垃圾广告，花费了大量精力却没什么效果。

2. 网络营销创意

（1）创意。一个好的创意包含众多新奇的想法、好的点子或者主意，但仅这些想法、点子和主意本身来说还不是真正意义上的创意，它们只是创造性思维的成果。营销上的创新如亚马逊创造的广告联盟模式，被谷歌扩大，也成为网络中小站长的盈利模式。

（2）创意来源。创意来源于哪里？主要来源于对市场的洞察、对消费者的洞察、对人性最深层次的洞察。洞察产生了洞见，企业洞见了消费者需求，洞见启动心灵的按钮，那也就洞见了财富之门。

小提示：Hao123 的成功之源——洞察用户需求和使用习惯

Hao123 网址之家是专业权威的上网导航。Hao123 网络自 1999 年正式上线至 2004 年 9 月 1 日在 Alexa 全球排名为第 26 位，超过国内许多著名专业网站，甚至直逼 TOM 等门户网站。从它创立的那一天起，Hao123 就凭借简洁的页面、相对公正的网站挑选，成为了许多网民电脑开机后的第一选择，尤其在遍及城乡的网吧，Hao123 常常被设置为上网首页。我国很多网民的上网历程，就是从点击 Hao123 开始的。

细细探究 Hao123 的创业发展历程和分析它的成功法则，发现正是创始人李兴平本身既是网站老板又是用户这种“两位一体”的身份，所带来的天然的基于用户体验的敏感性，以及能够随时随地听从于这种敏感性的呼唤而做出反应与改进的行为，构成了 Hao123 这个看上去没有核心竞争力的网站的竞争力。

创始人李兴平的初中学历、网吧短暂工作的经历，这些在创办 Hao123 过程中反而成为一种优势——正因为不懂，才能深切体会到普通人上网的难处，才有了为普通人上网提供了方便的 Hao123。

只要认真分析现阶段网民需求和网民需求的变化趋势，加上独特的创意、鲜明的特色，一定会再现一个类似于 hao123 的奇迹。

3. 网络营销运营系统

（1）网络营销运营系统内涵。运营系统简单说就是执行策略、达成目标的执行系统。其重点是建立企业网络营销推广体系及推广制度，包括主流网络营销推广系统的账号体系建立及培养等。

（2）构建网络营销运营系统。完成一项工作，需要什么人，什么资源，怎么去分解任务分配任务，每个阶段做什么事，怎么跟进监督，这都需要做好系统安排，这个过程就是构建运营系统的过程。

例如，某个项目的传播推广策略以搜索为核心，那网站规划时要做哪些工作，网站结构怎么规划，关键词怎么提炼，内部链接怎么规划，内容怎么规划撰写，程序功能怎么优化等；网站建好后，运营时怎么围绕 SEO 优化，外部链接怎么建设，内容怎么更新，数据监测分析、数据监测分析、搜索竞价怎么做等，都需要系统规划解决，事先安排落实到岗。其实策略提出后，设置什么样的岗位，招聘什么样的人才，怎么管理考核等都是组建运营系统的基础。

（3）系统匹配策略。要建立良好的网络营销运营系统，首先就要求项目负责人对项目策略、各模块流程细节、团队组建、岗位需求、管控系统等都要深入了解，甚至都亲自操作过。其次是团队、流程的整合能力要很强，否则基本可以宣告项目失败。而一般错误主要出现在岗位配备、人员配备和完成策略需求的岗位技能不匹配。

二、网络营销推广策划的步骤

（一）通过营销定位明确营销目标

伴随着网络的快速发展，越来越多的企业开始注重网络营销，很多的企业网络营销都是投入了钱，却没有得到理想的效果，这些企业的失误在哪里？其实是因为它们没有走好网络营销的第一步——营销定位。很多企业对自己的网络营销没有任何的定位，只是要求自己的网站访问量越高越好，而忽略了企业自身的特点以及相对应的营销模式。所以在做网络营销策划前，首先要明确目标，要明确这个策划是追求IP、追求流量、追求注册量，还是追求销售量、追求品牌知名度等。如果目标不明确，推广工作做得越多，资金使用越多，反而更加迷茫，这也是传统企业转型互联网后第一个容易迷茫的地方。

小练习：小A的工作思考

案例：某大学负责网络推广工作的小A在2010年的网络营销策划工作效果不理想，并对2011年的网络营销策划工作没有头绪。小A负责学校旗下的C网站的推广，由于该学院是公办学校，招生很容易，学校不要求小A通过网络营销策划带来生源或是流量，只要求有人在搜索引擎中搜索该学校或是该学院的名字时，能够在前三页出现正面的报道或是信息，不要有负面消息即可。

小A 2010年的具体工作：（1）软文推广。供选择了4家投放媒体，其中两家规模稍大，全年共在这两个网站发布了40篇软文。另外两个网站都是包年合作，随时可发。但由于是后两家小网站，效果几乎没有。（2）博客推广。建立官方博客，并进行日常更新维护。（3）百度百科。建立学院的百科词条。（4）微博推广。建立了官方微博，通过微博发布学院的消息。（5）电子杂志推广。制作一些与学院有关的电子杂志，发布在互联网上。（6）QQ推广。建立学院官方QQ群，并在其他相关QQ群进行推广。

思考：

1. 小A的工作目标是什么？
2. 小A为了达到工作目标，哪些工具和方法是小A选择错误的？
3. 小A为了达到工作目标，应该选择哪些网络营销工具和方法？具体如何实施？

（二）明确目标用户

确定目标后，分析哪些是你的目标受众群体，如目标是IP，那就要了解哪些是最容易点击、网站的用户是哪些人；如果追求销量，就要了解最愿意购买企业产品的用户是哪些人。

在真实的网络营销策划中，往往有多种不同的目标。如对一家带有商务性质的论坛来说，既要追求品牌与口碑，又要追求流量；既要追求注册用户数，又要追求帖子量；最重要的还要追求转化率和销售额。而能够帮助这个网站进行口碑传播的人，不一定就是论坛里面的活跃用户；而天天在论坛里面不停发帖的，又不一定会产生消费；而那些有购买需求的用户，可能根本就不愿意在论坛注册。所以我们要做的就是明确不同目标的不同用户群，给目标用户分类。

对网络传播来说，用户可以分为能够带来收入的用户、能够带来流量的用户、能够带来内容的用户、能够带来口碑的用户、能够带来品牌和权威性的用户几类。

小练习：C网站的用户分析

根据上述练习中小A的案例，思考并填写下表：

网站的用户	用户类型	访问网站的目的
1.		
2.		
3.		
4.		
……		

（三）明确目标用户的特征

在明确了目标用户之后，你还需要明确目标用户的特征，画出用户特征图。

不同自然属性、社会属性的人喜好不同，针对他们的营销策略也不同。例如，年龄偏小的用户，喜欢追逐时尚赶潮流，针对他们进行营销时，页面风格要时尚，文字要朴实。而年龄偏大的用户，则比较成熟稳重，喜欢有内涵的实务，对这类用户，页面风格要成熟一些，文字要有内涵。

除了自然特征外，还要研究用户需求，弄清楚用户喜欢哪方面的内容、信息、资源以及想解决的问题或是困难等。在上述的案例里面，要明确目标用户上网是喜欢看新闻还是喜欢看文章，是喜欢看服装搭配类的内容还是喜欢看美容化妆类的文章等。用户的这些需求决定了下一步网络营销策划的素材。

小练习：C 网站的用户特征分析

根据上一个练习中的用户分类，通过网站后台分析 C 网站用户的上网特征，统计包括网站访问量、网站来路分析、浏览的内容、使用设备、访问者的基本属性等特征，并用思维导图绘制 C 网站的用户特征。

（四）明确目标用户集中的平台

分析目标用户的需求后，要明确目标用户集中的平台。这里我们就要结合用户特征和需求进行分析：如果用户的主要需求是浏览文章，就需要将目标用户常去的网站全部找到；如果用户上网做得最多的事是与人交流，就需要把用户常去交流的论坛筛选出来；如果用户喜欢在 QQ 群交流，就要明确是哪一类主题的 QQ 群；如果用户喜欢用搜索引擎查找信息，就需要将用户经常搜索的词全部列出来。将上述的这些渠道列出来，越详细越好。

小练习：明确 C 网站的用户集中平台

根据上面关于 C 网站的小练习，依据不同类型用户分析目标用户常去的网站和喜欢的话题。

网站的用户	集中的平台	喜欢的话题
1.		
2.		
3.		
……		

（五）针对用户特点展示产品亮点

通过前面四个步骤，明确网络营销策划目标、目标用户及目标用户集中的平台，接下来就需要分析，如何打动用户，让用户转化为客户。

如何打动用户呢？首先通过分析用户行为来找到影响用户决策的关键点，然后再结合用户特点及产品的特点来打动用户。

小案例：医院网站转化率营销方案

案例：以推广医院网站为例，来分析该类网站的目标用户群的行为。

1. 查找信息

医疗类网站的目标人群主要是患者。

用户行为：用户上网的第一个行为是查找信息，信息主要集中在查询与相关疾病有关的资料、文章、治疗方案，或是查找相关医院的资料等。

分析：获取用户查找信息的网络工具、平台或应用，例如，是通过搜索引擎搜索，通过百度知道等网站提问，通过相关的疾病论坛互动，还是通过QQ群交流等。

执行：如果用户获取信息的主要手段是通过搜索引擎，SEM、SEO则是主要的营销方法，而且要尽量把用户可能搜索到的词汇或是词汇类型全部列出来；如果用户获取信息的主要手段是百度知道一类的平台，那问答推广平台则是重点。建立问答推广团队是必须的，而且要标准化和流程化；如果用户获取信息的主要手段是相关的疾病论坛，则要收集尽可能多的论坛，并组建相关团队开展；如果用户是通过QQ群获取信息，则要收集尽可能多的QQ群，通过QQ群来展开营销。

2. 看介绍

用户行为：当用户为获取信息进入感兴趣的页面后，会开始浏览获取到的信息。在选择医院时，用户一般会去浏览多家医院的介绍并进行比较。

分析：在这个环节中，要分析用户最关心的问题如价格、口碑、医资力量等。

执行：在分析用户关心焦点后，接下来将用户最关心的问题一一展示给用户。如果用户关心价格，则在页面中重点突出价格便宜；如果用户关注口碑，则可以将以往成功治愈的典型病例进行介绍，将患者送的感谢信、锦旗等进行展示；如果用户关注医资力量，则将医院的历史、名医等进行重点介绍。

3. 联系客服

用户行为：一部分用户会选择直接就医，另一部分用户会选择先联系在线客服进一步了解。

执行：建立一套标准化和流程化的话术体系，针对用户的常见问题，提前设计出标准答案，给出解决方案。

4. 上网验证

用户行为：在通过客服引导后，一部分用户会被成功转化成为医院的患者，还有一部分用户不放心，会上网继续了解医院的实力等。例如，了解媒体对医院的报道，了解其他医患对医院的评价等。

执行：适当做一些品牌推广，如在一些大的媒体进行新闻推广、软文推广、论坛推广、问答推广等。

5. 后期跟进

用户行为：肯定还会有一部分客户未被转化。

执行：搜索未被转化的用户数据，通过EDM、电子杂志及各种活动来促进用户转化。

（六）撰写网络营销策划方案并执行

经过前面五个步骤，网络营销的策略和方法都已经比较明确，需要将网络营销策划方案撰写出来并按照策划方案执行到位。

（七）效果监控与评测

1. 建立合理的营销目标

营销目标是指具体的指标，如IP数、PV、注册用户数、活动参与人数、作品转载数、销售额、订阅数等，而且这些数据要合理。

合理指标的来源包括以下5个方面。

（1）根据以往的经验数据推算。

（2）实际测试。如果没有经验可以借鉴，可以拿出部分资金，小范围内测试。

（3）对比传统渠道的数据。

（4）参考同行数据。

（5）根据行业调查数据。如艾瑞、缔元信、易观国际、开眼数据、CNNIC 等会公布各行业的数据。

2. 监控数据

通过网站数据监控，了解网站基本情况。目前可以选择 CNZZ、百度统计等统计工具，并建立详细的数据检测表。

三、网络营销策划的执行策略

网络营销策划对推广执行者来说是一个考验，特别是多种推广渠道和营销手段复合式运行中，执行力的强弱，将直接决定网络营销的成效。

对于一个网络推广人员或者一个推广团队/企业来说，建立一套可攻可守的推广执行模式，而不仅简单依靠推广核心人员的点子来开展推广，会更有效率。

（一）建立“值周生”制度

网络营销推广是一个长期的任务，除了阶段性的网络营销项目策划与推广之外，网络营销日常维护和管理更是必不可少，所以在这个过程中需要以制度的方式进行规范，才能实现效果的最大化。

以“平安北京”微博为例（见图 10-2），其成功经验有以下 3 点。

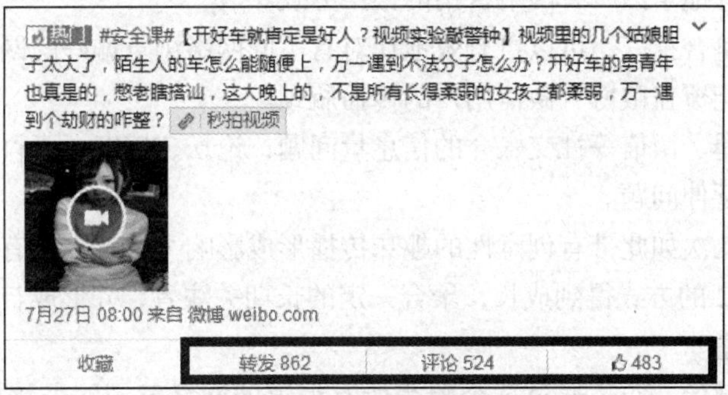

图 10-2　平安北京的微博运营

（1）诸多微博齐发力。2011 年 8 月 1 日，北京市公安局官方微博“平安北京”在新浪网、搜狐网、网易网、酷六网 4 大网站同步开通。此后，北京市公安局每天都在该微博上发布信息，内容包括犯罪案件的防范提示、办理相关手续的通知和自我防卫手段的普及等。

（2）专人值守。为保证“平安北京”的顺利运行，北京市公安局公共关系办公室专门抽调 9 名民警分 3 组 24 小时轮班。粗略估计，值班时没人回复的问题均在 60 个左右。

（3）公安微博的值班民警都会贴上自己的照片，用网友熟悉的语言方式和粉丝交流，有人负责发新闻，有人普及相关知识，有人乐于调节气氛，有人擅长与网友交流谈心……公安微博当不再打“官腔”时，却赢得越来越多的粉丝。

（二）建立网络营销账号系统

网络营销账号系统，就是在各种网络推广渠道中，各注册一个同名账号，如微博可选择新浪，论坛可选择天涯和猫扑各注册一个，视频网站可覆盖优酷、酷六、爱奇艺等。其核心就是在每一个推广渠道中都要有一个核心账号，一旦策划网络营销活动，可以形成网络渠道全覆盖的态势。

网络营销账号系统的全貌应该为以一个社交网络传播为节点，将视频发布、微博微信聚合、博客意见、论坛推广、百科维护、问答引导、新闻定性等所有的网络营销推广途径连接成一个有机整体。这样做的最大好处就是不把所有的资源压在微博、微信乃至其他任何一个传播渠道商，而是让每一个推广渠道都可以成为营销效果的爆发点。

秋叶在讲到建立网络营销渠道建设中提到：目前（2014 年 9 月）云课堂的流量 50%来自微博，20%来自微信，10%来自纸质书和电子书，5%来自网盘分享，5%来自线下讲座，10%来自学员口碑，已经建立了 6 个渠道。下一步，秋叶对网络营销渠道规划为：继续建设渠道，继续维护百度文库、百度经验、百度知道、百度轻应用、知乎、豆瓣、锐普 PPT、多看阅读、网易云阅读、百度阅读、微头条这些网络渠道。目标是这些渠道搜索结果，只要是和“PPT”相关的，和“秋叶 PPT”相关的信息可以显示在第一或者前三。

网络营销账号体系可总结如下。

第一，一个长期的系列的推广可能在最初很难有影响力，但只要在之后的推广中爆发，就可以让网民关注，并对早前的内容进行回顾，对未来的内容有所期待，从而积少成多，逐步形成强大的影响力。

第二，任何一个推广渠道爆发，都可以牵一发而动全身，让所有推广渠道上的内容为网民所关注，形成一个推广黄金链条。

第三，不能让推广专员们仅仅把注意力放在微博、微信上，而是要认识到网络营销并非只有一个途径，要更为熟练地掌握所有网络营销的推广方式。

第四，通过这种整合推广，可以更有效地让对有不同网络浏览偏好的网民进行更好的覆盖，这可以有效地突破只能覆盖微博、微信用户的传播瓶颈。

第五，解决了微博、微信等社交媒介的信息量问题，论坛、博客、百科等老的传播渠道可以做好微博热播之后的延伸问题。

第六，一旦通过几次如此带有创意性的趣味传播形成影响力，那么所有链条上的网络营销账号都将通过这种 1+1>2 的方式得到成长，聚合一定的长期关注者，并形成自己的影响力，这比简单的微博粉丝更有力量。

第七，也是最关键的一点，通过这个覆盖所有渠道的网络营销账号培训计划，未来任何一种推广，无论是视频、文字、图片，还是硬广告，任何形式都可以融合到网络营销账号之中。在其他渠道发力，通过微博、微信之类的社交网络聚合起来，形成真正意义上的“六度传播”。这种总共加起来不超过 20 个账号的养成方式，远比在各种渠道上注册数以千计的“马甲”更有效。

任务实训

学校网络整合营销策划

1. 实训目的

本次实训使学生了解网络营销策划的概念、网络营销策划层次，掌握网络营销策划的要素和步骤。

2. 实训内容

（1）根据网络营销策划步骤设定目标、分析目标用户及用户集中平台。

（2）根据上述分析选择网络营销方法和工具，策划用户喜欢的内容并传播。

（3）撰写网络营销策划方案并执行。

（4）效果监控。

3. 实训成果要求

撰写并提交学校网络营销策划方案，并执行 4 周。

任务二　撰写网络营销策划书

任务引入

活动分析单 10-2

活动情境	网络营销策划方案是企业网络营销项目运营的前提和保障，也是规范企业网络营销管理的重要方面。小李看到不少企业不知道该如何写网络营销策划方案，网络营销策划书都包括哪些内容？如何写一份好的网络营销策划书？
环境需求	（1）互联网接入。 （2）计算机（每人一台）、智能手机（每人一部）。 （3）学习任务考核单（也可到教学资源包下载电子版）。 （4）将班级分为若干讨论组，每组设组长一名。
活动描述	主题：网络营销策划书撰写。 目的：通过任务练习了解网络营销策划书的类型、网络营销策划书的内容和结构。 步骤： （1）利用网络搜索 3～5 份网络营销策划书； （2）总结上述网络营销策划书的类型； （3）分别总结网络营销策划书的内容； （4）分别总结网络营销策划书的结构。
活动拓展	（1）网络营销策划书中图表的作用是什么？ （2）如何让你的网络营销策划书更加出彩？

活动考核单 10-2

班级：　　　　　　　　　　姓名：　　　　　　　　　　学号：　　　　　　　　　　编号：10-2

序号	考核内容	分值	总结与归纳	成绩
（1）	总结网络营销策划书的类型	20 分		
（2）	总结网络营销策划书的内容	30 分		
（3）	总结网络营销策划书的结构	30 分		

续表

序号	考核内容	分值	总结与归纳	成绩
（4）	总结可以让网络营销策划书出彩的技巧	20分		
合计				

*请学生填写完学习活动考核单后上交。

知识指南

一、网络营销策划书的类型

（一）网络营销策划书

网络营销策划书是为公司尚未推出的产品、服务、品牌或者网站等实现一定的市场目标而做出的全盘网络营销计划。在项目启动之前，制作一份完整的营销策划书是非常有必要的。

（二）网络营销诊断书

企业在网络营销运营活动中不可避免地会出现各种问题，有了问题就要找出原因所在，提出改进的对策和方法。这就是网络营销策划中营销诊断书所要解决的问题。网络营销诊断书通过分析企业网络营销运营的实际状况，发现运营中存在的问题，然后运用科学的方法，有针对性地进行分析，查找产生问题的原因，提出切实可行的改进方案，从而调整行动方向，以最小的代价实现企业目标。

二、网络营销策划书的结构及技巧

（一）网络营销策划书的结构

网络营销策划方案是企业网络营销项目运营的前提和保障，也是规范企业网络营销管理的重要方面。鉴于网络营销策划方案对企业经营和营销管理的重要性，策划人员应更加注重策划文案的写作。要完成好这项工作，首先要明确策划书的结构。

1. 网络营销策划的纲要

纲要主要描述网络营销策划项目的背景资料和网络营销策划的目的。

2. 网络营销环境的分析

（1）宏观环境分析，包括政治环境分析、经济环境分析等内容。

（2）微观环境分析，包括用户分析、竞争对手分析、网页分析等内容。

3. SWOT分析

SWOT分析即评估企业内部的优势（Strengths）与劣势（Weaknesses），评估企业外部环境的机会（Opportunities）与威胁（Threats）。

4. 网络营销方案

（1）网络营销目标。网络营销目标是在前面目的任务基础上公司所要实现的具体目标，如网络营销策划方案执行期间，应实现的经济效益等数据。

（2）具体网络营销方案。从目标客户、竞争对手、自身优劣势洞察来综合分析，确定策划的整体思路并制定具体的网络营销方案。

（3）网络营销方案的传播。分析用户的喜好和聚集的平台，通过多种网络营销工具和方法将网络营销方案中的内容尽可能多地传播给用户。

5. 执行分解方案

将网络营销方案具体执行，需要分解为几个模块、几个步骤和环节，然后需要的人力、财力、物力的资源配合，最后将所有操作编制成一份甘特图，从时间、空间、任务、目标等落实到人。

行动方案要细致、周密，操作性强又不乏灵活性。还要考虑费用支出，一切量力而行，尽量以较低费用取得良好效果为原则。

6. 费用预算

按照安排的网络营销策划中将花费的各种费用项目，对营销策划方案的费用进行科学合理的预算。

7. 控制应变措施

由于环境的不确定性，任何计划在实施过程中都难免会遇到一些不可预期的风险。

扫一扫——2014 年海尔公司为海尔兄弟征集新形象，但被网友恶搞的情况超出了企业的预料，海尔内部通过干预机制进行正向引导。

（二）撰写网络营销策划书的技巧

要想写出一份出色的网络营销策划书，仅仅掌握其书写结构还是不够的。细节决定成败，只有在策划书的书写过程中注意一些细节性问题，才能使策划书更具有实效性。这些细节性问题我们称之为撰写网络营销策划书的技巧，主要体现在以下 3 个方面。

1. 结构完整，层次清晰

网络营销策划书相对于诊断书而言，可谓是综合性最强的一种营销方案。正因如此，有些企业认为其难以把握，写起来毫无头绪、无从下手。对于熟悉网络营销的人来说，可以将其概括为：环境分析、战略制定、执行落实。当然对于各部分所涉及的具体理论与内容还是相当丰富的。但是对于网络营销理论有个整体上的把握，可以使我们的思路清晰，从而有效地开展工作。

2. 主线明确，战略统领

网络营销策划书围绕一条主线展开分析，这也就是网络营销策划的目标。例如，企业欲推广其电子商务平台，在初期主要以提升网站的访问量为主要目标。那么，整个网络营销策划内容要以此为核心，电子商务平台内容的目标则是便于用户使用，平台的推广目标则是尽可能多地让用户知晓并养成电子商务平台的使用习惯，并辅以搜索引擎优化及增加平台黏性策略等方法，以使电子商务平台以最快的速度将信息传递给用户。

为了更好地运用这一技巧，策划者可以在书面中使用一些重点符号、特殊的版式、不同的字体或字号，对策划内容的主要观点给予强调突出，以利于执行时准确地把握策划主线。

3. 图表丰富，分析深入

图表的表达方式可以使网络营销文案简答扼要，而且分析透彻，同时可以让文案的语言精练到最简化的程度。

三、网络营销诊断书的结构及技巧

（一）网络营销诊断书的结构

网络营销诊断是以企业的网络营销经营过程为研究对象，在具体分析企业网络经营活动的基础上，揭示企业经营中存在的各种问题，并提出对其进行改进的方法与对策。一般来说，网络营销诊断书的基本结构包括 3 个部分。

1. 企业网络营销现状与问题

首先要确定导致企业的网络经营状况出现问题的原因。如诊断企业的电子商务平台运营，可以从用户体验项目检测、营销功能项目检测、日常服务项目检测、网站推广项目分析、网站运营项目检测等几个方面入手。

其次要介绍诊断“病情”的调查方法。网络营销诊断书的编写要以调查为基础，只有运用科学的调查方法，调查结论才具有说服力，如网站访问速度的监测工具、网站的 SEO 监测工具等。

最后要明确诊断工作的目标。既然在大量调查基础上发现了企业运营问题所在，那么该诊断书究竟能将“病情”医治到何种程度是企业最关注的。

2. 原因分析

明确了病情，还要分析病因所在，以便对症下药。一般来说，对病因的解释需要做以下两方面的工作。

（1）收集资料。诊断内容不同，所需要收集的资料也不尽相同。例如，诊断企业的电子商务平台运营状况需要收集网站访问速度、网站内容体验、网站视觉呈现、网站的更新、客户服务沟通、产品详情页、站外付费推广项目及推广效果、站外免费推广项目及推广效果、网络营销月度总结报告、营销人员、客户管理等相关数据和资料。如图 10-3 所示，针对网站的来路进行数据统计，可以更有针对性地来开展营销活动。

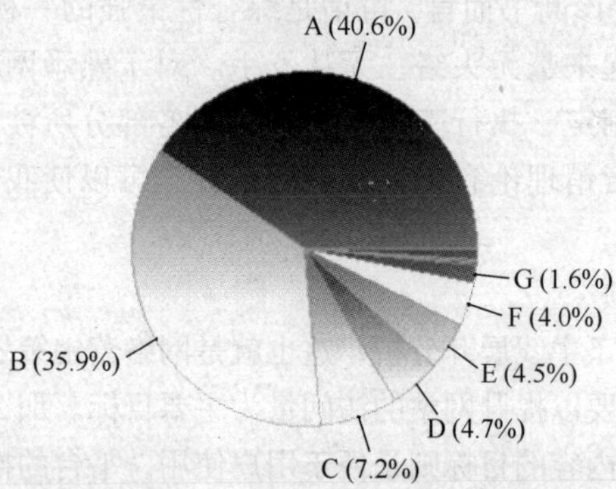

A：自行输入的网址 ---------- 8565 (40.6%)
B：http://www.baidu.com ---------- 7562 (35.9%)
C：http://www.so.com ---------- 1525 (7.2%)
D：https://www.baidu.com ---------- 1001 (4.7%)
E：http://www.sogou.com ---------- 953 (4.5%)
F：http://www.haosou.com ---------- 833 (4.0%)
G：http://m.baidu.com ---------- 341 (1.6%)
H：http://m.sogou.com ---------- 52 (0.2%)
I：http://cn.bing.com ---------- 51 (0.2%)
J：其他 ---------- 203 (1.0%)

图 10-3　网站的来路统计数据

（2）分析资料。要想准确查找企业存在问题的原因，则需要对收集到的材料进行整理和分析。如果材料很多，为避免诊断书的文案过于繁冗，可以用表格或者图表的形式加以归纳整理。

3. 完善措施

第三段的对策方法论可以说是网络营销诊断书的核心部分，是体现一份成功的诊断书的价值所在。发现问题是切入点，分析问题是基础，解决问题则是关键。

（二）网络营销诊断书的技巧

1. 问题导向，有理有据

诊断书区别于网络营销策划书的最大不同在于其针对性比较强，即为解决企业网络营销经营中的问题而提出解决方案。从诊断书的三段论结构中可以看出，其方案的编写始终以问题为导向，同时要保持逻辑论证的一致性和严密性。例如，有些企业在调研分析中得出网站的访问量不高，并没有具体分析用户通过什么访问路径进入网站，而只是加大搜索引擎付费推广。如此，非但没有从根本上解决问题，反而加重了企业资金的运营风险。

2. 对策实用，一针见血

对于企业出现的问题，也可以有不同的解决方法。但是能够让企业信服并愿意实施的网络营销诊断方案必定是那种实用性最强，能够使问题在最短的时间内迎刃而解的策划。因此，在写诊断书时，可以针对同一问题列出不同的解决对策，同时将几种方案给企业进行选择。但最后还要在对企业内外部环境、经营状况、资源等因素进行分析的基础上，直接提出最优方案，这样可以节省企业自身在选择方案中所付出的成本。

3. 一一对应，逻辑严密

写好一份网络营销诊断书的关键在于抓住重点，突出亮点。一般而言，诊断书后部分提出的解决办法应该与前面提出的诸多问题是一一对应的关系，所列的多个问题或对策之间按重要程度由高到低排列，也把有关系的条目放在一起。很多策划者绞尽脑汁，将文案写得洋洋洒洒，丰富多彩，但没有明确提出问题，所提的问题与对策也比较杂乱，这样的诊断书应该是失败的。

任务实训

撰写学校网络推广诊断分析策划书

1. 实训目的

本次实训使学生了解网络推广诊断分析策划书的概念、分析的方法和诊断书的撰写。

2. 实训内容

（1）收集学校网络营销推广基础数据。

（2）根据上述数据分析推广中存在的问题。

（3）根据上述存在的问题提出针对性的解决方法。

3. 实训要求

撰写并提交学校网络诊断分析报告。

项目小结

本项目的主要内容为网络营销策划认知和网络营销策划书撰写两个任务。

网络营销策划认知的学习内容包括网络营销策划概述和网络营销推广策划的步骤。网络营销策划的要素包括网络营销策略、网络营销创意和网络营销运营系统3个方面，在网络营销策划中，

"策略为纲，创意为王，系统制胜"。

撰写网络营销策划书需要了解网络营销策划书的类型、网络营销策划书的结构及技巧和网络营销诊断书的结构及技巧。

项目重点：网络营销策划的要素、网络营销推广策划的步骤、网络营销策划书的结构及技巧、网络营销诊断书的结构及技巧。

项目难点：网络营销策划书的结构及技巧，网络营销诊断书的结构及技巧。

思考与练习

一、不定项选择题

1. 下面不属于网络营销策划要素的是（　　）。

A. 网络营销策略　　B. 网络营销创意

C. 系统匹配策略　　D. 网络营销策划书

2. 从传播角度来说，用户可以分为（　　）类型。

A. 能够带来收入的用户　　B. 能够带来流量的用户

C. 能够带来内容的用户　　D. 能够带来口碑的用户

E. 能够带来品牌和权威性的用户

二、简答题

1. 网络营销推广策划的步骤是什么？
2. 网络营销策划书的结构是什么？
3. 网络营销诊断书的结构是什么？

项目十一
品牌营销策划

项目简介

品牌是极有效率的推广手段，品牌形象具有极大的经济价值。根据国际商标协会的调查，在网络使用中，有 1/3 的使用者会因为网络上的品牌形象而改变其对原有品牌形象的印象；有 50% 的网上购物者会受网络品牌的影响，进而在离线后也购买该品牌的产品；网络品牌差的企业，年销售量的损失平均为 22%。这说明，品牌是无形价值的保证形式，品牌在网络上更为重要，网站成功的秘诀就在于创造一个响当当的网络品牌。

本项目主要由产品/公司品牌营销策划、打造网络名人、品牌营销效果评估三个任务组成。通过本项目的学习使学生对品牌营销产生兴趣，从而掌握品牌营销过程中的策划和评估知识。

项目目标

知识目标：了解品牌、品牌营销、品牌营销策划的概念，掌握品牌营销策划过程和网络品牌营销策划步骤，了解网络名人及其成名原因，熟悉如何打造网络名人，掌握品牌营销效果的评估。

技能目标：能够制定网络品牌营销方案，能够对品牌营销效果进行评估。

素质目标：培养起品牌意识和品牌传播能力。

引导案例

➢ **项目引导案例：农产品品牌“时尚化”策略**

“如果为产品注入品牌文化，使其拥有浓厚的文化气息与独特鲜明的个性，消费者会因特殊的情感价值而产生购买冲动，并愿支付更高的价格。”随着人们对农产品的需求逐步向质量、安全、服务等附加值转变，越来越多的传统农产品开始尝试“时尚化”品牌路线。

农产品本身所包含的地域文化和人文色彩是很好的可利用资源。如何将其传达给消费者，并且给消费者带来生理上或情感上的愉悦享受，这就需要树立独特的品牌形象，增强品牌个性与联想。

方式一：讲故事

品牌故事传达的是品牌的文化以及理念。消费者对农产品品牌文化的认同感，关乎农产品的市场竞争力。如何讲好一个品牌故事，可以看看“褚橙”，因为有这样的品牌故事作为支撑，与个人经历贴合，将“褚橙”顺势包装成为“励志橙”，引发消费者对于“我们都曾失败过，一蹶不振还是再次站起只是你的选择”的情感共鸣。

方式二：抒情怀

肆意酒用极度互联网化的表达方式强调了品牌的属性：“我们走遍云南，寻访 23 个具有泡酒传统的村落，走访 62 位高龄泡酒工艺名师，历时 243 天，驱车赶路 8 400 多千米，喝断片 54 次，寻找最纯正的泡酒工艺”“产品研发全程经 6 次口感调试，邀请 69 位好酒人士品尝，其中“70 后”13 人，“80 后”36 人，“90 后”20 人，6 次调试从 57 人好评、8 人中评 4 人差评到 66 人好评、3 人中评，0 差评，悉心的口感调试终得泡酒佳品。”

肆意酒提倡“尽情欢乐”的生活体验吸引了众多消费者的关注和热议，随后再用一句“白日放歌须纵酒，青春作伴好还乡”唤醒“80 后”、“90 后”关于青春、关于乡愁的集体记忆与情感抒发。

方式三：包产地

“小牛村”充分利用近年来城市消费者对于“原生态”的追捧，将“产地直供”的概念做到了极致，与农产品原产地政府进行合作，将最“鲜”的农产品直供到消费者的餐桌上。这既获得产品品质的最权威背书，同时又从品牌、推广、渠道等方面一次性解决了农民们销售难的问题。

思考：

1. 你知道的知名品牌有哪些？
2. 企业品牌营销怎么开展？如何策划设计品牌营销？
3. 网络品牌营销效果如何评价呢？

任务一　产品/公司品牌营销策划

任务引入

活动分析单 11-1

活动情境	当网民的数量迅速增长，任何一个品牌都不能忽视这样一个巨大的群体。积极拥抱网络已经成为一种必然选择，特别是那些快被遗忘的老品牌或新生的年轻品牌，它们更渴望利用网络的新鲜力量向那些正处于火热之中的品牌“大兵”发起进攻。这些企业如何开展网络品牌营销活动呢？
环境需求	（1）互联网接入。 （2）计算机（每人一台）、智能手机（每人一部）。 （3）学习任务考核单（也可到教学资源包下载电子版）。 （4）将班级分为若干讨论组，每组设组长一名。

续表

活动描述	主题：认识网络品牌营销。 目的：通过任务练习了解品牌、品牌营销的含义，掌握网络品牌营销的开展。 步骤： （1）选定一个知名品牌（如联想、海尔）； （2）通过网络查找品牌信息，了解该品牌发展过程； （3）分析该品牌的传统表现形式； （4）分析该品牌的网络表现形式； （5）查找企业开展网络品牌营销的相关资料。
活动拓展	企业在开展网络营销活动过程中，可以采用各种营销方法提升企业品牌形象，增加企业品牌的知名度、美誉度。那企业开展网络品牌营销形式有哪些呢？

活动考核单 11-1

班级：　　　　　　　　姓名：　　　　　　　　学号：　　　　　　　　编号：11-1

序号	考核内容	分值	总结与归纳	成绩
（1）	查找品牌信息，记录品牌发展过程	30 分		
（2）	分析该品牌的传统表现形式	20 分		
（3）	分析该品牌的网络表现形式	20 分		
（4）	记录企业开展网络品牌营销的相关资料	30 分		
		合计		

* 请学生填写完学习活动考核单后上交。

知识指南

一、品牌

品牌，简单地讲是指消费者对产品及产品系列的认知程度。品牌是人们对一个企业及其产品、售后服务、文化价值的一种评价和认知，是一种信任。品牌是一种商品综合品质的体现和代表。当人们想到某一品牌的同时，总会和时尚、文化、价值联想到一起。企业在创品牌时也在不断地创造时尚，培育文化。随着企业的做强做大，品牌不断从低附加值向高附加值升级，向产品开发优势、产品质量优势、文化创新优势的高层次转变。当品牌文化被市场认可并接受后，品牌才产生其市场价值。

（一）品牌定义

品牌是用以识别某个或某类销售者的产品或服务，并使之与竞争对手的产品或服务区别开来的商业名称及其标志，通常由文字、标记、符号、图案和颜色等要素或这些要素的组合构成。品牌承载的更多是一部分人对其产品以及服务的认可，是一种品牌商与顾客购买行为间相互磨合衍生出的产物。

小资料：品牌起源

"品牌"这个词来源于古斯堪的纳维亚语 brandr，意思是"燃烧"，指的是生产者燃烧印章烙印到产品。最古老的通用品牌是在印度，它在吠陀时期（9 000～10 000 年前）被称为"Chyawanprash"，并被广泛应用于印度和许多其他国家，是以受人尊敬的哲人 Chyawan 命名的。意大利人是最早在纸上使用品牌水印形式的。

（二）网络品牌

网络品牌主要指企业注册的商标在互联网上的一一对应注册，是企业的无形资产。广义的网络品牌是指："一个企业、个人或者组织在网络上建立的一切美好产品或者服务在人们心目中树立的形象就是网络品牌"。网络品牌有两个方面的含义：一是通过互联网手段建立起来的品牌，二是互联网对网下既有品牌的影响。两者对品牌建设和推广的方式和侧重点有所不同，但目标是一致的，都是了为企业整体形象的创建和提升。

网络品牌包含如下三个层次。

1. 网络品牌要有一定的表现形态

一个品牌之所以被认知，首先应该有其存在的表现形式，也就是可以表明这个品牌确实存在的信息，即网络品牌具有可认知的、在网上存在的表现形式，如域名、网站（网站名称和网站内容）、电子邮箱、网络实名/通用网址等。

2. 网络品牌需要一定的信息传递手段

仅有网络品牌的存在并不能为用户所认知，还需要通过一定的手段和方式向用户传递网络品牌信息，才能为用户所了解和接受。网络营销的主要方法如搜索引擎营销、许可 E-mail 营销、网络广告等，都具有网络品牌信息传递的作用。因此网络营销的方法和效果之间具有内在的联系，例如，在进行网站推广的同时也达到了品牌推广的目的，只有深入研究其中的规律，才能在相同营销资源的条件下获得综合营销效果的最大化。

3. 网络品牌价值的转化

网络品牌的最终目的是为了获得忠诚顾客并达到增加销售的目的，因此网络品牌价值的转化过程是网络品牌建设重最重要的环节之一。从用户对一个网络品牌的了解到形成一定的用户转化率，如网站访问量上升、注册用户人数增加、对销售的促进效果等，这个过程也就是网络营销活动的过程。

二、品牌营销

品牌营销（Brand Marketing）是通过市场营销使客户形成对企业品牌和产品的认知过程。企业要想不断获得和保持竞争优势，必须构建高品位的营销理念。最高级的营销不是建立庞大的营销网络，而是利用品牌符号，把无形的营销网络铺建到社会公众心里，把产品输送到消费者心里，使消费者选择消费时"认"这个产品，投资商选择合作时"认"这个企业。

品牌营销时代，消费者对品牌的满意度是企业发展的重要动力。当消费者满意时，其就会对品牌保持长时间的忠诚度，这种忠诚度一旦形成，就很难接受其他品牌的产品。

品牌企业要想不断获得和保持竞争优势，必须构建高品位的营销理念。例如，整合营销传播的工具（广告、公关、促销），可以提升品牌价值；通过市场细分，可以提升品牌的营销层次。品牌的形成并非一朝一夕完成，品牌的打造只有经过日积月累，才能走向成功。

三、品牌营销策划

品牌营销活动是现代商业活动的一种，将策划科学应用在品牌营销活动当中，就是所谓的品牌营销策划。策划在现代商业活动中的运用相当普遍，各种商业策划的开展，为商业活动的进行带来了效率的革命。

（一）品牌营销策划概念

品牌营销策划是企业希望改造环境，征服顾客的一种准备付诸实践的主观意识行为。它是策划者智慧和心血的结晶，是成功的先导，是“运筹帷幄，决胜千里”的艺术。从策划科学的层面来说，策划其实是一个集收集、分析、控制、反馈、决策等多项工作于一体的综合性的系统工程，其所采用的方法也就一系列的方法。

（二）品牌营销策划过程

对于品牌营销策划而言，以品牌营销的目的为核心，运用一些营销方法及工具将品牌营销策划分解为：收集信息资料、品牌形象策划、品牌传播策划、综合创意策划等几个具体的过程和内容。

1. 收集信息资料

企业品牌营销策划的第一个步骤就是要收集与企业的品牌营销策划有关的各种信息资料，这些信息资料将成为进行系统分析与设计的重要依据。它们包括宏观经济形势、政策与法律环境、目标市场特性、消费者需求特点、市场需求走向、市场竞争状况和企业自身的特点等。在这个过程当中，最重要的就是要对各种信息资料进行加工处理。要充分利用现代化的媒体手段，以科学原理为指导，大量收集信息资料，并透过现象、去粗取精、去伪存真、由表及里地对其进行分析研究，最终得到需要的资料。对这些信息资料收集完毕后，要以报告书的形式进行总结汇报，作为企业品牌营销策划活动的重要依据。

2. 品牌形象策划

塑造和传播品牌形象，是品牌营销的主要任务。那么为品牌策划目标形象，这就是品牌营销策划的重点和首要工作。形象是品牌的灵魂，塑造出一个理想的品牌目标形象将赋予品牌强大的生命力，而品牌的目标形象如果塑造得不合理，将会导致整个品牌营销计划的失败。

品牌的形象包括品牌的外观形象、品牌的功能形象、品牌的情感形象、品牌的文化形象、品牌的社会形象、品牌的心理形象。

3. 品牌传播策划

品牌是传播出来的，品牌形象策划得再好也只有能够得到社会的普遍认同才能够成为真正的品牌，而这需要的就是对品牌进行有效的传播，因此也必须对品牌形象的传播进行科学的策划。在信息高度发达的现代社会里，信息传播的方式也呈现出了多样方式。传播方式的不同，所获得的传播效果也会不同。传播方式通常有动态媒体方式、静态媒体方式、人员媒体方式、网络媒体方式、综合方式。

4. 综合创意策划

综合创意策划是对品牌传播过程中的每一个细节和每一个内容进行创意设计，创意要能够准确地表达出品牌形象设计的意图，并且要让绝大多数的目标消费者所能够感知和认同。因此，综合创意策划其实是影响到品牌形象传播效果的很重要的一项工作，是品牌营销策划的灵魂所在，所以要对其进行科学策划。

（三）网络品牌营销策划

网络品牌营销策划是网络策划中的一部分，主要指为企业产品、公司、店铺、网站等在网络上树立品牌形象和品牌定位进行的一系列策划。网络品牌营销策划的步骤主要包括以下几个。

1. 企业网站中的网络品牌形象建设

企业网站是网络营销的基础，也是网络品牌建设和推广的基础，在企业网站中有许多可以展示和传播品牌的机会，如网站上的企业标志、网页上的内部网络广告、网站上的公司介绍和企业新闻等有关内容。

现在很多企业网站的问题是，要么缺乏良好的形象，难以抓住网民的眼球，要么一味追求美观，忽略了搜索引擎的优化设计。因此，一定要充分了解自己在网站建设方面需要做什么，不能做什么。

2. 网络广告宣传中的品牌传播

各企业都喜欢做广告，也把广告作为自己的制胜法宝。网络广告的作用主要表现在两个方面：品牌推广和产品促销。需要提醒的是，做网络广告，一定要注意目的、方法和实施中的细节。竞争战略大师迈克尔·波特指出：只有不断坚持自己的战略而从不发生游离才能获得最终的胜利。保持广告主题和形象的稳定，才能在消费者心中留下明确的品牌形象。

3. 搜索引擎营销中的网络品牌推广

搜索引擎是用户发现新网站的主要方式之一，用户通过某个关键词检索的结果中看到的信息，是一个企业/网站网络品牌给用户的第一印象，这一印象的好坏则决定了这一品牌是否有机会进一步被认知。

网站被搜索引擎收录并且在搜索结果中排名靠前，是利用搜索引擎营销手段推广网络品牌的基础。这也说明，搜索引擎的品牌营销是基于企业网站的营销方法。

4. 电子邮件中的网络品牌建设和传播

企业每天都可能会发送大量的电子邮件，其中有一对一的顾客服务邮件，也会有一对多的产品推广或顾客关系信息，通过电子邮件向用户传递信息，也就成为传递网络品牌的一种手段。

使用免费邮箱对于企业品牌形象有很大的伤害，正规企业，尤其是有一定品牌知名度的企业在此类看似比较小的问题上不能掉以轻心。

利用电子邮件传递营销信息时，邮件内容是最基本的，品牌信息的传播只有在保证核心内容的基础上才能获得的额外效果。

5. 网上事件营销中的品牌传播

作为一个需要充分利用网络优势打造品牌的企业，必须十分注重公关活动和事件营销。因为品牌的树立和推广需要高度的品牌忠诚和口碑效应。当然，根据企业规模和实力的大小，在此方面的投入也应有所不同，关键是把握好广告费用和公关费用的平衡。

6. 用“病毒”性方式推广

“病毒”性营销对于网络品牌推广同样有效。例如，Flash 幽默小品是很多上网用户喜欢的内容之一。一则优秀的作品往往会在很多网友中互相传播，在这种传播过程中，浏览者在欣赏画面内容的同时也会注意到该作品所在网站的信息和创作者的个人信息，这样就达到了品牌传播的目的。

7. 利用社会化媒体营销

企业通过社会化媒体营销，如微博、微信、论坛、百科、问答等，与用户互动，传播企业品牌文化，也可以借助社会化媒体进行事件营销、病毒营销和软文营销。尤其是建立企业自己的网络社区，如论坛、聊天室等。企业网站建立网络社区，对网络营销的直接效果是有一定争议的，因为大多数企业网站访问量本来就很小，参与社区并且重复访问者更少，因此网络社区的价值便体现不出来。但对于大型企业，尤其是有较高品牌知名度并且用户具有相似爱好特征的企业来说就不一样了，如大型化妆品公司、房地产公司和汽车公司等，由于有大量的用户需要在企业网站获取产品知识，并且与同一品牌的消费者相互交流经验，这时网络社区对网络品牌的价值就表现出来了。

任务实训

网络品牌设计

1. 实训目的

熟悉网络广告形式，通过搜索并记录各种不同类型的网络广告，深入分析不同类型广告传递信息方式，分析其优缺点。

2. 实训内容及步骤

（1）根据兴趣爱好，选定某一产品，围绕该产品进行品牌相关设计；

（2）网络品牌的市场定位：指确定网络品牌的目标顾客群，即通过分析企业的产品或服务的目标客户群与网络用户的关联，得出企业的网络业务主要面向的网络用户，即网络目标顾客的范围；

（3）网络品牌命名策略：准确地针对企业所定位的网络目标客户群；准确把握企业所面向的网络目标客户群的特征；

（4）域名选择策略：域名的选择需与企业已有的商标或品牌名称保持相关性；域名应尽可能简单易用；域名的保护性申请；

（5）网络品牌的形象设计：① 品牌标志网络应用标准；② 网络色彩应用标准；③ 网络字体应用标准；④ 品牌网站版式设计标准。

3. 实训成果要求

完成网络品牌设计分析实训报告。

任务二　打造网络名人

任务引入

活动分析单 11-2

活动情境	网络世界风起云涌，各种网络事件伴随着网络的普及以及博客、QQ、社区还有微博等沟通交流渠道的完善层出不穷，小李听说过芙蓉姐姐、凤姐、犀利哥等一系列网络红人红极一时。小李很好奇什么是网络红人？这些红人是如何成名的呢？作为企业，如何快速走红呢？
环境需求	（1）互联网接入。 （2）计算机（每人一台）、智能手机（每人一部）。 （3）学习任务考核单（也可到教学资源包下载电子版）。 （4）将班级分为若干讨论组，每组设组长一名。

续表

活动描述	主题：网络名人名企。 目的：通过任务熟悉打造网络知名人士或企业的方法。 步骤： （1）选定一个网络名人； （2）通过网络查找资料，了解该网络名人的基本情况； （3）分析该网络名人成名原因； （4）选定一个网络知名企业（如凡客诚品）； （5）通过网络查找资料，了解该网络名企的基本情况； （6）分析该网络名企成名原因。
活动拓展	你还知道哪些经典的网络名人名企案例？请搜集信息，与同学进行交流分享。

活动考核单 11-2

班级：　　　　　　　　　　姓名：　　　　　　　　　　学号：　　　　　　　　　　编号：11-2

序号	考核内容	分值	总结与归纳	成绩
（1）	选定网络名人，记录该网络名人的基本情况	20 分		
（2）	分析该网络名人成名原因	30 分		
（3）	选定一个网络知名企业，记录该网络名企的基本情况	20 分		
（4）	分析该网络名企成名原因	30 分		
合计				

* 请学生填写完学习活动考核单后上交。

知识指南

一、网络名人

“网络名人”也叫“网络红人”，是指在现实或者网络生活中因为某个事件或者某个行为而被网民关注从而走红的人。他们的走红皆因为自身的某种特质在网络作用下被放大，与网民的审美、审丑、娱乐、刺激、偷窥、臆想以及看客等心理相契合，有意或无意间受到网络世界的追捧，成为“网络名人”。因此，“网络名人”的产生往往不是自发的，而是网络媒介环境下，网络红人、网络推手、传统媒体以及受众心理需求等利益共同体综合作用下的结果。

小资料：国信办主任鲁炜对网络名人提出六点希望

（1）网络名人应承担更多社会责任，因为他们的一言一行影响着很多的人。

（2）网络名人应自觉维护国家利益，积极发挥凝聚正能量作用，鼓舞更多网民为实现中华民族伟大复兴的中国梦做出贡献。

（3）网络名人应自觉传播社会主义先进文化，弘扬中华民族美德。

（4）网络名人应带头遵守法律和道德规范，努力成为法治和道德的倡导者。

（5）网络名人应积极倡导社会诚信，为社会诚信建设做出贡献。

（6）网络名人应带头维护公民个人合法权益，自觉抵制一切有损他人名誉和利益的行为。

二、网络名人成名原因

（一）艺术才华成名

这一类的网络红人主要是依靠自己的艺术才华获得广大网民的追捧。他们大都是“草根”，一般不是科班出身，没有接受所谓“正规”的训练，往往是依托其非同一般的天赋和在兴趣支配下的自我学习，从而在某个艺术领域形成了自己独特的风格或者技巧。他们通过把自己的作品传到个人网站或者某些较有影响力的专业网站上吸引人气，由于他们在艺术上不同于主流的独特的品位，所以能逐渐积累起来不错的人气，从而拥有某个固定的粉丝群。

（二）搞怪作秀成名

这一类型的网络红人通过在网络上发布视频或者图片的“自我展示”（包括自我暴露）而引起广大网名关注，进而走红。他们的“自我展示”往往具有哗众取宠的特点，他们的言论和行为通常借“出位”引起大众的关注。他们的行为带有很强的目的性，包含一定的商业目的，与明星的炒作本质上并没有区别，都是为了引起大家的注意。

（三）意外成名

这一类型的网络红人与第二类相对，他们主观并没有要刻意地炒作自己，而是自己不经意间的某一行为被网友通过照片或者视频传上网络，因为他们的身份与其表现同社会的一般印象具有较大的反差从而迅速引起广大网民的注意，成为“网络红人”。但是他们自身往往并不知道自己在某一时刻已经成为了网络的焦点。

（四）网络推手成名

这一类型的网络红人背后往往有一个团队，经过精心的策划，一般选择在某个大众关注度很高的场合通过某些举动刻意彰显他们自身，给大众留下一个较深的印象，然后会组织大量的人力、物力来进行推动，在全国的各个人气论坛发帖讨论，造成一个很热的假象从而引起更多的网民关注。因为事先有精心的策划，时机把握得当，在推出后继之以大量的炒作，所以他们成名的概率通常比较大。但若后续没有突破，则很容易昙花一现。

三、如何打造网络名人

网络名人及网络事件有些是自然形成的，大多数则是借助于网络推手、新闻媒体的炒作形成的。营销者应该学习这些网络名人的“成名法则”及营销、炒作技巧，运用于自己的产品及服务的宣传中。

（一）“借刀杀人”——借媒体之力行炒作之实

网络机构通过对网络“准红人”的包装，借助于新闻媒体提供的平台，将丰富的新闻信息提供给社会公众，取得社会公众的持续关注，新闻媒体方便地取得了新闻素材，赢得了收视率、点击率、订阅量以及背后的利润，营销机构和网络红人获得知名度、曝光率、签约率，社会公众获得娱乐休闲与精神满足。图 11-1 正是反映了这 3 方组成的严密而稳定的利益链条和利益体系。

将上述模型进行简单的改变，我们得到了一个完整的企业像营销机构炒作网络红人一样推广公司产品的利益链条，如图 11-2 所示。企业包装自己的产品，借助于新闻媒体这个平台，向社会公众提供产品信息，社会公众给予企业与产品关注，这仍然是一个严丝合缝的利益链条。但是往往我们这么做了，却没有得到预期的效果，这是什么原因呢？

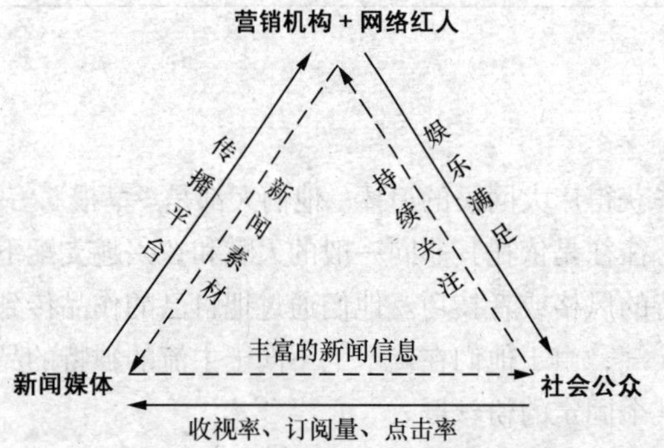

图 11-1　营销机构+网络红人

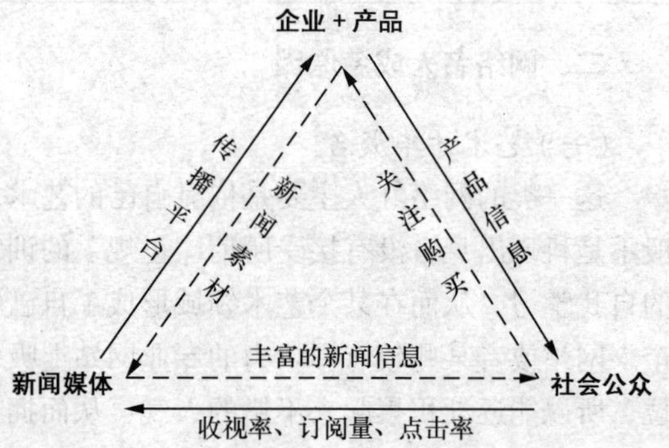

图 11-2　企业+产品

关键是你的产品及产品信息能够像网络红人一样吸引消费者的眼球吗？在这个需求不足、竞争激烈的买方市场中，我们一方面要提供令顾客心动的产品，同时要进行严密的规划与筹备进行产品推广。这里最重要的一点是博得社会公众尤其是潜在消费者的眼球，做到了这一点一切就都顺理成章了，严密的三角形利益链条就动起来了。

扫一扫——网红经济学

（二）无中生有——凭概念炮制赚足眼球

2009 年 7 月 16 日，百度贴吧里面一句“贾君鹏，你妈喊你回家吃饭”的帖子，使一个著名的假想人物贾君鹏横空出世，引起了网络以及传统媒体的广泛关注。到目前为止，这个事件是一场自发形成的事件还是被策划的阴谋的争论依然没有结论，但作为营销者，我们应该深刻地体会到，无中生有原来也是一种营销手法，而且没准是一种不错的营销手法。

炮制概念，就是提出 USP（独特的消费主张），例如，农夫山泉提出水溶 C100“五个半柠檬”的营养标准，填补了柠檬水市场的空白，同时引起了娃哈哈、汇源集团的围追阻截，Hello-c 与柠檬 me 的跟进，充分证明了农夫山泉概念营销的成功。

无中生有、概念炮制获得巨大成功的典型案例还有张裕解百纳和伊利特仑苏，前者打造了高端红酒的标准，后者填补了高端奶市场的空白。

（三）正话反说——形象颠覆引发病毒传播

王老吉在 2008 年汶川地震捐款 1 亿元之后，在贴吧里面发表了《让王老吉从中国的货架上消失!封杀他!》的帖子，以标题吸引人的眼球，并与帖子内容呈现反差，让王老吉作为民营企业的社会责任感得到了消费者的广泛认可，王老吉通过这次病毒营销赚得盆满钵满，很多人称之为中国的可口可乐，其品牌好感度倍增。

任务实训

如何打造“网络红人”

1. 实训目的

分析网络名人打造模式；掌握打造网络名人的方法——形象颠覆引发病毒传播。

2. 实训内容及步骤

通过网络搜索查找有关“网络红人”的资料，了解“网络红人”的成名原因及盈利模式。

备选“网络红人”：雪梨（原名朱宸慧）、赵大喜和胡岩、张林超、蔡珍妮、轰叔、周扬青、龚文祥等。

（1）浏览上述“网络红人”的成名经历。

（2）总结“网络红人”的共同特点。

（3）总结“网络红人”的传播渠道。

（4）总结“网络红人”的盈利模式。

3. 实训成果要求

完成实训报告，内容为：如何打造“网络红人”。

任务三　品牌营销效果评估

任务引入

活动分析单 11-3

活动情境	小李对网络品牌这一术语并不陌生，尤其看到有关域名保护、网络实名制等相关报道中，涉及网络品牌概念的很多。小李在想是不是注册了域名、建了网站，或者注册了网络实名，就等于拥有了网络品牌？企业网络品牌营销效果表现在哪些方面？如何评价呢？
环境需求	（1）互联网接入。 （2）计算机（每人一台）、智能手机（每人一部）。 （3）学习任务考核单（也可到教学资源包下载电子版）。 （4）将班级分为若干讨论组，每组设组长一名。
活动描述	主题：网络品牌营销效果。 目的：通过任务练习掌握网络品牌营销效果的内容。 步骤： （1）选定一家知名品牌企业； （2）登录站长之家，查询该企业网站 PR 值； （3）通过网络查找，该企业品牌价值，或其在行业内排名； （4）登录该企业网站，了解该企业提供的明星产品或服务； （5）分析该企业个性化营销。
活动拓展	请将自己搜集整理的信息在小组或班级范围内交流分享，以便了解更多的知名品牌企业的相关信息。

活动考核单 11-3

班级：　　　　姓名：　　　　学号：　　　　编号：11-3

序号	考核内容	分值	总结与归纳	成绩
（1）	登录站长之家，查询该企业网站 PR 值	25 分		
（2）	通过网络查找该企业的品牌价值，或其在行业内排名	25 分		
（3）	登录该企业网站，了解该企业提供的明星产品或服务	25 分		
（4）	分析该企业的个性化营销	25 分		
合计				

* 请学生填写完学习活动考核单后上交。

知识指南

一、品牌营销效果

网络营销的各个环节都与网络品牌有直接或间接的关系，因此，可以认为网络品牌建设和维护存在于网络营销的各个环节。从网站策划、网站建设，到网站推广、顾客关系和在线销售，无不与网络品牌相关，即网络品牌是网络营销综合效果的体现，如网络广告策略、搜索引擎营销、供求信息发布等各种网络营销方法均对网络品牌产生影响。

（一）PR 值

PR 值（Page Rank），是谷歌搜索排名算法中的一个组成部分。

（二）价值

正如科特勒在《营销管理》一书中所言，“每一个强有力的品牌实际上都代表了一组忠诚的顾客”，网络品牌的价值也就意味着企业与互联网用户之间建立起来的和谐关系。网络品牌是建立用户忠诚的一种手段，因此对于顾客关系有效的网络营销方法对网络品牌营销同样是有效的。网站的电子刊物、会员通信等也是创建网络品牌的有效方法。所以说价值只有通过网络用户才能体现出来。

（三）信息和服务

谷歌是最成功的网络品牌之一，当我们想到谷歌这个品牌时，头脑中的印象不仅是那个非常简单的页面，更主要的是它在搜索方面的优异表现。谷歌可以给我们带来搜索效果的满意度。所以说网络品牌体现了为用户提供的信息和服务，可见有价值的信息和服务才是网络品牌的核心内容。

与网站推广、信息发布、在线调研等网络营销活动不同，网络品牌建设不是通过一次活动就可以完成的，不能指望获得立竿见影的效果。从这个角度也可以说明，网络营销是一项长期的营销策略，对网络营销效果的评价用一些短期目标并不能全面衡量。

（四）个性化

网络品牌生存的唯一性在服务范畴表现出的特性就是信息服务的个性化，或者说是网络门户的个性化。它要求企业必须将全部资源集中在某一专业领域，同时，为了保持这种唯一性的市场定位，还必须具备源源不断的资金保障，否则，个性化的服务定位就无法实现。因为网络门户是投资未来，网络品牌要成为行业里的第一，不仅取决于其独特的定位，还依赖资金的投入。网络经济的自然法则就是资源的集中与社会分工的高度专业化，只有顺应了这一法则的网络门户才能得以生存。传统品牌延伸的策略在这里受到了极大的挑战，如果认识不到网络品牌的这一特殊变化，建立网络门户就有可能重走传统品牌的老路。

二、网络品牌的效果评估

网络品牌营销是一个长期积累维持的过程，互联网的信息日新月异，必须要跟紧互联网营销的步伐，来了解自己产品或企业在互联网上的覆盖量以及竞争对手的最近动态。那么到底该如何进行网络品牌营销效果评估呢?

（一）投资回报率

ROI（Return on Investment，投资回报率），被营销人士广泛地运用到网络品牌营销效果的评估上。一个好的营销策划推广方案，必须要有效果评估。效果评估可以从多个方面来体现，如广告展示量、广告点击量、广告到达率、广告二跳率、广告转化率等，根据营销手法的不同使用不同的效果评估方法。此外，营销效果评估不仅是为了衡量推广方案的成果，更是为了寻求其问题所在，以便进行修改优化提升 ROI。

（二）品牌影响评估

按照对公众影响的深度和流程来看，品牌影响的评估主要包括认知、态度和行为三个层面的效果。公众最终的购买行为，很大程度上决定于他对于企业营销行为的认知和情感。

1. 认知层面

品牌认知是评估品牌影响的第一个环节，这里面的认知包括几层含义，一是认知的广度，二是认知的深度，三是品牌形象的认同。这 3 个指标可以衡量品牌的知晓率，也可以了解相关品牌在认知方面的深刻程度。

2. 情感层面

情感层面是指通过品牌营销的影响，公众对于相关品牌在感情上的变化情况。这里通过两个指标来测量：品牌偏好和品牌信任。这两个指标的变化程度，能够较为准确地反映出品牌营销对于受访者情感方面的影响。

3. 意愿层面

意愿层面也可称为行为层面，认知是基础，情感是过程，而意愿才是真正的结果，是指受访者经过品牌营销的影响，对于相关品牌在最终行为上的变化程度。

这里通过以下 3 个指标来测量。

（1）品牌关注，即通过品牌营销是不是对某品牌更加关注了，可以通过官方网站日浏览量的变化来衡量。

（2）尝试和购买，即通过品牌营销是不是更加愿意尝试和购买某个品牌了，尝试和购买的变化幅度如何。

（3）品牌推荐，即通过品牌营销今后在家人或朋友要购买相关产品时是不是会优先推荐某品牌，变化的幅度如何。

任务实训

网络品牌营销效果评估

1. 实训目的

学习网络品牌营销效果评估的方法，如关键词查询、公司产品在网络上的排名情况、行业高权重的推广渠道，以此评估品牌营销的效果。

2. 实训内容及步骤

（1）关键词查询。

以百度为例查询关键词。可以先找出5～10个关于自己行业的核心关键词，在百度搜索框输入一个核心关键词会出现下拉框，那些关键词也是客户常搜索的；在百度搜索框输入其中一个核心关键词搜索以后，拉至最下方的相关搜索，也是用户常搜索的关键词。

（2）公司产品在网络上的排名情况。

可以手动操作，用搜索到的每一个关键词在百度搜索框搜索，看百度前1～3页有多少条自己公司的信息（某产品或品牌），把含有公司信息的链接、对应的关键词、出现的位置一起记录在Excel表格，以便计算公司产品在网络上的排名情况。

（3）行业高权重的推广渠道。

可以手动把搜索到的每一个关键词在百度搜索框搜索，查看前3页都是哪些网站，如百度百科、百度经验、百度贴吧等是排名第一页，效果较好的，记录下这些网站的链接，把对应的关键词、所有网站链接、快照时间一起记录在Excel表格，汇总这些链接的分类和计数，计数最高的类型就是权重最高的推广渠道。

3. 实训成果要求

完成网络品牌营销效果评估的实训报告。

项目小结

本项目主要由产品/公司品牌营销策划、打造网络名人、品牌营销效果评估3个任务组成。

产品/公司品牌营销策划的学习内容包括品牌、品牌营销、品牌营销策划。

打造网络名人的学习内容主要包括网络名人的概念、网络名人成名原因、如何打造网络名人。

品牌营销效果评估的学习内容包括品牌营销效果、网络品牌的效果评估。

项目重点：网络品牌的3个层次、网络品牌营销效果策划、品牌营销效果评估。

项目难点：打造网络名人、品牌营销效果评估。

思考与练习

一、不定项选择题

1. 品牌出现的最早时间可上溯到19世纪早期，酿酒商在盛威士忌的木桶上打出自己的标志，由此看出，品牌的出现是为了（　　）。

A. 吸引消费者增加购买量　　B. 帮助消费者识别不同产品

C. 美化包装物　　D. 以上都不是

2. 某消费者购买海尔洗衣机时，主要看重的是海尔的产品质量可靠，服务及时，这反映了该消费者更看重的是海尔品牌内涵的（　　）层次。

A. 属性　　B. 利益　　C. 价值　　D. 文化

3. 下面哪一句话表述不准确（　　）。

A. 最终决定品牌的市场地位的是品牌总体上的性格，而不是产品间微不足道的差异

B. 品牌个性具有人格化、不可模仿性、稳定性、互动性等特征

C. 品牌个性是张扬的，一旦传达到消费者就会终生记忆

D. 品牌价值存在于消费者意识中，只有被消费者欣赏的个性的品牌，才能被消费者接受，从而体现价值

4.（　　）是评价品牌社会影响大小的指标。

A. 品牌知名度　　B. 品牌美誉度　　C. 品牌联想　　D. 品牌忠诚度

二、简答题：

1. 网络品牌的 3 个层次分别是什么？
2. 打造网络名人常用方法有哪些？
3. 网络品牌营销效果评估的内容有哪些？

项目十二
网站推广策划

项目简介

网站推广是网站运营工作的基本内容，网站运营的主要目的之一是实现网站推广的目标。网站推广的目的在于让尽可能多的潜在用户了解并访问网站，从而利用网站实现向用户传递营销信息的目的。用户通过网站获得有关产品和公司的信息，为最终形成购买决策提供支持。尤其对于中小型企业网站，用户了解企业的渠道比较少，因此网站推广在网络营销中的重要性尤为显著。

本项目主要由认知网站推广策划、网站推广策划思路与执行和网站推广策划效果评估三个任务组成。通过本项目的学习使学生对网站推广策划产生兴趣，从而掌握网站推广策划的思路、执行和推广效果评估。

项目目标

知识目标：熟悉网站推广的不同阶段和特点，掌握网站推广策划思路，了解网站推广评估指标，掌握网站推广评估工具。

技能目标：能够撰写网站推广策划执行方案；能够对网站推广效果进行评估，并找出针对性推广方法。

素质目标：具有清晰的文字表达能力，能与团队成员进行良好合作，提高数据分析和判断能力。

引导案例

➢ **项目引导案例：某企业网站的推广计划（简化版）**

某公司生产和销售有机农产品，为此建立了一个网站来宣传推广公司产品，并使网站具备了网上处理订单的功能。这里将一个网站第一个推广年度分为 4 个阶段（每个阶段 3 个月左右）：网站策划与建设阶段、网站发布初期、网站增长期、网站稳定期。

该网站的推广计划主要包括下列内容。

（1）网站推广目标：计划在网站发布一年后达到每天独立访问用户 2 000 人，注册用户 10 000 人。

（2）网站策划建设阶段的推广：明确网站规划及建设对推广的要求，包括在网站建设过程中从网站结构、网页布局、URL 层次设计、网页文档名称及 META 标签自定义等方面实现整体搜索引擎优化；通过网页模板设计站内推广位置区域；同时在网站首页预留网站友情链接区域。

（3）网站发布初期的基本推广：登录主要收缩引擎和分类目录（列出计划登录网站的名单）；与部分合作伙伴建立网站链接；通过企业博客、微博和微信公众平台的相关信息；通过百度百科等平台创建企业词条。

（4）网站增长期的推广：当网站有一定访问量之后，为继续保持网站访问量的增长和品牌提升，通过对搜索引擎关键词分析，针对部分自然搜索效果不理想的重点关键词投放搜索引擎广告；与部分合作伙伴进行资源互换；在淘宝网开设网店，由专人负责运营，作为网络推广及扩大在线销售的渠道之一。

（5）网站稳定期的推广：结合公司新产品促销，为注册用户不定期发送在线优惠券等优惠信息；不断挖掘经营过程中的行业热点，与网络媒体合作发布网络新闻；在条件成熟的情况下，建立一个中立的与企业核心产品相关的专题网站扩大企业网络可见度。

（6）推广效果的评价：对主要网站推广措施的效果进行跟踪，定期进行网站流量统计分析，不断调整推广方法以改善网站推广的效果，在效果明显的推广策略方面加大投入比重。

这个案例并不是一个完整的网站推广计划，仅仅笼统地列出了部分重要的推广内容。但从这个简单的网站推广计划中，我们仍然可以得出几个基本结论。

第一，制订网站推广计划有助于在网站推广工作中有的放矢，并且有步骤、有目的地开展工作，避免重要内容的遗漏。

第二，网站推广是在网站正式发布之前就已经开始进行的，尤其是针对搜索引擎优化的工作，在网站设计阶段就应考虑到推广的需要，并做必要的优化设计。

第三，网站推广的基本方法对于大部分网站都是适用的，尤其是一个网站在建设阶段和发布初期通常都需要进行这些常规的推广。

第四，在网站推广的不同阶段需要采用不同的方法，也就是说网站推广方法具有阶段性的特征。有些网站推广方法可能长期有效，有些则仅适用于某个阶段，或者临时性采用，各种网站推广方法往往是相结合使用的。

第五，网站推广是网络营销的内容之一，但不是网络营销的全部，同时网站推广也不是孤立的，需要与其他网络营销活动相结合来进行。

第六，网站进入稳定期之后，推广工作也不应停止，但由于进一步提高访问量有较大难度，需要采用一些超越常规的推广策略，如上述案例中建设一个行业信息类网站的计划等。

第七，网站推广不能盲目进行，需要进行效果跟踪和控制。在网站推广评价方法中，最为重要的一项指标的网站的访问量，访问量的变化情况基本上反映了网站推广的成效。因此网站访问统计分析报告对网站推广的成功具有至关重要的作用。

思考：

1. 请列举你常见的网站推广方法？
2. 通过互联网收集海尔网站的推广方法和推广策略？

任务一　网站推广策划认知

任务引入

活动分析单 12-1

活动情境	在前面的任务中小李学习了很多推广的方法和网络营销策划的相关知识，小李的家乡特产官方网站发布了三个月后，虽然有一定的访问量，但是访问量和成交量并不是很理想，他想了解家乡特产官方网站现在该如何推广？
环境需求	（1）互联网接入。 （2）计算机（每人一台）、智能手机（每人一部）。 （3）学习任务考核单（也可到教学资源包下载电子版）。 （4）将班级分为若干讨论组，每组设组长一名。
活动描述	主题：网站推广策划初识。 目的：通过任务练习了解网站所处不同阶段的特点和网站推广的主要任务。 步骤： （1）分别查看海尔官网、京东商城、苏宁易购、国美在线、学校的官网、本地刚发布的新网站以及正在建设中的网站等； （2）收集上述网站的推广方法和推广渠道； （3）使用 SEO 优化工具查询上述网站的基本数据； （4）总结上述网站所处的不同阶段； （5）总结上述不同阶段中网站推广的主要任务以及每个阶段的任务有什么不同。
活动拓展	不同阶段的网站的推广工作重心是什么？工作重心的确定与什么有关系？

活动考核单 12-1

班级：　　　　　　姓名：　　　　　　学号：　　　　　　编号：12-1

序号	考核内容	分值	总结与归纳	成绩
（1）	总结网站推广的方法和渠道	20 分		
（2）	记录上述通过 SEO 查询的网站基础数据	20 分		
（3）	总结网站所处的不同阶段	20 分		
（4）	总结不同阶段网站推广的主要任务	20 分		

续表

序号	考核内容	分值	总结与归纳	成绩
（5）	总结不同阶段网站推广任务的差异	20分		
		合计		

* 请学生填写完学习活动考核单后上交。

知识指南

一、网站推广策划中常用方法

网站推广策划是网络营销策划的组成部分。网站推广策划不仅是网站推广的行动指南，同时也是检验推广效果是否达到预期目标的衡量标准。

制定网站推广策划的基础是分析用户获取网站信息的主要途径，发现网站推广的有效方法。实践经验及相关研究表明，用户获取企业网站信息的主要途径包括搜索引擎、关联网站、网站链接、口碑传播、电子邮件、社会化媒体网络、网络广告等方式。每种网站推广方式都需要相应的网络工具，或者推广的资源，具体如表 12-1 所示。

表 12-1　　常用网络推广方法及相关网络工具和资源

网站推广方法	相关推广工具和资源
搜索引擎推广	搜索引擎优化、搜索引擎付费推广
网站内部资源推广	网站内部资源、站内广告、站内推广区
关联网站推广	企业分支机构或者系列品牌、产品、营销关联网站
电子邮件推广	潜在用户的电子邮件地址资源
资源合作推广	网站链接、合作伙伴的访问量、内容、用户资源等
信息发布推广	B2B 电子商务平台、论坛、博客、网络社区等
病毒性营销方法	免费电子书、免费软件、免费贺卡、免费游戏、聊天工具等
社会化媒体网络推广	博客、微博、微信、WIKI、聊天工具、论坛、贴吧、问答式网络社区、文档分享、经验分享、视频分享等
网络广告推广	展示性网络广告媒体、搜索引擎广告、网站联盟等
综合网站推广	网上、网下各种有效方法的综合应用

通过表 12-1 可以看出，网站推广的基本工具和资源都是一些常规的互联网应用内容，但由于每种工具在不同的应用环境中都会有多种表现形式，因此建立在这些工具基础上的网站推广方法相当繁多，这就大大增加了用户了解网站信息的渠道，也为网站推广提供了更多的机会。

除了这些常规网站推广方法之外，一些不规范的网站（如软件下载、交友社区、网络游戏等）为了追求访问量，也可能采用一些非常规的手段，如未经许可的广告插件、弹出广告、浏览器插件、更改用户浏览器默认主页、强制性安装的软件（俗称流氓软件）、垃圾邮件、不规范的网站联盟等。这些方式对网站访问量的增长虽然具有明显的拉动作用，但由于对用户正常上网造成不良的影响甚至危害，因此在正规的网络营销中并不提倡使用这些方法。

此外，形形色色的网络营销软件也对网站推广发挥着一定的影响。网站推广工作可否只用网络营销软件实现呢？在企业网络营销发展和应用过程中，为了获得有效的网络推广效果，许多企业进行了大量的实践和探索。例如，通过各种网络营销软件在供求信息发布群发信息、把网站自动提交到多个搜索引擎、博客群发、微博信息群发等，有些软件甚至通过网页收集电子邮件地址进行群发邮件，制造了大量的垃圾信息。所以许多所谓的网络营销自始至终都不受待见，也鲜有成为主流网络营销工具的机会。究其原因，主要是这些软件开发的指导思想在于试图将网络营销简单化，将网络营销信息源到传递渠道的工作等同于简单的群发信息，甚至期望达到一劳永逸的目的。实际上，网络营销是长期的、琐碎的工作，没有专业人员认真踏实的工作和长期的网络资源积累，寄希望于一两个软件来替代复杂的人工工作，从理论到现实都是不太可能的事情。当然并不是所有的软件对网络营销没有价值。事实上，在网络营销运营管理中，一些软件发挥着不可替代的作用。

二、网站推广的阶段及其特点

在网站运营推广的不同阶段，网站推广策划的侧重点和所采用的推广方法也存在一定的区别，因此有必要对网站推广的阶段特征及相应的网站推广方法进行系统的分析。

（一）网站推广的四个阶段与访问量增长曲线

通过对大量网站推广运营的规律的研究，从网站推广的角度来看，一个网站从策划到稳定发展要经历四个基本阶段：网站策划与建设阶段（建设期）、网站发布初期（初发期）、网站增长期、网站稳定期。图 12-1 所示是一个网站推广阶段与访问量增长曲线示意图。

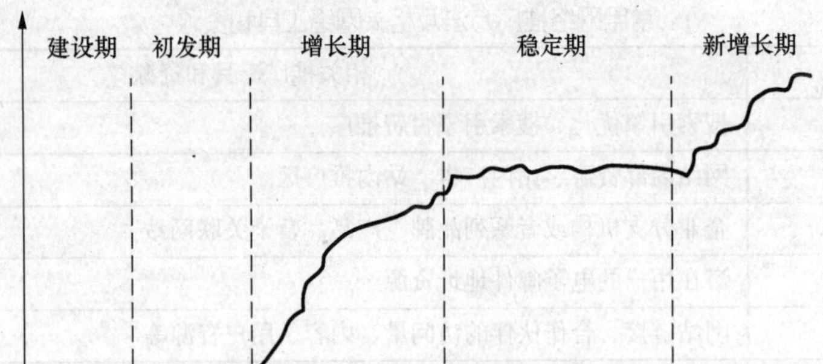

图 12-1　网站推广阶段与访问量增长曲线示意图

图 12-1 表现的是一般正常网站访问量的发展轨迹，或者说是对一个网站推广效果的期望轨迹（并不能代表所有网站的发展状况）。例如，我们不能忽视一些网站由于推广不力等原因造成访问量长期没有明显增长的情况，有些网站则有可能在某个阶段出现因意外原因造成访问量的突然下降，甚至无法访问的现象，不过这些特征我们并不在这里做更多的探讨。

从图 12-1 中可以看到，当网站进入稳定期之后，由于不同的经营策略，网站访问量可能进入新一轮的增长期，也可能进入衰退期。对于一个长期运营的网站，自然希望当进入一个稳定阶段之后，通过有效的推广，再次进入增长期。之所以网站进入稳定期之后不同的网站会出现迥异的表现，在很大程度上就是对网站运营所处阶段及其特点了解不深，没有采取针对性的推广策划。

为什么要把网站建设纳入到网站推广的阶段呢？因为网站推广方法受到网站功能和设计的制约，网站建设决定了某些网站的推广方法是否有利。对于搜索引擎营销等，应该从网站策划建设阶段就开始，否则等到发现网站推广效果不佳时，还是要进行网站基本要素的重新设计。因此，尽管真正意义上的网站推广通常在网站发布之后进行，但在策划和建设过程中就有必要制定推广策略，并且为网站发布后的推广奠定基础。

（二）网站推广的阶段特点

1. 网站策划与建设阶段网站推广的特点

真正意义上的网站推广并没有开始，网站没有建成发布，当然也就不存在访问量的问题，不过这个阶段的网站推广仍然具有非常重要的意义。其主要特点表现在以下 3 个方面。

（1）网站推广很可能被忽视。大多数网站在策划和设计中往往没有将推广的需要考虑进来，这个问题很可能是在网站发布之后才被认识到，然后才回过头来考虑网站的优化设计等问题，这样不仅浪费人力，也影响了网站推广的时机。

（2）策划与建设阶段的网站推广实施与控制比较复杂。一般来说，无论是自行开发，还是外包给专业服务商，一个网站的设计开发都需要由技术、设计、市场等方面的人员共同完成，不同专业背景的人员对网站的理解会有比较大的差异。例如，技术开发人员往往只从功能实现方面考虑，设计人员则更为注重网站的视觉效果，如果没有一个具有网络营销意识的专业人员进行统筹协调，最终建成的网站很可能离网络营销的需求有很大差距。因此在这个过程中对策划设计人员的网络营销专业水平有较高的要求，这也就是一些网站建成之后和最初的策划思想有差距的主要原因所在。

（3）策划与建设阶段的网站推广效果需要在网站发布之后得到验证。在网站建设阶段所采取的优化设计等"推广策略"，只能凭借网站建设相关人员的经验来进行，是否能真正满足网站推广的需要，还有待于网站正式发布一段时间之后的实践来验证，如果与期望目标存在差异，还有必要作进一步的修正和完善，也正是因为这种滞后效应，更加容易让设计开发人员忽视网站建设对网站推广影响因素的考虑。

这些特点表明，网站推广策划的全面贯彻实施涉及多方面的因素，需要从网络营销策划整体层面上考虑，否则很容易陷入网站建设与网站推广脱节的困境。目前，这种问题在企业中是普遍存在的，这也是企业网站往往不能发挥作用的重要影响因素之一。

2. 网站发布初期推广的特点

网站发布初期通常指网站正式开始对外宣传之日以后半年左右的时间。网站发布初期推广的特点表现在下面几个方面。

（1）网络营销预算比较充裕。企业的网络营销预算，应用于网站推广方面的，通常在网站发布初期投入较多，这是因为一些需要支付年度（季度）使用费的支出通常发生在这个阶段。另外，为了在短期内获得明显的成效，新网站通常会在发布初期加大推广力度，如发布广告、新闻等。

（2）网络营销人员有较高的热情。这种情感因素对于网站推广会产生很大影响。在网站发布初期，网络营销人员非常注重尝试各种推广手段，对于网站访问量和用户注册数量的增长等指标非常关注。如果这个时期网站访问量增长较快，达到了预期目的，对于网络营销人员是很大的激励，可能会进一步激发工作热情；反之，如果情况不太理想，很可能会影响其积极性，甚至对网站推广失去信心，此后很大一段时间可能不愿继续尝试其他推广方法，一些企业的网络营销工作也可能就此半途而废。

（3）网站推广具有一定的盲目性。尽管营销人员有较高的热情，但由于缺乏足够的经验、缺乏必要的统计分析资料，加之网站推广的成效还没有表现出来，因此无论是网站推广策划的实施还是网站推广效果方面都有一定的盲目性，因此宜采用多种网站推广方法，并对效果进行跟踪控制，逐渐发现适合于网站特点的有效方法。

（4）网站推广的主要目标是用户的认知程度。推广初期网站访问量快速增长，得到更多用户了解是这个阶段的主要目标，也就是获得尽可能多用户的认知，产品推广和销售促进通常居于次要地位，因此更为注重引起用户对网站的注意。在采用的方法上，主要以新闻、提供免费服务和基础网站推广手段为主。

这些特点为我们制定网站发布初期的网站推广策划提供了基本思路：尽可能在这个阶段尝试应用各种常规的基础网络营销方法，同时要注意合理利用营销预算。因为有些网络营销方法是否有效尚没有很大的把握，过多的投入可能导致后期推广资源的缺乏。在这个阶段所采用的每项具体网站推广方法中，都有相应的规律和技巧，这些内容已在前面项目中详细介绍。

3. 网站增长期推广的特点

经过网站发布初期的推广，网站拥有了一定的访问量，并且访问量仍在快速增长中，这个阶段仍然需要继续保持网站推广的力度，并通过前一阶段的效果进行分析，发现最适合于本网站的推广方法。

网站增长期推广的特点主要表现在下列方面。

（1）网站推广方法具有一定的针对性。与网站发布初期的盲目性相比，由于尝试了多种网站推广方法，并取得了一定效果，这个阶段在对于采用什么推广方法更为有效方面积累了一些实践经验，因此在做进一步推广时往往更有针对性。

（2）网站推广方法的变化。与网站发布初期相比，增长期网站推广的常用方法会有少量变化，一方面是因为已经购买的年度服务费的推广服务如分类目录登录、付费会员费用等处于持续发挥效果的阶段，除非要继续增加付费推广项目，否则在这些方面无需更多的投资。不过，这并不是说就不需要网站推广活动了，相反，为了继续获得网站访问量的稳定增长，需要采用更具有针对性的网站推广手段，有些甚至需要独创性才能达到效果。

（3）网站推广效果的管理应得到重视。网站推广的直接效果之一就是网站访问量的增加，网站访问量指标可以通过统计分析工具获得。对网站访问量进行统计分析可以发现哪些网站推广方法对访问量的增长更为显著，哪些方法可能存在问题，同时也可以发现更多有价值的信息，如用户访问网站的行为特点等，跟踪分析网站访问量的增长情况。

（4）网站推广的目标将由用户认知向用户认可转变。网站发布初期阶段的推广获得了一定数量的新用户，如果用户肯定网站的价值，将会重复访问网站以继续获得信息和服务，因此在网站增长期的访问用户中，既有新用户，也有重复访问者，网站推广要兼顾两种用户的不同需求特点。

网站增长期推广的特点反映了一些值得引起重视的问题：网络营销专业人员仅靠对网站推广基础知识的了解和应用已经明显力不从心了，对网站推广的方法、目标和管理都提出了更高的要求，有时甚至需要借助于专业机构的帮助才能取得进一步的发展。这也就是说明，这个阶段对于网站进入稳定发展阶段具有至关重要的影响，如果没有专业的手段而任其自然发挥，网站很可能在较长时间内只能维持在较低的访问量水平上，最终限制了网络营销效果的发挥。

4. 网站稳定期推广的特点

网站从发布到进入稳定发展阶段，一般需要半年到一年甚至更长的时间，稳定期主要特点如下。

（1）网站访问量增长速度减慢。网站进入稳定期的标志是访问量增长率明显减慢，采用一般的网站推广方法对于访问量的增长效果不明显，访问量可能在一定数量水平上下波动，有时甚至会出现一定下降，但总体来说，正常情况下网站访问量应该处于历史上较高的水平，并保持相对稳定。如果网站访问量有较大的下滑，应该是一种信号，企业需要采取有效的措施。

（2）访问量增长不再是网站推广的主要目标。当网站拥有一定的访问量之后，网络营销将注重用户资源的价值转化，而不仅是访问量的进一步提升，访问量只是获得收益的必要条件，但仅有访问量是不够的。从访问量到收益的转化是一个比较复杂的问题，这些通常并不是网站推广本身所能完全包含的，还取决于企业的经营策略和企业盈利模式。

（3）网站推广的工作重点将由外向内转变。也就是将面向吸引新用户为重点的网站推广工作逐步转向维护老用户，以及网站推广效果的管理等方面，这是网站推广周期中比较特殊的一个阶段。这种特点与网站建设阶段在某些方面有一定的相似之处，即主要将专业知识和资源面向网站运营的内部，而且这些工作往往没有非常通用的方法，对网络营销人员个人的专业水平提出了更高的要求。

网站稳定期推广的特点表明，网站发展到稳定阶段并不意味着推广工作的结束，网站的稳定意味着初期的推广工作达到阶段目标，保持网站的稳定并谋求进入新的增长期仍然是一项艰巨的任务。

三、网站推广阶段的主要任务

在网站发展的不同阶段，每个阶段中网站推广具有各自的特点，这些特点也决定了该阶段网站推广的任务也会有所不同。为了制定有效的网站推广策略，还需要进一步明确这四个阶段网站推广的任务和目的。

表 12-2 是网站推广 4 个阶段的主要工作任务的摘要总结，供大家在制定网站推广策划时参考。

表 12-2　网站推广四个阶段的主要工作任务

发展阶段	网站推广的主要工作任务
网站策划与建设阶段	网站总体结构、功能、服务、内容、推广策略等方面的策划方案制定；网站开发设计及其管理控制；网站优化设计的贯彻实施；网站的测试和发布准备等
网站发布初期	常规网站推广方法的实施，尽快提升网站访问量，使尽可能多的用户了解网站
网站增长期	常规网站推广方法效果的分析；制定和实施更有效的、更有针对性的推广方法；重视网站推广效果的管理
网站稳定期	保持用户数量的相对稳定；加强内部运营管理和控制工作；提升品牌和综合竞争力；为网站进入下一轮增长做准备

任务实训

家乡特产官方网站推广认知

1. 实训目的

本次实训的目的是让学生掌握网站推广不同阶段的特点和任务。

2. 实训内容

（1）分别针对网站推广的 4 个阶段，在现实中找到对应的 4 个网站。

（2）结合网站推广的 4 个阶段，熟悉每个网站的推广特点和推广任务。

（3）判断自己的家乡特产网站所处的网站推广阶段，总结网站推广的工作任务。

3. 实训成果要求

完成网站推广的工作任务总结。

任务二　网站推广策划思路与执行

任务引入

活动分析单 12-2

活动情境	经过上一阶段的学习，小李了解到自己的家乡特产官方网站正处于发布初期。在发布初期，小李有较高的推广热情，但是推广中比较盲目。为了解决这些困难，同时也为了提高网站的访问量和成交量，如何制定网站推广策划的思路呢？
环境需求	（1）互联网接入。 （2）计算机（每人一台）、智能手机（每人一部）。 （3）学习任务考核单（也可到教学资源包下载电子版）。 （4）将班级分为若干讨论组，每组设组长一名。
活动描述	主题：网站推广策划思路。 目的：通过任务练习了解网站推广策划的思路的内容。 步骤： （1）通过互联网至少搜索三份网站推广策划书； （2）讨论这些网站推广策划书的共同特点； （3）探讨网站推广策划思路的内容。
活动拓展	（1）网站推广策划中最重要的是什么？ （2）网站推广策划方案和执行方案有什么区别？

活动考核单 12-2

班级：　　　　姓名：　　　　学号：　　　　编号：12-2

序号	考核内容	分值	总结与归纳	成绩
（1）	总结网站推广策划书的共同特点	30 分		
（2）	总结网站推广策划思路的内容	30 分		
（3）	总结网站推广策划中的核心	20 分		
（4）	总结网站推广策划方案和网站推广执行方案的区别	20 分		
		合计		

* 请学生填写完学习活动考核单后上交。

知识指南

一、网站推广策划思路

与完整的网络营销策划相比，网站推广策划比较简单，然而更加具体。一般来说，网站推广策划至少包含下列主要内容。

（一）网站推广环境分析与明确推广目标

“知己知彼，百战不殆”，在做任何网站推广策划之前，都必须对自身与竞争对手有一个详细的了解。

1. 企业网站推广现状分析

明确企业网站推广所处的阶段，统计企业网站的流量数据（包括流量来路统计、浏览页面和入口分析、客流地区分析、搜索引擎与关键词分析、客户端分析）、站点页面分析、网站运用技术和设计分析、网络营销基础分析、网站运营分析等，了解企业网络营销和网站推广的现状和存在的问题。

2. 竞争对手网站推广分析

（1）调查竞争对手网络营销和网站推广的现状，包括竞争对手的网站现状、使用的推广方法和媒介、搜索引擎收录情况、链接情况、PR 值、IP、PV 等数据统计。学习竞争对手好的推广方法和技巧。

（2）了解竞争对手的工作重点和下一步的工作计划。

3. 网站推广 SWOT 分析

分析企业自身和网站的优劣势，以及外部的机会与威胁，明确推广的重点。

4. 明确网站推广的阶段性目标

确定网站推广的具体阶段性目标，包括以下几个：

（1）每天 IP 访问量、PV 浏览量；

（2）各搜索引擎收录量；

（3）外部链接每阶段完成量；

（4）网站的排名、PR 值权重值；

（5）关键词数量及各搜索引擎排名情况；

（6）网络推广实际转化的客户数量，如通过网站推广直接或间接带来的电话量目标、销售额目标等；

（7）用户注册数目的阶段目标（主要针对行业综合网站）；

（8）其他目标，如网站品牌知名度目标、行业影响力目标等。

（二）明确网站推广的目标用户

（1）列出目标用户群体。

（2）明确目标用户的特征，如年龄大小、性别、数量、学历、收入情况、兴趣爱好、上网习惯等。

（3）明确目标用户集中的平台。

（三）选择网站推广方法和策略

根据收集资料分析，确定网站推广方法及策略，详细列出将要使用的推广方法，如搜索引擎营销、博客营销、邮件营销、QQ 营销、论坛社区发帖、撰写软文宣传、活动推广、网络广告投放等，对每一种网络推广方法的优劣及效果等做分析及确定具体实施措施。

（四）工作进度及人员安排

好的方案还要有好的执行团队，依据方案制作详细的计划进度表（如绘制甘特图），控制方案执行的进程，对推广活动进行详细罗列，安排具体的人员来负责落实，确保方案得到有效的执行。

（五）确认网络广告预算

网络推广方案的实施，必然会有广告预算，要通过规划控制让广告费用发挥最大的网络推广效果，定期分析优化账户结构，减少资金浪费，让推广的效果达到最大化。

（六）效果评估监测

安装监控工具，对数据来源、点击等进行监测跟踪，帮助企业及时调整推广的策略，并对每一阶段进行效果评估。

（七）预备风险预备方案

市场并非一成不变，当计划跟不上变化时，就不能依照原来网络推广方案完完全全执行下去。如果提前制作风险预备方案，当市场变化时，才不至于手忙脚乱。

计划没有变化快，真正可执行的网站推广方案不是一成不变的，作为网络营销的策划者要时刻关注这些变化。针对市场的变化、行业的变化、企业的变化实时调整、优化自己的方案，让自己的网络推广效果达到最大化,好的网络推广方案加上有效的执行团队方能达到自己的预期效果。

二、网站推广策划执行方案

网站推广思路和推广方案确定后，就要按照推广方案来执行，在执行的过程中还需要一份网站推广策划的执行方案，具体内容包括方案的执行时间、推广格式、发布内容、发布途径和人员分配等内容组成。在执行方案过程中，要明确执行人员岗位和工作职责，以确保推广工作“事事有人管，人人有事做”。

小案例：某公司的网站推广执行方案

一、推广目标

公司网站正处于增长期，公司通过组织活动，一方面提升网站的访问量，增加网站的用户黏性，同时传递公司、品牌等企业文化。

二、推广格式

活动背景介绍，活动场面、节目的介绍，活动适用于的场所，活动图片一张，以及活动的视频网址。

三、推广媒介

老客户主要通过电话、微信、微博和群邮箱等推广媒介传播；新客户主要通过微信、微博和博客等推广媒介传播。

1. 主要媒介

新浪微博、腾讯QQ空间、新浪博客、QQ群、QQ邮箱。

2. QQ

发布内容：针对公司的活动，以最快速度的发布；

发布途径：说说、腾讯微博、QQ空间、QQ群、QQ邮箱。

3. 新浪

发布内容：公司活动等内容发布在公司官方微博。

发布途径：新浪微博。

四、执行方案

1. 新浪微博、QQ说说、腾讯微博

格式：根据发布内容，视情况而定。

时间：活动准备阶段前期微博发布；准备时候工作发布；活动结束之后的发布。发布时间段可安排在一天之中的早上7:00、中午12:00、晚上8:00、凌晨12:00（时间允许的条件下可凌晨发布）。

人员安排：主要负责人发布之后，公司其他员工转发；此外××负责在其他网站发布。

例：活动开展后，发布微博——活动介绍、节目介绍、活动效果介绍（含图和视频链接）。

2. 新浪博客、QQ空间

格式：一篇文章介绍开盘盛典的基本情况，附开盘盛典的照片和加寿宴节目视频链接。

时间：开盘盛典结束后在空间网站发布。

人员安排：略。

备注：申请公司QQ，申请公司新浪微博，并开通新浪博客。

例：开盘盛典、开盘盛典的策划方案、前期准备花絮照片、活动进行时的照片、开盘盛典之后的形象宣传。

3. 新浪微话题、QQ群、QQ邮箱

（1）微话题围绕热门话题讨论，可增加企业的曝光度。

（2）QQ群。

格式：活动的更新、节目的发布、资源的提供等照片定时发布。

时间：早上9:00、下午5:00。

人员安排：略。

（3）QQ邮箱。

格式：活动的更新、节目的发布、资源的提供等照片定时发布。

时间：每周至少两次通过个人邮箱发布，周一、周四。

人员安排：略。

4. 微信

（1）个人微信。

格式：根据发布内容，视情况而定。

时间：时间随实际情况而定。固定时间可以定为：早上9:00、中午11:50、下午5:30、晚上8:30。

人员安排：公司成员随时可发布。

（2）合作伙伴微信。

格式：有关于公司的微信转发。

时间：不定。

人员安排：全体人员。

（3）微信公众平台。

① 订阅号。

格式：活动的更新、节目的发布、资源的提供等照片定时发布。

时间：每天一条。

人员安排：略。

② 服务号。

格式：不定。

时间：不定。

人员安排：略。

5. 视频及其他

（1）视频上传。

网站：优酷、酷六、搜狐、56、新浪等视频网。

视频剪辑：略。

视频上传：略。

视频备案：利用 Excel 将上传的视频分类，整理备案。

负责人：略。

（2）其他推广途径。

百度百科完善、百度知道、软文推广（网站、论坛、公司网站）。

负责人：略。

任务实训

家乡特产官方网站推广执行方案

1. 实训目的

本次实训要使学生掌握网站推广策划的思路，学会撰写网站推广策划执行方案。

2. 实训内容

（1）结合本项目任务一的任务实施中的家乡特产官方网站工作任务总结和网站推广策划思路，总结网站推广策划思路，重点包括网站推广环境分析、网站目标用户分析、网站推广方法和策略、工作进度和人员安排等内容。

（2）根据上述策划思路撰写家乡特产官网推广执行方案，重点包括执行时间、推广格式、发布内容、发布途径和人员分配。

3. 实训成果要求

完成家乡特产官网推广执行方案。

任务三　网站推广策划效果评估

任务引入

活动分析单 12-3

活动情境	经过上一阶段的学习，小李将前面的网站推广策划方案执行了一段时间之后，网站的访问量有所提高。那究竟网站推广的效果如何？应该如何来评估网站推广效果？都有什么好的评估工具？
环境需求	（1）互联网接入。 （2）计算机（每人一台）、智能手机（每人一部）。 （3）学习任务考核单（也可到教学资源包下载电子版）。 （4）将班级分为若干讨论组，每组设组长一名。

续表

活动描述	主题：网站推广策划评估 目的：通过任务练习了解网站推广策划评估指标，熟悉网站推广策划评估的工具。 步骤： （1）通过网站后台的监控数据，将网站的同比和环比数据进行对比。 （2）所有推广方法中你认为效果较好的是什么？原因是什么？ （3）上述推广方法中效果不好的是什么？分析效果不好的原因是什么。 （4）至少列举三种你所掌握的网站推广评估工具，请指出其作用。
活动拓展	（1）网站推广策划评估对下一阶段的推广策划有什么作用？ （2）分析你所熟练掌握的网站推广评估工具中每个工具的特点和各自的优劣势。

活动考核单 12-3

班级：　　　　　　姓名：　　　　　　学号：　　　　　　编号：12-3

序号	考核内容	分值	总结与归纳	成绩
（1）	记录网站后台数据	20 分		
（2）	总结网站推广中效果最好的方法并分析原因	30 分		
（3）	总结网站推广中效果不好的方法并分析原因	30 分		
（4）	列举你所熟悉的网站推广评估工具,并指出每种工具的作用	20 分		
合计				

*请学生填写完学习活动考核单后上交。

知识指南

网站推广之后的效果，可以通过网站推广效果监测和评估的方法来确定。

一、网站推广策划评估指标

（一）业务评价指标

1. 业务询盘量

这主要针对销售型企业。业务询盘量的大幅提升（包括同比数据和环比数据），这是评价网站推广最有效、最实际的标准，这也是网站推广的终极目标。

2. 网站访问量和注册用户数量

网站访问量是网站推广取得效果的基础，也在一定程度上反映了获得顾客的潜在能力，常用网站访问量和注册用户数量作为评价网站推广效果的基本指标，经常在评价中被使用。

（二）网站推广技术指标

1. 网站硬性指标

它是指网站是否能够让客户很轻松、方便的登录地记住，包括域名种类分布、域名品牌一致、网站语言版本、域名解析时间、请求响应时间、主机连接时间、下载时间、HTML 综合质量、图片综合质量、首页布局质量、首页信息类型等。

2. 网站推广指标

网站推广指标是指它是否能让更多的客户与企业往来，包括搜索引擎排名、网站知名度、推广方案设计、网络广告设计等。

3. 网站服务指标

它是指客户是否愿意与企业往来，包括企业的回应时间、目标客户、客户区、联系层次、联系细分、FAQ、帮助导航、网站地图、服务流程、帮助是否全面、产品分类、产品描述、产品图片、价格建议等。

4. 网站互动指标

它是指企业与客户的互动效果如何，包括客户回应、解决时间、认真程度、产品了解、准确程度、客户社区、客户鉴别、客户忠诚度、深化服务、兴趣调查、需求调查等。

二、网站推广策划评估工具

1. 网站流量统计与分析工具

（1）Google Analytics（http://www.google.com/analytics）。

（2）CNZZ 数据专家（http://www.cnzz.com）。

（3）51Yes 网站流量统计（http://count.51yes.com）。

（4）百度统计——免费的专业网站流量分析工具（http://tongji.baidu.com）。

（5）51.la 免费统计（http://www.51.la/）。

2. 网站分析及查询平台

（1）站长之家——中国站长站（http://www.chinaz.com/）。

（2）去查网——百度权重查询（http://www.7c.com）。

（3）爱站网（http://www.aizhan.com）。

（4）GO9GO 友情链接平台（http://www.go9go.cn）。

（5）站长帮手网（http://www.linkhelper.cn）。

（6）Admin5 站长网（http://www.admin5.com）。

（7）空软站长工具（http://www.kongruan.com）。

（8）追词网——SEO 中文关键词深度分析与挖掘（http://www.zhuici.com）。

以上是一些比较主流的网站分析工具，当然现在网上的站长工具、站长助手还有很多。对于网站运营工作人员来说，利用好这些免费工具，获取相关运营数据，将会让你对自己的站点有足够清晰的认识，从而更好地开展后期的网站推广运营工作。

三、下一阶段网站推广策划建议

通过使用网站推广策划评价指标和推广工具，对网站的推广数据分析判断，对推广中所使用的方法和工具进行评估，一方面发现最适合于本企业网站的推广方法，另一方面对推广效果不明显的推广方法分析其原因，从而开展有针对性的推广策划。

任务实训

家乡特产官方网站推广效果评估

1. 实训目的

本次实训应使学生掌握网站推广评估指标，学会使用网站推广评估工具。

2. 实训内容

（1）至少使用5种以上工具收集网站推广评估指标，并记录收集的数据。

（2）将上述的数据进行分析比较，尤其是同比数据和环比数据。

（3）分析上述推广中效果较好的网站推广方法。

（4）分析上述推广中效果不好的网站推广方法，并分析原因。

3. 实训成果要求

完成一份网站推广效果评估报告。

项目小结

本项目由认知网站推广策划、网站推广策划思路与执行和网站推广策划效果评估3个任务组成。

认知网站推广策划的学习内容包括网站推广的常用方法介绍、网站推广的4个阶段和特点以及网站推广不同的主要任务。

网站推广策划思路主要由网站推广环境分析与明确网站推广目标、明确网站推广的目标用户、选择网站推广方法和策略、工作进度及人员安排、确认网络广告费用、效果评估监测和预备风险预备方案七个方面的内容组成。

网站推广策划效果评估包括网站推广策划评估指标、网站推广策划评估工具和下一阶段网站推广策划建议。

项目重点：网站推广的4个阶段特点、网站推广策划思路和网站推广策划执行方案、网站推广策划评估指标和评估工具。

项目难点：网站推广策划思路和网站推广策划执行方案。

思考与练习

一、不定项选择题：

1. 下面（　　）不属于网站推广的4个阶段。

A. 网站策划与建设期　　B. 网站增长期

C. 网站发布初期　　D. 网站衰退期

2. 下面属于网站增长期的推广工作任务的是（　　）。

A. 网站总体结构、功能、服务、内容、推广策略等方面的策划方案制定

B. 常规网络网站推广方法的实施，尽快提升网站访问量，使尽可能多的用户了解网站

C. 制定和实施更有效的、更有针对性的推广方法

D. 保持用户数量的相对稳定；加强内部运营管理和控制工作；提升品牌和综合竞争力

3. 下面属于网站推广中的评估指标的是（　　）。

A. PV　　B. UV　　C. 注册用户数量　　D. 在线客服的询盘量

4. 下面用来进行网站流量统计的工具有（　　）。

A. Google Analytics　　B. CNZZ 数据专家

C. 百度统计　　D. 站长之家

E. 爱站网　　F. 51. la

5. 下面可以跟踪最后百名访客的网站是（　　）。

A. CNZZ 数据专家　　B. 百度统计

C. 51.la　　D. 51Yes 网站流量统计

二、简答题

1. 网站推广的 4 个阶段是什么？每个阶段的特点和推广任务是什么？
2. 网站推广策划的思路包括哪些内容？
3. 网络推广策划的评估指标有哪些？

项目十三 产品营销策划

项目简介

企业实施网络营销的终极目标就是实现产品销售，目前企业采用在线销售和线下销售两种形式。截至 2014 年 12 月，全国有 24.7%的企业开展在线销售；电子商务平台推广依然较受企业欢迎，使用率达 45.5%。

同时，随着互联网在网民生活中的渗透范围不断扩大、渗透程度逐渐加深，企业开展互联网营销的方式也随之不断创新，组合式营销和口碑营销等应用范围越来越广。

本项目主要由产品销售页面策划、产品网络口碑策划和产品营销策划效果监测 3 个任务组成。通过本项目的学习使学生对策划产品网络营销兴趣，从而掌握产品网络营销策划的方法和技巧。

项目目标

知识目标：了解产品客户定位的方法，掌握产品销售页面策划的准备工作和销售页面文案的编写方法，掌握产品口碑营销策划的过程，熟悉产品营销策划的评估。

技能目标：能够编写产品销售页面的文案；能够策划产品口碑营销，并制定口碑营销执行方案。

素质目标：培养对网民消费心理洞察的能力，提升销售文案写作能力，与团队内成员保持良好的合作能力。

引导案例

➢ **项目引导案例：网易印象派的口碑营销——“末日营销”**

网易印象派成立 4 年来，几乎没有多少推广动作。作为和网易主业务并不太兼容的电子商务项目，外界知道其存在的少之又少。然而，当网易 CEO 丁磊在 2011 年 7 月重点推介这一旗下品牌，并发布“无设计，不生活”的全新品牌理念之后，仅仅在其当年第三季度财报发布后，网易即宣称印象派累积用户量达到百万，拥有网易相册 54 亿张照片资源，每天接近 10 000 名用户在印象派上为自己或者家人朋友定制个性礼物，每隔 10 秒钟，印象派产生一份订单。

网易印象派并没有同它的电商同行一样“一猛子”扎在网络广告红海中去，相反，它通过个性化的微博营销组合拳打出了个性化的口碑。

明显的炒作也受用

2011 年 11 月 28 日上午 10 时，一个名为顾妞妞的普通用户在微博上发文投诉称，其在网易印象派上定制的 2012 年个性化台历，12 月的日期只印到 21 日，预示“末日”的到来。

这条微博在发出之后，立刻引起了微博传播的“蝴蝶效应”，在短短一天时间内，被转发超过五千条。而同时，这一事件的波及范围从微博平台辐射到整个网络，据不完全统计，有超过 200 个论坛上有相关帖子对此事件进行热议。

与此同时，网易印象派官方微博及时推出末日征集活动，由于跟进的后续营销非常及时，本次活动吸引了几万人的关注和互动，“我们爱讲冷笑话”“猫扑”这类的微博红人 ID 都对本事件进行了自发性转载，网易印象派的品牌形象、主营业务也因此得到了很好的推广。

顾妞妞的投诉微博发出 24 个小时后，再次发出微博称和网易印象派沟通未果，同时表示，一方面想换一个正常的台历，另一方面又舍不得手上的“末日台历”，由此带出了末日营销的主题。

相隔 4 个小时，该微博主再次发帖称被网易印象派恶搞，收到了一本正常的台历，并获得了网易印象派的 300 元消费额度补偿（这里暴露了本次推广策划的缺陷，即策划者太过性急，过早地将结局发布出来，且时间间隔过短，网易印象派的危机公关速度再快，也很难在 4 个小时内，“空投”一份补偿给投诉者。尽管对于这一推广中暴露的破绽一直有人予以抨击，但并没有真正影响到整个策划案的最终效果顺利达到。）

即使是这样一个硬伤很重的推广案。依然得到了受众的热捧，原因只有 1 个：网易印象派埋在这次推广中的“末日台历”正好迎合了大部分人对 2012 玛雅末日浩劫预言的好奇心理。这也同样折射出网络营销策划的一个关键道理：推广的手段最终是服务于产品自身的品质，好的产品即使遇到了相对拙劣的推广，也有可能形成良好的口碑。

微博的个性化精准营销

“末日营销”其实可以视作是网易印象派的体现其个性化特色的一步妙棋。网易印象派需要展示的是其足够个性的一面，关键是选择怎样的推广方式作为突破口。

突破口 1：网易印象派曾经尝试通过“口水战”的方式来暗藏自己的品牌理念。在 2011 年 9 月 23 日，网易发布公开声明，称接到一些用户和合作设计师的举报，反映淘宝网创意站设计师频道涉嫌抄袭网易印象派的设计师专区。经核实，网易公司认为，淘宝网创意站设计师频道在页面设计和 slogan 两个方面抄袭了网易印象派设计师专区，涉嫌对网易印象派设计师专区侵权。然而，网易印象派以版权问题希望挑战其最大对手也是电商前辈淘宝网，却没有起到希望的回应，整个事件也没有引起更多的关注，网易印象派转型后的第一次推广可以用失败形容。

突破口 2：借力微博，实现个性化精准营销。通过 2011 年最火热的网络平台，将一个 140 字的内容和个性化的图片，进行大范围传播，加上微博上聚集着最渴望享受个性化生活的白领人群，尤其是新浪微博之上，可以实现目标受众人群的精准营销。

步骤 1：积淀口碑资源

网易印象派在进入微博领域之初，曾经尝试给一些网络意见领袖赠送一些印象派出品的个性化产品，而这个“贿赂”为印象派积累了最初的一批优质粉丝，且为之后的推广，召集了一批先天条件优越的“二传手”。

步骤 2：策划口碑传播创意

有了意见领袖这一群众基础，再通过第三方之口来带出整个推广案，就变得容易多了。

网易印象派利用微博、论坛的互动交流特点，虚拟一个“搞笑”的“乌龙”事件，符合在网络社区寻找趣味的“草根”网民的生活气息，从而得到网民的积极互动参与。

步骤 3：指定口碑营销执行方案

为了确保效果，在整个推广过程中，网易印象派制定了详细的时刻表，何时发布首个投诉微博，何时跟进微博，何时发布官方微博活动等。当然，这个时间表设计得太过紧凑，以至于禁不起严格意义上的推敲，但网民不会介意太多，微博营销还是一个快餐文化，网民图的是一个“乐”字。

“末日营销”总结

作为一次低成本的微博推广，末日台历在推出之后，保持 1 717 本/每周的销售业绩，并给网易印象派带来了众多流量和品牌口碑效应，可以说是一次成功的推广。但这仅仅是一个很小的成功。

“末日营销”从本质上来说，只是网易印象派的一次网络营销试水，也是其整体网络营销战略中微不足道的一环，但由此可以看出网易印象派对目标用户心理的把握能力，同时也可视作是其对用户口碑的维护更高过于短暂推广获得实际经济效益的良好心态。也正是这种良好的推广心态，造就了其获得目前真正良好的经济效益，且是长期性的。

对于一个电子商务企业来说，开展网络营销的关键就是如何把握用户心理，通过真正意义上的精准营销和互动推广，以低成本的创意策划来引爆口碑，从而稀释日益困扰其生存的网络广告投入成本。

思考：

1. 最快并能立竿见影的网络营销之路是直接投放网络广告，这也是电子商务企业的标准营销配置。当当网、京东网等电子商务一线公司的广告投放都在亿元以上。网易印象派背靠网易这个互联网重量级企业，本身并不缺钱，为什么选择低成本的口碑营销而非直接投放广告？
2. 产品在线营销有哪些形式？
3. 口碑营销和病毒营销是什么关系？

任务一　产品销售页面策划

任务引入

活动分析单 13-1

活动情境	小李的家乡特产官方网站和淘宝店铺的销量最近不是很理想。从后台数据看到，很多网民在产品的页面仅停留了 3 秒钟左右，而且关联产品的跳出率很高。小李在想是不是自己的产品页面出了问题呢？那可能是什么问题呢？
环境需求	（1）互联网接入。 （2）计算机（每人一台）、智能手机（每人一部）。 （3）提前申请一个淘宝店铺，并准备好相关产品。 （4）学习任务考核单（也可到教学资源包下载电子版）。 （5）将班级分为若干讨论组，每组设组长一名。

续表

活动描述	主题：产品销售页面策划。 目的：通过任务练习了解产品销售页面的功能和组成元素，熟悉产品页面需要准备的工作。 步骤： 请查看海尔和裂帛的产品销售页面：包括海尔官方网站、海尔商城、海尔淘宝旗舰店、海尔京东旗舰店等，裂帛的产品销售页面：包括裂帛官方网站、裂帛淘宝旗舰店等。 （1）讨论产品销售页面的功能； （2）讨论产品销售页面的组成内容，如图片准备、文案准备等； （3）讨论产品页面需要准备的工作有哪些。
活动拓展	（1）淘宝产品页面中是不是只需要把上面准备的材料直接上传即可？ （2）产品资料内部有没有逻辑关系？如果有，应该存在什么内部关系？

活动考核单 13-1

班级： 姓名： 学号： 编号：13-1

序号	考核内容	分值	总结与归纳	成绩
（1）	总结产品销售页面功能	10 分		
（2）	总结产品销售页面的组成内容	30 分		
（3）	总结产品销售页面的准备工作	30 分		
（4）	总结产品销售页面资料的内部逻辑关系	30 分		
合计				

* 请学生填写完学习活动考核单后上交。

知识指南

一、产品客户定位

定位的概念是在网购人群中，找到适合他们的位置，并占据这一位置；而产品定位的过程就是找到产品目标客户群，并传递品牌的过程。

目标客户群可以细分为多个维度，例如，针对性别的定位除了男人、女人，还包含中性、儿童、情侣。不同的组合会有不同的定位，亲子装就是性别定位下的延伸品。而除了性别外，还有年龄、职业、生活等不同的定位维度。

（一）性别

首先要明确目标客户群的性别是什么，这个问题的本意是企业需要了解，真正为此付费形成购买的人是谁。例如，男装的目标客户群从数据显示，有40%左右的男装购买人群为女性群体；而母婴产品、老年装、保健品等，更是需要在目标客户群的性别上仔细斟酌。

（二）年龄

很多企业针对年龄的定位，认为网络目标客户群是18～35岁的女性群体，或25～35岁的女性群体。可以仔细分析一下目标客户群的年龄段问题，18～23岁的消费者大多为在校学生，有一定的消费基础，消费的是家长的钱，所以在低价和高性价比上有较高的要求，但也有人喜欢一些昂贵的产品；24～28岁的消费者为刚刚走出校门或处在就业的升职期，往往需要构建家庭，很多企业认为这个群体最有消费能力，但多方数据显示，迫于家庭的压力等因素，这部分人消费能力略有下滑；29～35岁的消费者，在为父母、子女购买商品的时候，偶有大手笔的投入，消费能力呈现上升趋势；而36岁以上的消费者，因消费理念的成熟及生活压力问题，消费能力略有下滑。

（三）职业

根据目标客户群的职业，定位也有所不同。目标客户的职业决定了产品选择时会受到职业化的功能性用途、风格性用途，还包括目标客户对产品文化定位的追求，对品牌附加值的心理追求因素等影响，同时职业的收入水平也决定了产品价格策略和企业盈利模式。

二、产品销售页面策划

（一）产品销售页面的功能

网站/网店中的页面分为3种，即网站/网店首页、分类页面、产品页面。这3种页面的共同功能是展示，但每种页面都有不同的功能。具体如表13-1所示。

表13-1　网站/网店页面功能

页面类型	功　能
网站/网店首页	站内/店内分流、形象展示
分类页面	引导客户关注更多商品
产品页面	增强购买欲望、提升企业竞争力、刺激购买决心、打消疑虑、二次营销

（二）产品销售页面的组成元素

产品页面元素的建设可以通过客户网购的行为习惯来进行比照。从客户意识角度出发，大致可以归纳为以下几个疑问。我为什么要购买你的商品？如何让我下决心购买你的商品？如何让我放心购买你的商品？如何让我购买更多你的商品？如何让我下次再来购买你的商品？

为了解决这些疑问，一个完美的产品页面应具备六种功能：放大欲望、提升竞争力、刺激决心、打消疑虑、基础信息、功能延伸。

（三）产品页面准备

1. 购买记录

因为客户有从众心理，客户往往更愿意相信其他客户的选择，可以将之前的购买记录截图到商品页面做重点展示，通过数据给客户心理暗示。

2. 评价记录

购买过该商品的人的评价对后来者来说更有说服力，也更客观，值得相信，将一些好评展示出来，更利于促成交易。

3. 卖点及亮点展示

卖点和亮点是给客户一个购买此商品的理由，所以企业需要将这个信息告知给客户。

如图 13-1 所示。

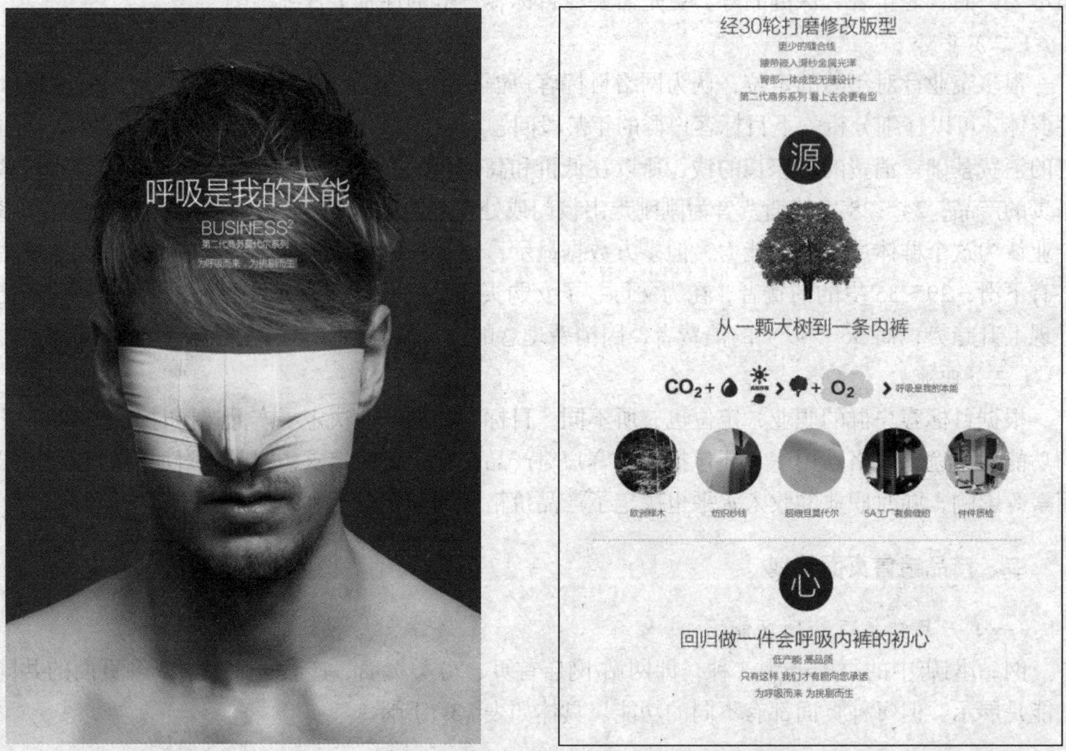

图 13-1　内衣品牌的卖点——“呼吸是我的本能”

4. 其他页面细节准备

影响客户是否最终购买产品的因素很多，除了商品本身、卖家服务、物流、包装、售后等都会起到作用。

其他页面细节可准备有其他产品的推荐图和推荐文字、信息告知、首屏信息、销量展示、评价信用展示、打消疑问、包装展示、物流信息、实体联营展示、顺畅沟通、企业/网店文化、左侧栏功能、促销活动、效果展示、真伪对比、实力展示、售后信息、文字描述、色彩规格说明、搜索引导等信息。

5. 产品参数文字描述

页面可通过产品参数文字描述，或者灵活的版面设计增强客户的阅读欲望。

6. 图片诉求的把握

（1）产品主图。产品主图会出现在产品搜索页面、分类页面和产品销售页面 3 个页面中。产品搜索页中的产品主图的作用是吸引客户从搜索页来到产品销售页/店铺；分类页面中的产品主图作用是吸引客户点击；产品销售页面的产品主图作用是吸引客户，让客户继续浏览网页，停留在网站/网店中。

（2）描述图片。描述图片只会出现在产品描述页面中，在这个页面中图片的功能就是为了激发客户的购买欲望，打消客户的购买疑虑。

（四）产品销售页面文案的编写

1. 内页文案写作范畴

（1）内页的产品标题。内页的产品标题指的是在产品内页中的标题部分，如图 13-2 所示。

图 13-2　海尔空调的标题

图 13-2 是同一款空调的内页产品标题，上图为海尔天猫旗舰店的产品标题，下图为海尔商城的产品标题。

（2）内页的产品基本属性部分。文案工作还包括填写产品最基本的属性信息部分，如图 13-3 所示，这部分唯一的要求就是做到信息填写完整、正确和真实。

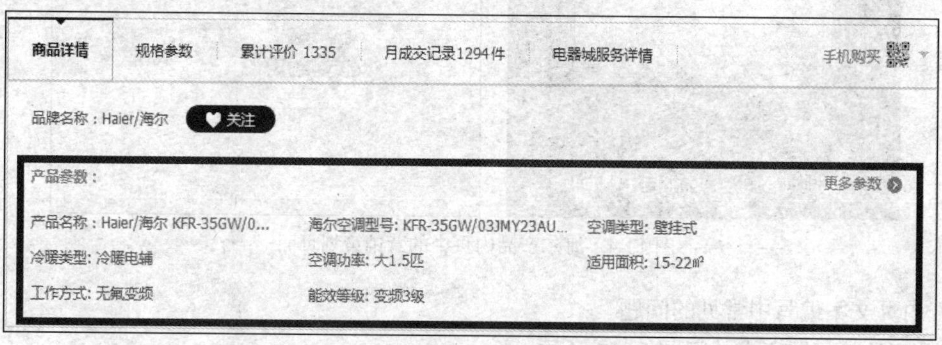

图 13-3　海尔空调的产品基本信息部分

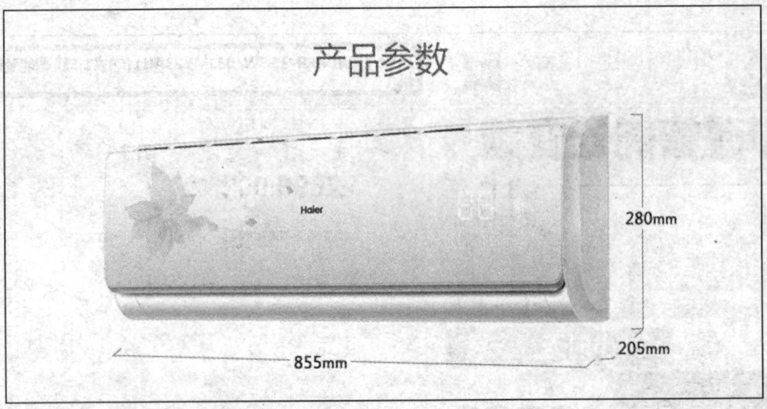

型号	KFR-35GW/03JMY23AU1(Q)	APF	3.65
样式	挂机	外机噪声(dB)	50
定频/变频	变频	内机噪声(超静-高风)(dB)	22-37
匹数	1.5匹	额定制冷功率(W)	1050(150-1550)
制冷量(W)	3500(500-4000)	额定制热功率(W)	1420(160-1800)
制热量(W)	4500(600-5200)	内机尺寸(宽深高mm)	855x205x280
匹配面积(m^2)	16-24	外机尺寸(宽深高mm)	780x245x540
除湿量(L/h)	2.07	内机净质量(kg)	10.5
循环风量(m^3/h)	700	外机净质量(kg)	30.5

图 13-3　海尔空调的产品基本信息部分（续）

（3）内页的详细文案和对内页美工设计的要求。内页的文案需要设计内页产品合理的逻辑关系环节，并写出每个环节需要的文案和对这个环节美工设计的要求，如图 13-4 所示是海尔产品的内页，也就是一个营销策划页面，从中可以看出文案要策划出对应的文字，以及这一屏对美工的设计要求。

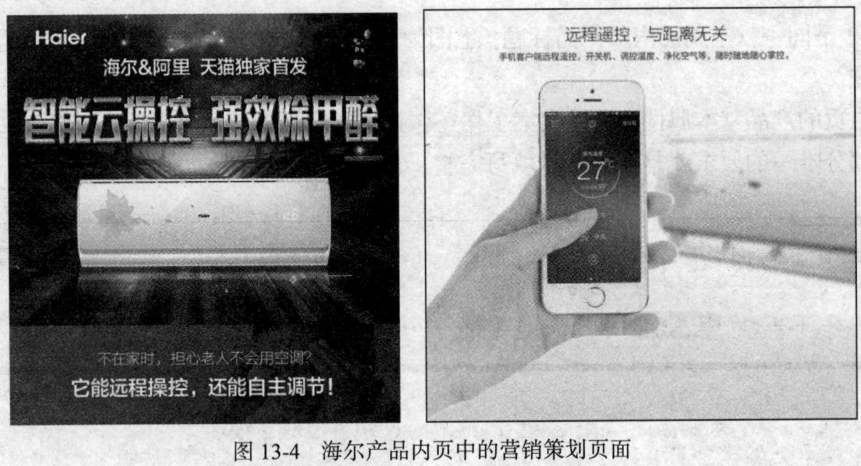

图 13-4　海尔产品内页中的营销策划页面

2. 内页文案编写中常见的问题

（1）产品的标题存在的问题。

① 标题没有考虑到客户的体验感受。标题一般包括 30 个字，从搜索关键词的角度出发，一

般企业都想把这 30 个字用完，但是首先一定要从客户体验角度去写。如图 13-5 所示的产品标题中没有标点符号，给客户的阅读体验比较差，或许这也是销量不好的重要原因。

图 13-5　产品标题无标点符号

部分商品在标题开头就使用包邮、秒杀等信息，从客户体验和营销学角度来说并不合适，因为客户还不知道产品是什么，有什么用，适不适合。建议此类词汇放到标题的后半部分。

② 把产品的内部编号等企业内部/网店内部特有的符号放在标题中。这些符号对于客户来说没有什么用处，浪费了标题文字。

产品文案标题仅从搜索关键词的角度来思考标题的设置。如图 13-6 中“长裙”关键词堆砌、使用“Q2133”等无效货号关键词等。

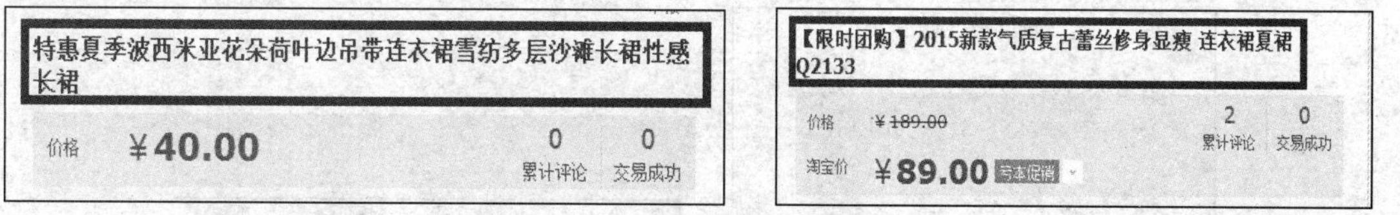

图 13-6　标题中堆砌关键词

> **小思考：哪些产品的标题中可出现货号？**
>
> 上面的产品标题中出现无效货号是产品标题存在的问题。我们经常看到家用电器、电子产品等标题中都会出现货号，如“索尼（SONY）KDL-55W800B 55 英寸全高清 3D LED 液晶电视（黑色）”“格力（GREE）KFR-26GW/（26596）FNAa-A3 大 1 匹壁挂式 Q 铂变频家用冷暖空调”等，然而衣服、配饰、书籍等产品都不会出现货号。那么，哪些产品的标题可以出现货号？

（2）内页的文案逻辑性问题。企业在描述内页的文案时，常觉得没有任何头绪，不知道如何去设计一个内页的文字逻辑性。如果只是把产品的属性、产品的全貌照片，配上几个细节图已经很难吸引客户。现在很多企业的产品内页长达 3 米、5 米，甚至 7 米，这些长达 3 米、5 米的内页背后有一个合理的逻辑关系，而现在大多数文案人员对内页逻辑性没有思考，所以存在严重的逻辑性问题。

有些文案一开始就是包邮、促销，以及关联销售。客户本来要购买产品，但因为过多的关联销售，分散了客户的注意力，最终影响了这款产品的成交，这就是一个典型的逻辑性问题。关于内页文案的逻辑性问题在下面会详细说明。

（3）以产品为中心的问题。在内页文案编写中最突出的问题就是以产品为中心，而不是以客户为中心的问题。建议参考以 4C 理论撰写文案。例如，一个国内著名的家具品牌，在整个内页设计中只是单纯描述床这个产品，内页中只看到床，没有看到这个床的使用者，所以客户不知道使用者是儿童，还是成年人，不知道是单人床还是双人床等。这样的内页文案设计是“只见产品，不见人”。

> **小资料**：4P 与 4C
>
> 4P 是美国营销学学者麦卡锡教授在 20 世纪的 60 年代提出“产品、价格、渠道、促销”4 大营销组合策略即为 4P。产品（Product）、价格（Price）、渠道（Place）、促销（Promotion）4 个单词的第一个字母缩写为 4P。
>
> 4C 是由美国营销专家劳特朋教授在 1990 年提出的，它以消费者需求为导向，重新设定了市场营销组合的四个基本要素：即消费者（Consumer）、成本（Cost）、便利（Convenience）和沟通（Communication）。它强调企业首先应该把追求顾客满意放在第一位，其次是努力降低顾客的购买成本，然后要充分注意到顾客购买过程中的便利性，而不是从企业的角度来决定销售渠道策略，最后还应以消费者为中心实施有效的营销沟通。

（4）只讲产品好处的文案。只讲好处的文案，会重点讲述客户购买这款产品给客户带来的好处，忽略客户决定购买这款产品能够帮助他解决什么问题，能够帮助他解决哪方面的问题。例如，用一款会呼吸的鞋子，说明可以帮夏天容易出脚气的男性，解决透气的问题。

（5）内页文案不懂营销和促销。部分企业的内页文案人员不懂基本的产品营销知识及促销方面的知识，没有发出号召；有些单纯追求文案的优美，只是让客户“止于欣赏”，而没有购买的欲望，导致店铺的转化率非常低。如图 13-7 所示，左图中仅是优美文字，不能很好地激发客户的购买欲望，右图中的文案给客户以强烈的购买暗示。

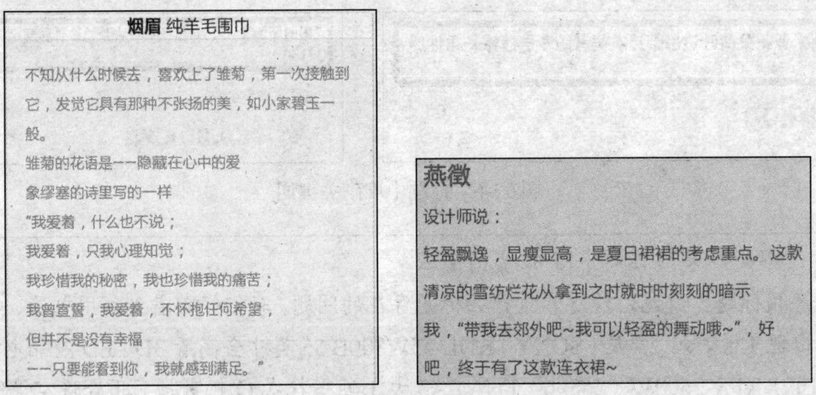

图 13-7　内页文案的营销会激发客户的购买

（6）文案不懂商业基本合约的问题。一个产品的内页文案，就像是一个产品的说明书，要让内页会说话，客户看完这个内页后，想了解的问题都能清楚；文案最基本的要求就是要让客户看了这个内页就像看了这个产品最基本的产说明书，以及如果要买这款产品客户应该了解到的基本信息，如物流选择哪家快递公司、邮费是多少、退换货问题以及售后服务等，所以文案一定要把这些售后服务相关的信息都写到内页文案中去。

3. 内页文案编写五招制胜法

（1）内页文案编写应遵循符合产品营销的 5 大环节。内页文案写作包括 5 大环节，下面从营销学的角度来解释这 5 个环节。

① 引发兴趣环节。引发兴趣是吸引客户关注的第一个环节，要想引发客户的兴趣可以从品牌

介绍、焦点图、目标客户的场景设计、产品的总体图、拥有后的感觉、购买理由 6 个方面考虑。

焦点图的最大作用就是引发客户的兴趣，是产品的广告，如图 13-8 所示。

图 13-8 中，焦点图中展示了产品的几个关键核心卖点，如“大 1.5 匹除甲醛智能云变频”“特卖价”“24 小时无忧安装”。另外还要在 30 秒钟之内告诉客户这是什么，给谁用的，价格是多少，快速吸引客户的兴趣。

图 13-8　海尔空调焦点图

② 激发潜在的需求环节。在现在产品过剩的时代，消费者对很多产品是可买也可不买的，这就需要激发消费者潜在的需求。如临近的节日，如果消费者看到一个产品激发了对爱人、亲人的感情，可能他就会对这个产品很感兴趣，从而进一步去了解这个产品，最后完成购买，如图 13-9 所示。

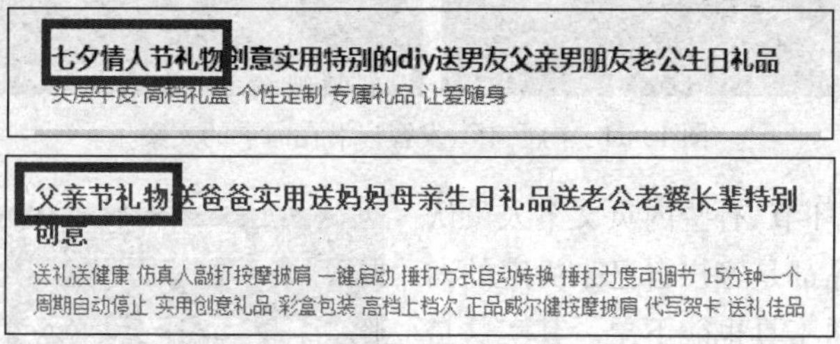

图 13-9　产品标题中添加激发客户潜在需求的关键词

③ 营销环节。客户对一个产品有一定兴趣后，再逐渐信任，然后从信任到信赖，这就属于营销过程。此时产品的细节、用途，产品的参数展示，特别是第三方评价，即客户的评价记录，会严重影响到客户购买的信心，如图 13-10 所示。

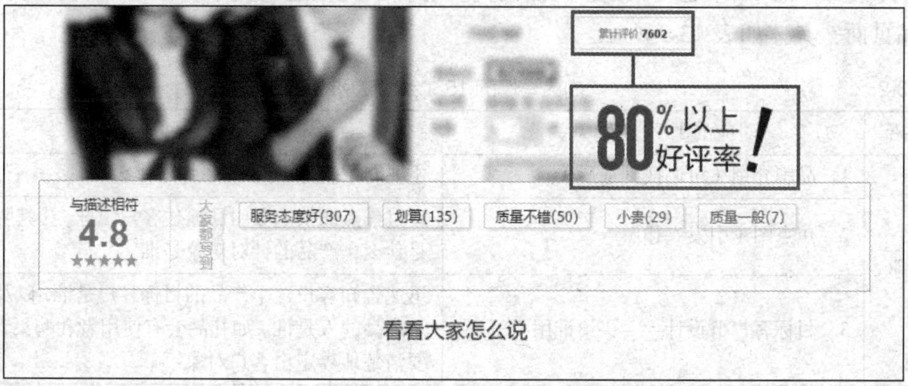

图 13-10　客户评价从信任到信赖建立

④ 进一步激发客户购买欲望环节。当客户到了想购买下单的环节，还要进一步激发起其购买欲望，内页的文案策划要让客户看到如果购买这个商品会有什么好处，如买了这个产品送给父母，父母会高兴吗？如果买了这个产品送给朋友、上司、老婆、女友会有什么样的效果？这个时间购买，会有什么促销，有什么优惠等。图 13-11 中的左图，巧妙地用致歉信告知客户促销活动，图 13-11 中的右图告知客户活动时间，并号召客户马上购买。

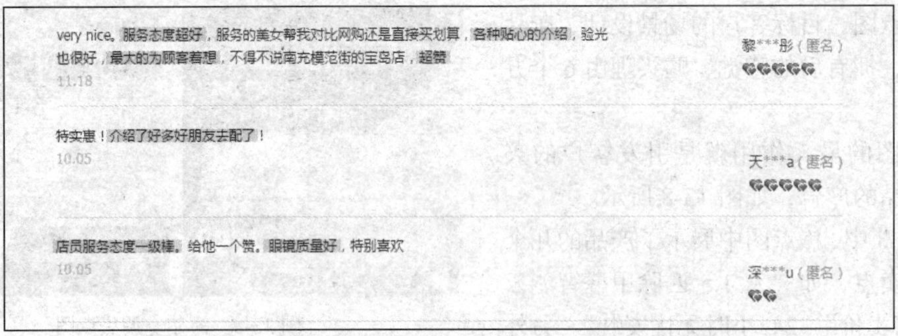

图 13-10　客户评价从信任到信赖建立（续）

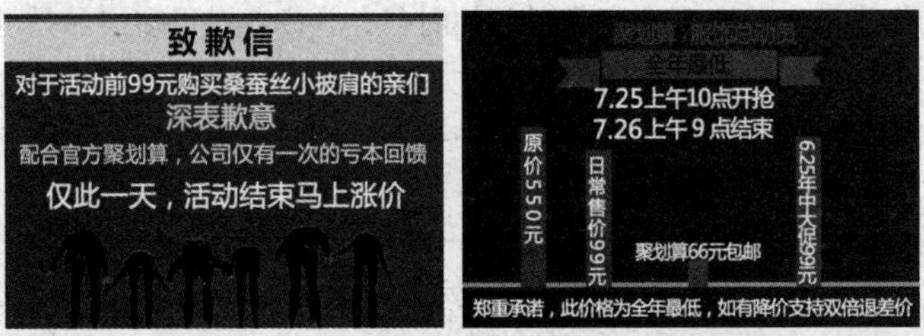

图 13-11　内页中激发客户潜在需求的文案

⑤ 替客户做决定环节。有些内页文案人员认为，客户购买什么产品都是客户自己来决定的，如有的客户不通过沟通工具也能下单。其实这是一个误区，这是一个非常重要的环节，在一个产品的内页文案编写中，要有替客户做决定的文字和场景设计，如图 13-12 所示，为客户减少购买后退换货减去后顾之忧，让客户坚定购买决心。

图 13-12　通过购买运费险帮客户做购买决定

（2）内页写作的 15 个逻辑关系。产品的内页有什么内在逻辑关系？如何可以吸引客户一直浏览产品页面？具体如表 13-2 所示。

表 13-2　内页写作的 15 个逻辑关系

营销 5 招	对应的 15 个逻辑关系	主 要 内 容
引发兴趣	1. 品牌介绍（可调换到最后）	主要介绍企业/网店的品牌是什么
	2. 焦点图（引发兴趣）	通过焦点图快速吸引和抓住客户眼球，让其明白产品是什么，产品的针对对象是谁
	3. 目标客户群设计——买给谁用	迅速告知客户这个产品的目标客户是谁，以及购买这个产品的人是谁。如礼品会有使用者和购买者，所以要清楚地界定出客户对象
激发需求	4. 场景图（激发潜在需求）	介绍这款产品用在什么场合，用在什么场景
信任到信赖	5. 细节图——产品详细（逐步信任）	通过细节图让客户了解产品有哪些细节，会使客户逐渐信任
	6. 卖点设计——为什么购买（好处设计）	为什么客户要买这个产品
	7. 卖点设计——为什么购买（避免痛点）	即假设客户不买这个产品会有什么痛苦
	8. 同类型产品对比（价格、价值）	通过同类型产品对比，如价格对比、价值对比、功能对比、第三方评价对比等

续表

营销5招	对应的15个逻辑关系	主要内容
信任到信赖	9. 客户评价、第三方评价（产生信任）	通过客户评价、第三方评价，如权威机构评价、第三方服务机构对产品的评价等
	10. 用户非使用价值文案和图形设计	即告知客户此产品还能给他带来什么非使用价值
信赖到想拥有	11. 拥有后的感觉塑造	强化客户购买这个产品后的感觉塑造，强化信任关系，给客户一个百分之百购买的理由
	12. 给掏钱人购买理由	给掏钱买单的人若干个购买理由，如买了送恋人、送父母、送领导、送朋友等
替客户做决定	13. 发出购买号召	为什么立刻、现在、马上在企业/店铺购买，强调现在应立刻来购买
	14. 购物须知	如邮费、怎么发货、怎么退换货、售后服务等
	15. 关联推荐产品图（可调换到最后）	同类产品优先推荐、不同类的产品第二位推荐、最后是套餐推荐

（3）以客户为中心的内页文案撰写。内页设计要以客户为中心，而不是以产品为中心。文案人员要根据产品属性充分考虑客户是谁？客户关心什么？如客户购买者是为了送礼，一定要挖掘一些卖点，指出购买此产品送礼有什么好处，接受者或使用者有什么好处。

（4）文案中要注意产品使用价值和非使用价值并重。如眼镜内页中介绍到关于职业、肤色、性格等，此时给一副眼镜赋予了很多非使用价值，卖的不仅是材料，不仅是品牌，而卖的是带给客户很多的非使用价值。一个产品的非使用价值可以从表13-3中发掘。

表13-3　商品非使用价值11个设计要点

1. 和提升职业形象有关系否？	
2. 和提升个人形象有关系否？	
3. 作为礼物送有面子否？	
4. 对于家庭成员有帮助否？	
5. 对于朋友圈子有帮助否？	
6. 对于工作圈子有帮助否？	
7. 商品和使用者的性格关系	
8. 存在升值和收藏价值否？	
9. 能表达什么情感和情意？	
10. 特殊点在哪里？	
11. 产品和使用者的爱好关系是怎样的？	

（5）文案写作既要写出产品给消费者带来的好处，更要挖出痛点。影响客户购买决策有两点，一是这个产品如果拥有了能够带来什么好处，带来什么快乐；二是如果没有拥有这个产品，会有什么痛苦，或者如果拥有了这个产品能够帮助客户解决什么痛苦。营销学的理论告诉我们，当一个产品能帮你解决痛苦时，它的力量和帮你去追求快乐的动力的比例为4:1，所以在内页文案设计中，一定要重视这款产品能帮助客户解决什么痛苦，如图13-13所示。

图 13-13 典型的挖掘痛点的案例

任务实训

家乡特产淘宝产品页面策划及实施

1. 实训目的

本次实训可使学生掌握产品销售页面策划的方法和技巧。

2. 实训内容

（1）定位家乡特产客户。

（2）家乡特产页面准备资料。

（3）产品页面文案编写。

（4）上传产品页面内容。

3. 实训成果要求

完成家乡特产淘宝店产品页面的策划。

任务二 产品网络口碑策划

任务引入

活动分析单 13-2

活动情境	在淘宝上小李看到阿克苏的苹果、新疆的大枣等都给大家留下深刻印象。小李想到陕西有很多特产如陕西苹果、泾阳的茯茶和陕北的大枣……这些都没有给网民留下深刻印象，对特产的在线销售也有较大的影响。那如何通过网络营销建立陕西特产的口碑，给网民留下印象呢?
环境需求	（1）互联网接入。 （2）计算机（每人一台）、智能手机（每人一部）。 （3）学习任务考核单（也可到教学资源包下载电子版）。 （4）将班级分为若干讨论组，每组设组长一名。

续表

活动描述	主题：产品网络口碑营销初识。 目的：通过任务练习了解产品网络口碑营销的内涵、现状和优势，了解产品网络口碑营销的流程。 步骤： 使用搜索引擎、微博等，分别搜索阿克苏苹果、成县核桃、安化茯茶、陕北大枣等信息。 （1）收集上述信息并整理上述产品的产地，并通过网络查看并记录网民知晓度最高的产品； （2）讨论口碑营销的内涵； （3）讨论口碑营销的现状和优势； （4）如果要进行陕西特产的口碑营销，结合网络营销策划流程思考如何去策划家乡特产口碑营销。
活动拓展	搜索我国县域电子商务如浙江临安的炒货、河北清河的羊绒制品、山东博兴的草编和土布、浙江海宁的皮草、甘肃成县的核桃等相关信息，思考农产品口碑营销如何策划及实施。

活动考核单 13-2

班级：　　　　姓名：　　　　　　学号：　　　　　　编号：13-2

序号	考核内容	分值	总结与归纳	成绩
（1）	记录上述查询资料	20 分		
（2）	总结口碑营销的内涵	20 分		
（3）	总结口碑营销的现状和优势	30 分		
（4）	总结口碑营销策划的流程	30 分		
合计				

* 请学生填写完学习活动考核单后上交。

知识指南

一、口碑营销策划认知

当社交网络出现时，传统口碑传播速度慢、范围窄、受制于地理和时空的瓶颈被彻底打破。同时，口碑传播通过互联网和社交网络的放大，其传播精准、可靠、转化率高等原始属性得到了核聚变一般的释放。

（一）口碑营销策划定义

网络口碑营销（Internet Word of Mouth Marketing，IWOM）是指消费者或网民通过网络（如微博、微信、论坛、博客、播客、相册和视频分享网站等）渠道分享的，对品牌、产品或服务的相关讨论以及相关多媒体的信息内容。

网络口碑策划：在产品品质过硬的前提下，一定用户先前积累的口碑资源积累到一定程度时，策划者以一个极具互动性的传播创意活动，以自有的社交网络账号资源为基础，将视频、新闻、博客、论坛乃至图片等各种信息聚合在微博、微信等社交网络之上，通过和粉丝的强有力互动和粉丝们自发自主的传播，在互联网上不断进行传播，并与早期积累的口碑资源互相影响，最终形成口碑营销，奠定产品/品牌在粉丝心中真正的地位。

简单来说，就是整合利用各种网络营销方法，包括新闻、博客、论坛、IM、WIKI、贴吧、问答等在内的多种网络传播形式与手段，合力形成独具成效、全面网络覆盖、信息迅速扩散的网络创新整合传播模式。

下面对网络口碑策划在实施过程中有一些必要的说明。

（1）网络口碑策划的关键是运用社交网络。这个社交网络可以是微博，可以是微信，可以是论坛，也可以是还没有出现的其他社交网络形态。只有社交才能让口碑得到真实的传递，而社交网络则是快速传递的最佳渠道。

（2）网络口碑策划的前提是产品/服务过硬。真正的口碑不是用海量的广告费用和泛滥在网络上的软文造就的。要缔造长久且为人们所乐意主动传播的口碑，最基础、最核心的还是产品/服务质量过硬。而网络营销口碑策划准确来说就是一个催化剂，让企业最终要到达到的口碑提前实现，更快传播，更广扩散。

“谎话说一千遍，就变成真理”是很多营销或者宣传人员喜欢的一句话。但对于口碑来说，如果企业使用虚假的宣传获得足够丰富的正向口碑时，一旦虚假口碑被揭穿，所有积累的正向口碑必然瞬间变成负向口碑，破坏力远远大于之前。

小案例：易中天被网游代言了吗？

2009年，一款名为《王者三国》的游戏在其官方微博上宣称，将在全国范围内海选富有气质、了解三国历史的名人学者代言。然后接着发微博称，在最初听到《王者三国》海选代言人的传闻后，国学大师易中天并没有多大反馈，在查看了该游戏的相关介绍和情况后，易中天表现出了极大的兴趣，称赞该游戏原汁原味地再现了历史剧情，真实凸显三国群雄争霸，突出了三国的深厚历史文化底蕴，是一款难得的三国精品，并意欲深入合作。

看到这里，很多玩家认为这游戏是国学精品，肯定很火爆。很快易中天在博客上发出声明，声称绝对不对此事负责。具体博文详文如下：

这真是无稽之谈！第一，我从不知道有“海选代言人的传闻”；第二，我从未“查看该游戏的相关介绍和情况”；第三，我对此事毫无兴趣，更不用说“极大的兴趣”；第四，我什么话都没说过，更不用说称赞该游戏如何如何；第五，当然也不会有“意欲深入合作”的事。整个报道，完全离谱，没有一句是真话。

这样离谱的谣言，以前也曾有过，都是毫无根据，又看似言之凿凿。只能感叹：三鹿集团还只是往牛奶里面掺“蛋白精”。某些媒体，可是直接把“蛋白精”当牛奶卖了。

虽然这个《王者三国》确实火了，但后续发展却不怎么样，而网上评论也大都是负面的。仅易中天的这篇声明博文就被阅读12万以上，可见造成的负面影响力之大。

（二）网络口碑营销的优势

1. 宣传费用低

口碑营销无疑是当今世界上最廉价的信息传播工具，基本上只需要企业的智力支持，不需要其他更多的投入，节省了大量的广告宣传费用。由于口碑的力量，英国女作家 J.K.罗琳写的《哈利·波特》系列丛书一本比一本畅销，当第四部《哈利·波特》于 2000 年 7 月上市时，首印量即达 380 万册，在 48 小时内便告脱销。第五部在还没有出版已经是万众期待，2003 年 6 月 21 日全球同时首发时，第一天仅在美国就销售了 75 万册，全球销售了 500 万册。J.K.罗琳，这个曾经生活孤苦无依的英国单身母亲，如今的富有程度超过我们的想象，她自己在回答美国记者采访时也承认，是口碑相传使她名声大振，而名声改变了她的生活。

2. 可信任度高

一般情况下，口碑传播都发生在朋友、亲友、同事、同学等关系较为亲近或密切的群体之间。在没开始口碑传播的过程时，他们之间已经建立了一种特殊的关系和友谊，相对于纯粹的广告、促销、公关、商家的推荐等而言，可信度要高。另外，一个产品或者服务只有形成较高的满意度，才会被广为传诵，形成一个良好的口碑。因此，口碑传播的信息对于受众来说，具有可信度非常高的特点。

3. 针对性准确

口碑传播形式往往借助于社会公众之间一对一的传播方式，信息的传播者和被传播者之间一般有着某种联系。消费者都有自己的交际圈、生活圈，而且彼此之间有一定的了解。人们日常生活中的交流往往围绕彼此喜欢的话题进行，这种状态下信息的传播者就可以针对被传播者的具体情况，选择适当的传播内容和形式，形成良好的沟通效果。当某人向自己的同事或朋友介绍某件产品时，他绝不是有意推销该产品，他只是针对朋友们的一些问题，提出自己的建议而已。

4. 具有团体性

正所谓物以类聚、人以群分。不同的消费群体之间有着不同的话题与关注焦点，因此各个消费群体构成了一个个攻之不破的小阵营，甚至是某类目标市场。他们有相近的消费趋向，相似的品牌偏好，只要影响了其中的一个人或者几个人，在这沟通手段与途径无限多样化的时代，信息便会以几何级数的增长速度传播开来。

5. 提升企业形象

口碑传播不同于利用广告宣传，口碑是企业形象的象征，而广告宣传仅仅是企业的一种商业行为。拥有口碑，往往会在无形中对企业的长期发展，以及企业产品销售、推广都有着很大的影响。

6. 发掘潜在消费者，并影响消费者决策

以空调为例，在购买过程中，消费者较多地关注的是使用效果、售后服务、价格、品牌和用电量等因素。而潜在用户中对于产品的使用效果、售后服务、价格、品牌和用电量等因素的信息主要来自于第一次购买的群体。第一次购买群体的口碑，是最值得潜在用户信赖的传播形式。

二、产品口碑营销策划

（一）产品口碑营销策划现状

产品口碑传播需要人与人之间的口口相传，传播速度慢，效果也容易逐渐递减，扩散范围也往往受制于地域局限和社交圈子的宽窄。同时，口碑传播在很大程度上是缺少功利性因素的，较之传统的营销推广，主打从商家到消费者这一单向传播途径，口碑传播更偏向于从消费者到消费者的扩散式传播，可控性变得薄弱许多，且商家主动参与其中的可能性也较小。

对策划人员来说，由于现代科技的飞速发展，消费者了解和获取信息的渠道越来越多，各种信息纷繁芜杂，蜂拥而至，使广大受众无所适从，不胜其扰，严重影响消费者接受信息的主动性和积极性。所以不少消费者看到广告和各种产品推广，甚至产生了逆反心理。

传统的口碑传播速度很慢，而在互联网中，这个问题看似得到解决，但因社群散落的太广，论坛、博客、新闻、IM 软件等，友际交互度不高，直接影响了传播效果，而社交网络出现后这种友际传播被全面强化，也使得口碑传播在社交网络上得到全面聚合。

微博、微信和各种 SNS 等社交网络的诞生，让口碑营销的实现真正有了大众基础，更让在现代商业传播极其昂贵的环境下，通过社交网络实现口碑营销有了零成本的基础。因为社交网络让推广执行者可以直接通过社交平台和目标受众进行交流，并通过制造话题，让目标受众按照自己的设定，主动传播。

（二）产品口碑营销策划过程

1. 产品口碑营销目标设定

明确设定企业通过口碑营销达到的目的，如产品品牌形象树立、产品销量促进或产品口碑传播等。

2. 了解目标受众并与之互动

了解社交网络的粉丝，并且与粉丝建立良好的互动，真正融入其现实生活或兴趣爱好等方面的元素，依托粉丝的智慧，形成一种社交网络的免费“众包”，为之后的引爆策划积淀口碑资源。因为口碑营销=创意活动+不断积淀。

小案例：《饥饿游戏》营销组 21 人潜伏两年造口碑

7 800 万美元成本，全球已累计入账 6.48 亿美元，低成本的好莱坞大片《饥饿游戏》超过了《暮光之城》全系列，并取代《蜘蛛侠 3》，跻身影史首周末票房纪录的第三名。而这一切的获得，网络营销的功劳可谓巨大，其充分利用社交网络开展口碑宣传，以绝对有吸引力的话题引发了网民的自觉主动传播。

按照《饥饿游戏》官方说法，负责《饥饿游戏》市场营销的团队只有 21 人，预算为 4 500 万美元。相对于宣传预算动辄就高达 8 000 万乃至上亿美元，营销团队往往接近百人规模的好莱坞大片运作团队，这就是一支小部队。尽管如此，该团队还是将大部分资金一如既往地投放在了传统营销之上。

但这并不代表其没有在网络营销上发力。早在 2009 年春，制片方狮门影业就通过社交网站 Facebook 发布消息，更联手微软建立专属网站。该网站以游戏的形式呈现，吸引大批电影发烧友的目光。从 2012 年 3 月开始，为了能使该片 Facebook 页面不同于其他的电影页面，狮门影业组织一队工作人员专门维护其网络页面。另一方面，2011 年圣诞节前夕，美国当红小天后 Taylor Swift 发布了单曲《Safe & Sound》，也就是《饥饿游戏》的主题曲，该单曲在 iTunes 上发行 12 小时内就成为最热门单曲 TOP10，首款正式版预告片在 iTunes 发行当天 24 小时的点击数超过 800 万。

这一系列的举动都极大地调动了网民的积极性，原本影片的同名小说在美国就极为畅销，创下了销售 2 400 万册的好成绩，这也为影片获得受众喜爱打下了坚实的基础。然而与此同时，畅销小说改编成影片的失败率也很高，完全忠于原作，影迷没有新鲜感；改编太过，影迷又会觉得亵渎了心中经典。为了打破这种心理瓶颈，营销人员选择用社交网络来加强和目标受众群体的沟通，通过小游戏来呈现《饥饿游戏》的核心游戏元素，同时通过 Facebook 的社交群组，不断地高效发布电影拍摄和制作中的花絮和最新动态，有效地调动了网民的饥饿之感，同时主动互动，用两年的时间和网民真正交上了朋友，淡化了本身浓郁的宣传味道。

这种友情链条，让网民自觉地分享其发布在 Facebook 上的信息，并主动进行评论和体验，从而让信息传递不再单向，而是从双向变为多向。一些热心网友更成为了《饥饿游戏》口碑的主动散播者，影响着其身边的人群，形成了强有力的友际互动。这种饥饿效应影响之大，就连奥巴马演说也引用了这部电影。

上述案例的做法一方面打破了推广者和目标受众之间的隔膜，让推广者和目标受众零距离接触（通过两年的潜伏期，《饥饿游戏》的推广者依靠社交网络已经和目标受众成为了朋友）；另一方面，推广者主动参与口碑传播过程的问题也得到了解决，因为推广者可以从任何一个时间节点制造、积淀口碑资源，也可在朋友间传播中自然加入产品信息。在上述案例中，口碑资源通过多次积累，最终以较低的成本制造了成功的口碑营销。

建立游戏专属网站，吸引大批电影发烧友的目光就是第一层口碑资源积累；《饥饿游戏》主题曲的发布积累了第二层口碑资源；同名小说的畅销积累了第三层口碑资源；而《饥饿游戏》的游戏测试则积累了最后一次口碑资源。这些口碑资源深入到各种音乐、视频、论坛、社交网站，形成了信息源，为最终的高票房奠定了坚实的基础。而这种营销形式也成为我国国内目前影视节目的主要营销方式。

3. 策划完美创意，创造引爆点

哈利波特主题公园开张宣传只邀请 7 名粉丝。哈利波特主题公园通过借助“哈迷”中最顶尖的 7 位粉丝，将他们的粉丝借过来，再用大量的预告和设在邓布利多办公室的直播间来“勾引哈迷”，最终以主题公园创建秘闻让“哈迷们”感到“饥饿”，也激起极大的兴趣，更形成了一轮接一轮的口碑传递，自发的、转载的、否定的、赞美的皆为主题公园带来了极大的关注度。

来自产品本身的创意有时候往往更高于营销文案的创意，而且更可以通过对产品的使用，被用户所传播。如“可以剥开吃的冰棍像香蕉”中，雀巢推出的全新“笨 Nana”冰淇淋，很快成为社交网络上的热点，因为“笨 Nana”冰淇淋在产品上开创一种有趣的食用体验：食用时当从顶部咬上一口可剥离的果冻壳，就可以像剥香蕉皮那样剥出美味的冰激凌。这种趣味的产品成为了网民最热衷讨论和转发的话题。

4. 建立执行方案

企业在积累口碑资源的过程中涉及各种微博、微信、视频、论坛、博客、百科、问答等站点，形成了专属的账号体系，并深入到上述网站中，形成信息源，聚合了一大批属于企业的粉丝，进而真正实现口碑传播。

5. 建立舆情监控

口碑营销是一把“双刃剑”。在营销过程中，如果不能及时监控回应，有可能造成无法挽回的损失。在产品口碑积累的过程中，要时刻留意用户的负面评价和质疑。这里主要通过新闻搜索、搜索引擎搜索、微博搜索及主要的营销社区搜索的方式及时发现，并在第一时间处理。

任务实训

家乡特产口碑营销策划

1. 实训目的

本次实训要使学生掌握产品口碑营销的流程。

2. 实训内容

（1）了解家乡特产的目标受众及受众特征。

（2）建立网络口碑营销账号体系。

（3）策划并积累特产口碑营销资源。

（4）建立执行方案。

3. 实训成果要求

完成家乡特产口碑营销的策划书。

任务三　产品营销策划效果监测

任务引入

活动分析单 13-3

活动情境	小李学习了产品销售页面策划之后，重新调整了产品页面的内容，但调整之后的效果如何，小李不知道该如何来衡量？
环境需求	（1）互联网接入。 （2）计算机（每人一台）、智能手机（每人一部）。 （3）提前给网站安装流量统计软件/淘宝网店开通量子恒道。 （4）学习任务考核单（也可到教学资源包下载电子版）。 （5）将班级分为若干讨论组，每组设组长一名。
活动描述	主题：产品营销策划评估。 目的：通过任务练习了解网页流量统计相关内容和评估的指标。 步骤： （1）通过网站流量统计工具/淘宝量子恒道统计产品页面调整前后一周的数据； （2）观察前后数据变化情况，并分析变化的原因； （3）总结产品销售页面的评估数据。
活动拓展	结合产品销售页面评估数据，思考影响产品销售页面的主要因素是什么？如何才能促使消费者购买？

活动考核单 13-3

班级：　　　　姓名：　　　　学号：　　　　编号：13-3

序号	考核内容	分值	总结与归纳	成绩
（1）	记录数据	20 分		
（2）	记录数据的变化并分析变化的原因	30 分		
（3）	总结评估产品销售页面的评估数据	20 分		
（4）	总结影响产品销售页面的主要因素	30 分		
		合计		

* 请学生填写完学习活动考核单后上交。

知识指南

一、产品营销策划效果评估

（一）评估分析

企业的产品内页营销策划的好坏是产品目标客户定位水平和产品运营能力的综合反映，也在一定程度上说明了营销策划人员为之付出的努力，而且可以在一定程度上进行量化分析。

为了实现产品销售这一目标，产品营销策划效果的评估指标主要包括：产品分析和客户分析。这些评估指标均可通过网站/网店后台统计软件查看。

1. 产品分析

产品分析包括流量概况、实时客户访问、按小时流量分析、产品被访问排行、产品页面停留时间等数据。

2. 客户分析

客户分析包括性别分析、年龄分析 、客单价分析、购买频次分析、购买时段分析、客户规模分析、客户信用分析、客户地域分析等数据。

（二）评估分析工具

1. 官方网站评估分析工具

评估分析一方面可以通过网站后台数据监控，同时也可以借助第三方免费流量监测工具，如CNZZ数据专家、51YES网站流量统计、百度统计等网站统计工具来进行产品内页营销策划效果评估。

2. 淘宝网站评估分析工具

淘宝网店可以借助淘宝提供的量子恒道统计、数据魔方等工具，对网店产品内页营销策划效果进行评估。

二、产品口碑营销策划效果评估分析

1. 网络搜索情况

网络搜索情况包括百度指数、搜索引擎排名情况、新闻检索量、微博检索量等。

2. 关注情况

关注情况包括关注量、转载量。

3. 转化情况

转化情况包括询盘量、成单量。

4. 口碑效应

口碑效应包括正面评论及负面评论情况。

任务实训

家乡特产口碑营销评估

1. 实训目的

本次实训要使学生掌握产品口碑营销的评估。

2. 实训内容

（1）选择一个家乡特产，通过搜索引擎、微博、新闻及百度指数等查询基本情况，并记录。

（2）查询并记录该特产的网络关注情况。

（3）查询并记录该特产的口碑情况。

（4）撰写总结报告及建议。

3. 实训要求

完成家乡特产的口碑营销评估报告。

项目小结

本项目的任务包括产品销售页面策划、产品网络口碑策划和产品营销策划效果监控。

产品销售页面策划任务中包括产品客户定位、产品销售页面策划、产品销售页面文案的编写。

产品网络口碑策划包括口碑营销策划认知和产品口碑营销策划。

产品营销策划效果监控包括产品营销策划效果评估和产品口碑营销策划效果评估分析。

项目重点：产品销售页面文案的编写、产品网络口碑策划及产品营销策划效果监控。

项目难点：产品销售页面文案的写作。

思考与练习

一、不定项选择题

1. 下面属于产品页面功能的是（　　）。

A. 引导客户关注更多商品　　B. 增强购买欲望

C. 形象展示　　D. 站内分流

2. 下面属于分类页面功能的是（　　）。

A. 刺激购买决心　　B. 二次营销

C. 引导客户关注更多的商品　　D. 形象展示

3. 下面属于网站/网店首页功能的是（　　）。

A. 打消疑虑　　B. 二次营销

C. 引导客户关注更多的商品　　D. 形象展示

4. 请将下面营销过程按照正确顺序排列（　　）。

A. 营销环节　　B. 激发潜在的需求环节

C. 引发兴趣环节　　D. 替客户做决定环节

E. 进一步激发客户购买欲望环节

5. 下面不属于网络口碑营销优势的有（　　）。

A. 宣传费用低　　B. 针对性准确

C. 发觉潜在消费者　　D. 信任度低

二、简答题

1. 产品销售页面文案中的内在逻辑关系是什么？

2. 产品口碑营销策划的过程是什么？

3. 如何评估产品口碑营销效果？